पितृ-वध

आशुतोष भारद्वाज

राजकमल प्रकाशन

रज़ा पुस्तक माला : **आलोचना**
प्रधान सम्पादक : अशोक वाजपेयी | सम्पादक : पीयूष दईया
राजकमल प्रकाशन प्रा.लि. और रज़ा फ़ाउण्डेशन का सह-प्रकाशन

ISBN : 978-93-88933-98-8

मूल्य : ₹795

पहला संस्करण : 2019

प्रकाशक : राजकमल प्रकाशन प्रा. लि.
1-बी, नेताजी सुभाष मार्ग, दरियागंज
नई दिल्ली-110 002

शाखाएँ : अशोक राजपथ, साइंस कॉलेज के सामने, पटना-800 006
पहली मंजिल, दरबारी बिल्डिंग, महात्मा गांधी मार्ग, इलाहाबाद-211 001
36 ए, शेक्सपियर सरणी, कोलकाता-700 017

वेबसाइट : www.rajkamalprakashan.com
ई-मेल : info@rajkamalprakashan.com

मुद्रक : यश प्रिंटोग्राफिक्स
नोएडा-201 301 (उत्तर प्रदेश)

PITRA-VADH
(Criticism) by Ashutosh Bhardwaj

आमुख

कलाओं में भारतीय आधुनिकता के एक मूर्धन्य सैयद हैदर रज़ा एक अथक और अनोखे चित्रकार तो थे ही उनकी अन्य कलाओं में भी गहरी दिलचस्पी थी। विशेषतः कविता और विचार में। वे हिन्दी को अपनी मातृभाषा मानते थे और हालाँकि उनका फ्रेंच और अँग्रेज़ी का ज्ञान और उन पर अधिकार गहरा था, वे, फ्रांस में साठ वर्ष बिताने के बाद भी, हिन्दी में रमे रहे। यह आकस्मिक नहीं है कि अपने कला-जीवन के उत्तरार्द्ध में उनके सभी चित्रों के शीर्षक हिन्दी में होते थे। वे संसार के श्रेष्ठ चित्रकारों में, २०-२१वीं सदियों में, शायद अकेले हैं जिन्होंने अपने सौ से अधिक चित्रों में देवनागरी में संस्कृत, हिन्दी और उर्दू कविता में पंक्तियाँ अंकित कीं। बरसों तक मैं जब उनके साथ कुछ समय पेरिस में बिताने जाता था तो उनके इसरार पर अपने साथ नवप्रकाशित हिन्दी कविता की पुस्तकें ले जाता था : उनके पुस्तक-संग्रह में, जो अब दिल्ली स्थित रज़ा अभिलेखागार का एक हिस्सा है, हिन्दी कविता का एक बड़ा संग्रह शामिल था।

रज़ा की एक चिन्ता यह भी थी कि हिन्दी में कई विषयों में अच्छी पुस्तकों की कमी है। विशेषतः कलाओं और विचार आदि को लेकर। वे चाहते थे कि हमें कुछ पहल करनी चाहिये। २०१६ में साढ़े चौरानवे वर्ष की आयु में उनकी मृत्यु के बाद रज़ा फ़ाउण्डेशन ने उनकी इच्छा का सम्मान करते हुए हिन्दी में कुछ नयी क़िस्म की पुस्तकें प्रकाशित करने की पहल *रज़ा पुस्तक माला* के रूप में की है, जिनमें कुछ अप्राप्य पूर्व प्रकाशित पुस्तकों का पुनर्प्रकाशन भी शामिल है। उनमें गाँधी, संस्कृति-

चिन्तन, संवाद, भारतीय भाषाओं से विशेषत: कला-चिन्तन के हिन्दी अनुवाद, कविता आदि की पुस्तकें शामिल की जा रही हैं।

इधर युवा हिन्दी आलोचना का एक बड़ा हिस्सा, कम से कम पत्र-पत्रिकाओं और सोशल मीडिया पर प्रगट होने वाला हिस्सा, नितान्त समसामयिकता से ग्रस्त लगता है और उसमें शायद ही कभी अपने पहले के लोग या उनकी कृतियाँ याद आती हैं और उन्हें देख-समझकर अपने समय को बूझने की कोशिश होती है। आशुतोष भारद्वाज इसके सार्थक अपवाद हैं। उन्होंने गम्भीरता से अज्ञेय, मुक्तिबोध, निर्मल वर्मा, कृष्णा सोबती, कृष्ण बलदेव वैद, श्रीकान्त वर्मा आदि पर ताज़गी, निर्भीकता और कुशाग्रता के साथ विचार किया है। हमें एक युवा आलोचक की पहली आलोचना पुस्तक प्रस्तुत करते हुए प्रसन्नता है जो अपनी भाषा और दृष्टि दोनों के लिए पठनीय और विचारणीय है।

अशोक वाजपेयी
जून २०१९, नयी दिल्ली

पितृ–वध

फ़्योडोरोविच करामाजोव मारे जा चुके हैं। पिता निर्दयी था। धन और स्त्री को लेकर बेटे पिता से अरसे से झगड़ते आये थे। पिता की हत्या करना चाहते थे, बड़े बेटे दिमित्री ने उन पर हमला भी किया था। लेकिन पिता के जाने के बाद बेटों के भीतर सहसा अपराध–बोध उमड़ आया है।

> मैं दोषी नहीं हूँ। मैं अपने पिता की हत्या का दोषी नहीं हूँ...मैं उन्हें मारना चाहता था। लेकिन मैं दोषी नहीं हूँ...मैं वाक़ई उनकी हत्या कर देना चाहता था...कई बार मैंने सोचा था...मैंने इस बारे में कभी अपनी भावनाओं को नहीं छुपाया था। पूरा शहर इस बारे में जानता था।

यह दिमित्री करामाजोव का पुलिस को दिया बयान है जब उसे अपने पिता की हत्या के आरोप में गिरफ़्तार कर लिया जाता है।

इसके थोड़ी देर बाद फ़्योडोरोविच का सबसे छोटा बेटा अल्योशा मँझले भाई ईवान से कहता है—

> इन भयावह दो महीनों में जब भी तुम अकेले पड़े हो तुमने यह ख़ुद से कई बार कहा है। तुमने ख़ुद को दोषी ठहराया है, यह स्वीकार किया है कि तुमने ही हत्या की है, किसी और ने नहीं। लेकिन तुम हत्यारे नहीं हो। सुना तुमने ? वह तुम नहीं हो। ईश्वर ने मुझे तुम्हें यह बताने के लिए भेजा है।

दिमित्री पर हत्या का मुक़दमा चलता है, फ़्योडोरोविच का एक अन्य बेटा स्मेरद्याकोव तब तक आत्महत्या कर चुका है। कथा एक नया मोड़ लेती है जब ईवान भरी अदालत में कहते हैं—

> मेरे पिता की हत्या उसने (स्मेरद्याकोव) की थी। हत्या उसने की थी और मैंने उसे इसके लिए उकसाया था...कौन अपने पिता की मृत्यु की कामना नहीं करता?

दोस्तोयवस्की का उपन्यास उस अँधेरे बन्द कमरे की एक चाभी है जो शायद तमाम रचनाकारों के भीतर छुपा रहता है लेकिन जिसकी सीढ़ियाँ उतरने का साहस कम लेखक कर पाते हैं।

एक सजग रचनाकार को अक्सर बहुत जल्द यह बोध हो जाता है कि जिन पूर्वजों को वह अर्घ्य देता आया है, जिनका पितृ-ऋण वह अदा करना चाहता है, जिनके शब्द उसकी सर्जना को रोशनी देते आये हैं उन्होंने दरअसल उसकी चेतना को अपनी गिरफ़्त में ले रखा है, उनका स्वर उसकी कृतियों को चुप दिशा देता चलता है।

इसके बाद उस पूर्वज से मुक्ति पाने का संघर्ष शुरू होता है जिसकी परिणति एक अन्य बोध में होती है कि उस पूर्वज, दरअसल उसके प्रेत का वध अपने काग़ज़ पर किये बग़ैर, अपनी स्याही से उसका शोक-गीत लिखे बग़ैर इस लेखक को मुक्ति नहीं मिलेगी।

लेकिन किसी लेखक के लिए यह स्वीकार करना आसान नहीं है कि उसका रचना-कर्म उसके पितामह की शव-साधना है या हो जाना चाहता है क्योंकि यह वध मुक्ति का साधन हो या न हो, आख़िर मुक्ति का समूचा प्रत्यय एक विराट मायाजाल है, लेकिन यह मनुष्य को असहनीय अपराध-बोध में डुबो सकता है।

पिता के साथ संघर्ष का उल्लेख होते ही फ्रायड अनायास ही कौंधने लगते हैं, लेकिन जिस रचनात्मक संघर्ष का ज़िक्र मैं कर रहा हूँ वहाँ माँ या किसी अन्य स्त्री की कोई भूमिका नहीं। चूँकि यहाँ माँ अनुपस्थित है इसे इडिपल हत्या कहने के बजाय, एक कृत्य जो माँ को केन्द्र में रख पिता और पुत्र के बीच एक विशिष्ट यौनिक तनाव का संकेत देता है, पितृ-वध कहा जा सकता है।

हत्या नहीं, वध। हत्या व्यक्तिगत राग-द्वेष से संचालित होती है लेकिन वध में एक वृहद् विधान निहित है। वध में वैधानिकता का भाव है, वधिक के भीतर यह भाव बसा रहता है कि वह एक न्यायिक कार्य कर रहा है जो सार्वजनिक कल्याण के लिए है भले वह भीष्म-वध हो जब

पाण्डव उनके वध की वजह उनसे पूछने गये थे, या शंबूक वध या जयद्रथ वध। नाथूराम गोड़से ने भी अपने कृत्य को "गाँधी-वध" कहा था। गोड़से मानते थे कि उनका कारतूस न सिर्फ़ विधि-जन्य है, बल्कि वह गोली चला सार्वजनिक कल्याण भी कर रहे हैं। चूँकि वधिक के भीतर इस विधान और इसकी सार्वजनिकता की संकल्पना अनुचित या कुत्सित हो सकती है इसलिए वध कई बार अनुत्तरित प्रश्न और अपराध-बोध भी पीछे छोड़ जाता है।

वध इसलिए पौराणिक-मिथकीय काल में ही सम्भव है। आधुनिक संविधान से संचालित होता समाज किसी मनुष्य को अपनी इच्छानुसार क़ानून तय करने की अनुमति नहीं देगा। ऐसे समाज में वध की कोई जगह नहीं, बल्कि हत्या होती है जिसके लिए उचित दण्ड मिलता है। नाथूराम गोड़से ने भले ख़ुद को वधिक माना, लेकिन क़ानून ने उन्हें हत्यारा करार दे फाँसी पर चढ़ा दिया। रामायण भले शंबूक वध को न्यायोचित ठहराये, वर्तमान समाज उस पर कड़े प्रश्न करता है।

रचनाकार का काल इतिहास की सीमाओं का मोहताज़ नहीं। अपनी प्रकृति में मिथकीय यह पितृ-वध उसकी चेतना में, अपने अविजित पिता को रास्ते से हटा देने की आकांक्षा में, घटित होता है। वह क्षण जब पुत्र को एहसास हो जाता है कि भले ही पिता की मृत्यु के बाद उसके भीतर का पुरुष भी धीरे-धीरे मरना शुरू हो जायेगा, लेकिन पिता के रहते वह सिंहासन हासिल नहीं कर पायेगा।

यह महापुरुष अपने परवर्ती की इस आकांक्षा से अनजान नहीं है, शायद वह भी यही चाहता है, इसमें ही उसकी मुक्ति है, पहले से कहीं विराट पुनर्जन्म है। संस्कृत का श्लोक है—सर्वतो जयमिच्छेत। पुत्राच्छिष्यात्पराजयम्। सबको जीतना चाहता हूँ, लेकिन पुत्र और शिष्य से पराजय की इच्छा रखता हूँ। यहाँ पराजय का एक अर्थ और भी है। परा+जय यानि परम विजय। पुत्र और शिष्य के हाथों इसी पराजय में मेरी परम विजय निहित है।

•

ए. के. रामानुजन द *इण्डियन इडिपस* निबन्ध में कहते हैं कि समूचे भारतीय उपमहाद्वीप के साहित्य, इतिहास, मिथक और लोक कथाओं में सोफ़ोक्लीज के नाटकों की इडिपल हत्या जैसा लगभग कोई उदाहरण

नहीं है। महाभारत में पितृ-हत्या की कुछ संक्षिप्त कथाएँ हैं लेकिन वह महत्त्वपूर्ण नहीं है। मकरंद परांजपे अपनी किताब *द डेथ एण्ड आफ़्टरलाइफ़ अव महात्मा गाँधी* में कुछ ऐतिहासिक घटनाओं का ज़िक्र करते हैं, मसलन, इस्लामिक शासन के दौरान राजगद्दी पाने के लिए बेटों द्वारा पिता की हत्या, या मगध सम्राट बिम्बिसार का पुत्र अजातशत्रु, जिसने अपने पिता को क़ैद कर उसे भूखा मार दिया था, लेकिन मकरंद यह भी जोड़ते हैं कि यह कृत्य संस्कार और स्मृति में इतना वीभत्स माना जाता है कि भारतीय समाज और इतिहासकार इसे याद तक रखना नहीं चाहते।

लेकिन रामानुजन और मकरंद जब लिखते हैं कि चूँकि भीष्म की मृत्यु उनकी अनुमति से हुई थी इसलिए वह पितृ-वध नहीं है, वे व्यास की कथा के मर्म को शायद अनदेखा कर देते हैं। भीष्म की मृत्यु पितृ-वध का विलक्षण उदाहरण है।

महाभारत युद्ध के नौ दिन बीत चुके हैं। पाण्डव हताश हैं। उन्हें अपनी पराजय दिख रही है। नवीं रात पाण्डव शिविर में युधिष्ठिर कृष्ण से कहते हैं—

> विकट पराक्रमी महात्मा भीष्म हमारी सेना का उसी प्रकार विनाश कर रहे हैं जैसे हाथी सरकण्डों के जंगलों को रौंद डालते हैं...अब मैं वन को चला जाऊँगा। मेरे लिए वन में जाना ही कल्याणकारी होगा। मेरी युद्ध में रुचि नहीं रही क्योंकि भीष्म हमारा विनाश कर रहे हैं। जैसे पतंगा अग्नि की ओर दौड़ा जाकर मृत्यु को प्राप्त करता है, हमने भी भीष्म पर आक्रमण कर मृत्यु का वरण किया है।

अर्जुन का युद्ध से पहले मोहभंग हुआ था, युद्ध की निरर्थकता जान वह युद्धभूमि से हट जाना चाहते थे। युद्ध के बीच भीष्म के सामने अपनी पराजय अवश्यम्भावी देख युधिष्ठिर रण छोड़ देना चाहते हैं। चारों भाइयों और कृष्ण से मन्त्रणा के बाद उन्हें लगता है कि "देवव्रत भीष्म के पास जा उन्हीं से उनके वध का उपाय पूछा जाये"। लेकिन पितामह के प्रति यह विचार आते ही युधिष्ठिर ग्लानि से भर उठते हैं—

> बाल्यावस्था में जब हम पितृहीन हो गये थे, उन्होंने ही हमारा पालन पोषण किया था। माधव, वे हमारे पिता के पिता और हमारे प्रिय हैं, फिर भी मैं उनका वध करना चाहता हूँ। क्षत्रिय की इस जीविका (धर्म) को धिक्कार है।

जीवित बचे रहे आने की आकांक्षा व पितामह की मृत्यु कामना से उपजे अपराध-बोध के बीच फँसे पाँचों भाई और कृष्ण भीष्म के पास जाते हैं। युधिष्ठिर कहते हैं—

> हे सर्वज्ञ, युद्ध में हमारी जीत कैसे हो?...आप स्वयं ही हमें अपने वध का उपाय बताइये।

और तब भीष्म कहते हैं—"यह तुम्हारे लिए पुण्य की बात है कि तुम्हें मेरे इस प्रभाव का ज्ञान हो गया है" कि मेरे रहते तुम कभी विजयी न हो सकोगे।

यह पितृ-वध है। यहाँ इडिपल या स्त्री नदारद है। यह कोरी हत्या नहीं है। भले यह वध पुत्र की आकांक्षा की परिणति है लेकिन यह पितामह की अनुमति और भागीदारी से सम्भव होता है, पितामह की प्रतिष्ठा को संवर्द्धित करता है। उनके वंशजों को विजयी बनाने के साथ अपराध-बोध में भी डुबो देता है।

घृणा से भरे गोड्से भी गाँधी के योगदान को स्वीकारते थे। अदालत में उन्होंने अपने बयान में कहा था कि ट्रिगर दबाने से पहले वह गाँधी के समक्ष "सम्मान में झुक गये" थे। जैसा आशीष नन्दी और उनसे पहले रॉबर्ट पायने ने लिखा है कि गाँधी की हत्या किसी एक इनसान ने नहीं की थी, इस कृत्य के अनेक मूक सहभागी थे, गाँधी ख़ुद उनमें से एक थे। गाँधी ने ख़ुद को दृश्य से हटाये जाने की अनुमति दे दी थी। कांग्रेस के कई नेता भी गाँधी की मृत्यु तो नहीं चाहते थे, लेकिन वे उन्हें नये भारत की राह में बाधा ज़रूर मानते थे। गाँधी की भी भीष्म जैसी ही स्थिति थी। उनकी राजनैतिक सन्तानों को बोध हो गया था कि गाँधी के रहते वे भारत को हासिल नहीं कर पायेंगे। यह बोध, ज़ाहिर है, गाँधी को दरकिनार करते जाने के अपराध-बोध का जुड़वाँ था।

भारतीय अवचेतन का एक अंश आज भी कहीं इस बोध की गिरफ़्त में है कि स्वतन्त्र भारत की नींव राष्ट्र-पिता के वध पर ठहरी है। शायद यही वजह है कि स्वातन्त्र्योत्तर भारत की राजनीति कारतूसों से बिंधे इस शव के इर्द-गिर्द घूमती आयी है। सत्तर से अधिक वर्ष हुए लेकिन यह अपराजेय और असम्भव लाश अभी तक नहीं बुझी है, इस राष्ट्र के आकाश पर अपने डैने फैलाये पसरी है।

यह तीख़ा अन्तर्द्वन्द्व सिर्फ़ पाण्डव भाइयों या कांग्रेसी नेताओं तक सीमित नहीं है, वे तमाम पुत्र इससे गुज़रते हैं जो पिता के प्रति आदर और उनसे उपजती असम्भव चुनौतियों के बीच ख़ुद को पिसते पाते हैं।

पश्चिमी सभ्यता ने भी उन दो पितृ-पुरुषों का वध किया है जो इस सभ्यता के दर्शन, धर्म, विचार और व्यवहार के आदि स्रोत हैं—सुकरात और ईसा मसीह। पश्चिम के अवचेतन में दफ़न एक स्याह तहख़ाने में इस पिता की लाश दो हज़ार वर्षों से रखी हुई है। लेकिन पश्चिम इस घाव को स्वीकारना नहीं चाहता। वह इससे संवाद करने से बचता रहा है। क्या पश्चिम द्वारा दुनिया भर में की गयी हिंसा की एक वजह इस पितृ-वध से उपजा अपराध-बोध है? क्या अन्य समुदायों और संस्कृतियों को 'सैविज' घोषित कर वह अपने नृशंस कृत्य, अपने 'ओरिज़िनल सिन' पर पर्दा डाल देना चाहता है? इस प्रश्न को किसी आगामी निबन्ध के लिए रखते हैं।

●

पिता की मृत्यु-कामना का भाव अनेक रूप में, बड़ी बारीकी से प्रकट होता है। मसलन, निर्मल वर्मा की लम्बी कहानी *बीच बहस में* और उपन्यास *अन्तिम अरण्य*। एक कथा का नायक पिता को अस्पताल में मरते हुए देख रहा है, दूसरा नायक पिता-तुल्य मेहरा साहब की अन्तिम साँसों को सहेज रहा है। इन दोनों युवकों के भीतर पिता की मृत्यु एक कोरी घटना बतौर दर्ज नहीं हो रही, उनके अन्दर इस मृत्यु की आकांक्षा भी बनी हुई है। दोनों पिता की मृत्यु के साक्षी होने उनके अन्तिम समय पर आ गये हैं। लेकिन वे तटस्थ दर्शक नहीं हैं, इस मृत्यु में भागीदार हैं, जीवित पिता की कपाल-क्रिया करते हैं, इस प्रक्रिया में ख़ुद अपनी मृत्यु की तरफ़ बढ़ते जाते हैं। पिता की सेज सजाते हैं, उनके शव का अपनी अस्थियों से श्रृंगार करते हैं।

मेहरा साहब ने नायक को अपनी जीवनी सुनने और लिखने के लिए बुलाया है, लेकिन वह सिर्फ़ जीवनी नहीं लिख रहा, दरअसल, उन्हें अपनी मृत्यु-कथा रचने में मदद कर रहा है। वह मेहरा साहब की ओर चलती आती मृत्यु को लिपिबद्ध कर रहा है, अपने रजिस्टर के पन्नों में उस मृत्यु की कथा लिख रहा है।

दोनों ही युवकों को यह बोध है कि पिता की मृत्यु बग़ैर पिता को मुक्ति मिलेगी न उन्हें। दोनों इससे भी अनभिज्ञ नहीं हैं जो ओर्हान पामुक ने अपने पिता की मृत्यु पर लिखा था—

> एक आदमी की मौत अपने पिता की मृत्यु के साथ शुरू हो जाती है।

●

एक रचनाकार का भी अपने पितामह के साथ अक्सर बड़ा त्रासद सम्बन्ध होता है। अपने पितामह से मुक्ति कैसे पायी जाये? उसके वध का उपाय किससे पूछा जाये? किस तरह अपने स्वर की सम्प्रभुता हासिल की जाये?

कुछ बरस पहले मैंने एक कहानी लिखी थी जिसमें एक युवा लेखक एक बूढ़े लेखक की श्रद्धांजलि कई बरसों से लिख रहा है जबकि वह बूढ़ा अभी ज़िन्दा है। वह युवा उसे अपना गुरु मानता है, इस गहन अपराध-बोध से ग्रस्त है कि उसने अभी तक कुछ भी ऐसा नहीं लिखा जिसे वह बूढ़े को बतौर गुरु-दक्षिणा समर्पित कर सके। इस पाप से मुक्त होने के लिए वह दुनिया का सबसे महान् शोक-गीत लिखने का स्वप्न देखता है। बूढ़ा अभी दो-चार साल तो जीवित रहेगा ही, यानि उसके पास काफ़ी समय है शोक-गीत लिखने के लिए। उसकी मृत्यु के अगले दिन वह इसे प्रकाशित करवा देगा। पूरी दुनिया अचम्भित रह जायेगी कि महज़ एक रात में उसने यह विलक्षण रचना कैसे कर डाली।

इस जुनून में वह इस कथा के कई मसौदे तैयार करता है, बूढ़े को अनेक विधियों से मरता दिखाता है। हार्ट अटैक, सुबह की सैर पर किसी ट्रक ने कुचल दिया, अपनी डेस्क पर मरा पाया गया, अधूरी कहानी से न जूझ पाने की निराशा में हुई मृत्यु, हेमिंग्वे जैसी आत्महत्या। युवा लेखक उसकी मृत्यु की कल्पना करता चलता है लेकिन बूढ़ा नहीं मरता। युवक के भीतर दिन रात मृत्यु बजने लगती है। उसे चारों तरफ़ मृत्यु का विलाप सुनायी देने लगता है, वह हरेक शै में अपने गुरु को मरता हुआ, उसके शव को लकड़ियों पर धधक कर जलते हुए देखता है, लेकिन बूढ़ा नहीं मरता।

इस कहानी का अन्तिम वाक्य था—

> तुम उस बूढ़े का शोकगीत लिख रहे थे या उसके ज़रिये दरअसल तुम ख़ुद को ही सम्बोधित थे? क्या तुम ही तो वह बूढ़े नहीं थे जो इस युवक के भेष में अपना शोकगीत लिखने आ गये थे?

यह भाव वह नहीं है जिसके बारे में एलियट ने लिखा है कि हरेक लेखक अपने पूर्वजों को रचता है, या जब काफ़्का को पढ़ते वक़्त बोर्हेस उनके तमाम पुरखों को चिह्नित कर लेते हैं; काफ़्का के शब्दों के आलोक में पूर्ववर्ती रचनाओं का पाठ एकदम बदल जाता है। यह भाव वह भी नहीं जिसे हैरल्ड ब्लूम 'द ऐंज़ाइयटी अव इन्फ़्लूयन्स' कहते हैं जो अपने पूर्वज के 'ग़लत पाठ' से जन्म लेता है, एक ऐसी प्रक्रिया जहाँ एक लेखक अपने अग्रज के शब्दों को संशोधित करने की आकांक्षा लिए उन्हें मरोड़ देता है, उनसे एक नया अर्थ हासिल कर लेता है।

लेखकीय परम्परा का ज़िक्र जिस तरह इन आलोचकों ने किया है, यह निबन्ध उससे अलग धुरी पर स्थित है। यहाँ यह सजग बोध है कि पूर्वज से मुक्त हुए बग़ैर लेखक की मुक्ति असम्भव है, पितृ-ऋण का निर्वाह पितृ-वध के बगैर शायद असम्भव है, लेकिन यह बोध भी है कि यह आकांक्षा और इस दिशा में किया गया कर्म शायद एक छलावा ही रहा आयेगा, इस दौरान पूर्वज कहीं विराट स्वरूप में प्रतिष्ठित हो जायेगा, जिसे मिटाना चाह रहे थे वह सदा को बना रहा आयेगा, लेकिन फिर भी यह कर्म अनिवार्य नज़र आयेगा।

रचना-कर्म शायद इन्हीं जुड़वाँ आकांक्षाओं से संचालित होता है—गुरु-दक्षिणा और गुरु-वध। चूँकि कहानी या उपन्यास में लेखक की चेतना पर मँडराते साये शायद छुपाये जा सकते हैं लेकिन आलोचना किसी कृति और कृतिकार को सीधे सम्बोधित होती है, इसलिए आलोचना में यह आकांक्षा शायद सबसे प्रकट तौर पर उमड़ती है।

●

एक प्रश्न लेकिन और भी है। क्या लेखकीय परम्परा का ज़िक्र जिस तरह इस लेख में हुआ है वह किसी पुरुष लेखक के सरोकार को इंगित करता है, पितृ-सत्ता का सूचक है? पितृ-ऋण के निर्वाह की इस प्रक्रिया में मातृ-ऋण की जगह कहाँ है? ऐसा तो एकदम नहीं है कि मैंने अपनी रचनात्मक प्राण-ऊर्जा सिर्फ़ पुरुष लेखकों से ग्रहण की है, कि साहित्य में स्त्री मेरा विषय नहीं है, और इसके प्रमाण ख़ुद इसी किताब में मिल जायेंगे। लेकिन इसके बावजूद लेखकीय परम्परा पर लिखते वक़्त अगर पिता और पितामह ही मेरे भीतर गूँजते हैं, माता नहीं, तो निश्चित ही यह सिर्फ़ भाषा और लिंग का यानि पिता बनाम माता का प्रश्न नहीं है। क्या

इसकी वजह यह है कि चूँकि एक पुरुष का अपने पिता के साथ जो द्वन्द्वात्मक सम्बन्ध होता है वह शायद माँ के साथ नहीं है, और चूँकि मैं हूँ तो पुरुष ही इसलिए अपने पूर्वजों के साथ रचनात्मक संघर्ष मेरे भीतर पिता के रुपक में ही दर्ज हुआ है?

यह भी सम्भव है कि इस प्रश्न को सुलझाने के लिए मुझे किसी अन्य रास्ते पर चलने की ज़रूरत है, एक ऐसा रास्ता जिसे मैं आज नहीं देख पा रहा हूँ, इसलिए इस प्रश्न को मैं अपनी वर्तमान सीमा और सत्य के साथ स्वीकारता और सहता हूँ।

●

लेकिन वह बुज़ुर्ग? इस समूची कथा में उसकी क्या भूमिका है? क्या यह एकतरफ़ा कर्म है जिसमें उसकी कोई जगह नहीं? क्या वह अपने परवर्ती के हाथों मिटाये जाने को अभिशप्त है? नहीं। वह कोई निरीह शिकार या बलि का प्राणी नहीं है। यह समूची क्रीड़ा उसकी उदार अनुमति, सहृदय भागीदारी से ही सम्भव होती है। भले आप उससे उसकी मृत्यु का उपाय जान उसे रणभूमि से हटा दें लेकिन वह महारथी ज़मीन पर नहीं गिरेगा, उसकी गरिमा के अनुकूल उसकी शैया अभेद बाणों की ही बनेगी, वह सूर्य के तेज के साथ उस सेज पर लेट जायेगा, और भले वह शर-शैया पर लेटा हो लेकिन वह प्राण अपनी इच्छा से ही छोड़ेगा। अलेहांड्रो जंब्रा के उपन्यास *बोन्साई* का बूढ़ा उपन्यासकार युवा नायक से कहता है—

> हम बूढ़े लोगों को युवाओं से सिर्फ़ चापलूसी ही नहीं चाहिये, कहीं गहरे हमें उनके ख़ून की भी ज़रूरत होती है। एक बूढ़े को ढेर सारा ख़ून चाहिये।

इस बुज़ुर्ग ने अपने उत्तराधिकारी को जितना ख़ून अपने समूचे जीवन में दिया है, उससे कई गुना अधिक उसका लहू वह अपने अन्तिम क्षणों में निचोड़ लेता है।

यह किताब लहू के इन्हीं क़तरों को समेटना चाहती है।

—आशुतोष भारद्वाज

क्रम

तीन : संवाद

चार : समय

एक : स्वर

मगध की मृत्यु-कामना

जब हम किसी चीज़ को देखते हैं तो वह भी हमें देखती है। इस देखने और देखे जाने से ही दृश्य रचा जाता है, जिसके रचयिता दर्शक और दृष्टव्य वस्तु दोनों होते हैं। इसी तरह जब हम किसी कविता का पाठ करते हैं, तो कविता भी हमारा पाठ करती है, हमें पढ़ती-टटोलती है। वह इस पाठ की महज़ दर्शक नहीं, सहभागी है। वह हमारे द्वारा ख़ुद को पढ़े जाते हुए देखती है, हमारे बोध और संवेदना की उँगलियाँ अपनी काया पर उतरते महसूस करती है। हमारे स्पर्श से उसके रंग परिवर्तित व परावर्तित होते हैं, हमें आलोकित करते हैं, अनेक रंगों में हमें रँगते हैं।

दर्शन की भाषा में कहें तो जब मनुष्य ज्ञेय के सम्पर्क में आता है, तब मनुष्य के भीतर ज्ञान का गुण उत्पन्न होता है, यह ज्ञान उस मनुष्य के साथ ज्ञेय वस्तु को भी आलोकित करता है। लेकिन यदि ज्ञेय असम्यक् या अस्थिर है, तो ज्ञान भी स्थिर नहीं होगा। अगर *मगध* ज्ञेय है तो पाठक और *मगध* की कविताओं के बीच हुए संवाद-संसर्ग से उपजने वाले ज्ञान की प्रकृति एवं प्रवृत्ति कैसी होगी?

उज्जयिनी जाने को इच्छुक यात्रियों से निवेदन है :

> यह रास्ता उज्जयिनी को नहीं जाता
> और यह कि यही रास्ता उज्जयिनी को जाता है
> मैं कल तक रास्ता दिखा रहा था
> यह कहकर कि
> सावधान!
> यह रास्ता उज्जयिनी को जाता है

मैं आज भी रास्ता दिखा रहा हूँ
यह कहकर कि
सावधान!
यह रास्ता उज्जयिनी को नहीं जाता
...
जिन्हें उज्जयिनी जाना है, कहाँ जायें
वे उज्जयिनी जायें
और कहें
यह उज्जयिनी नहीं
क्योंकि हम
उन रास्तों से नहीं आये
जो उज्जयिनी जाते हैं
या उज्जयिनी नहीं जाते।

एक ही रास्ते को उज्जयिनी और उसके विलोम दोनों का रास्ता बतलाने वाली यह कविता किस तरह हमारे बोध को स्पर्श करती है? यह आख्यायक कौन है, सृष्टि में इसका निवास कहाँ है? अभी हमने कहा कि अगर पाठक कविता को देखता है, तो कविता भी पाठक को देखती है। यह कविता और इसका आख्यायक किस झरोखे से हमें यानी पाठक को देख रहे हैं? क्या हम इसे देख पा रहे हैं? क्योंकि हम शायद ऐसे किसी रास्ते को नहीं जानते जो किसी गन्तव्य और उसके विलोम दोनों को ही एक साथ जाता हो।

पाठक को मगध की धरती भयानक रूप से अस्थिर दिखलायी देती है। इसकी बुनियाद सिर्फ़ डगमगाती ही नहीं, ख़ुद अपने को ही ध्वस्त करती चलती है। ऊपर रखी गयी ईंट नीचे वाली को चकनाचूर कर नयी नींव बनाती है। पहली नज़र में यह कवि का खेल भी प्रतीत हो सकता है, कि मगध सिर्फ़ शब्द-कौतुक, मकड़-जाल है। उज्जयिनी जाने वाला और उज्जयिनी नहीं जाने वाला रास्ता शायद उसी तरह से एक है जिस तरह कोई सीढ़ी ऊपर से नीचे जाती है, और नीचे से भी ऊपर भी, और इस तरह उसमें कोई अन्तर्विरोध या अन्तर्विरोधाभास नहीं होता, न ही वह अपने को खण्डित करती या नकारती है।

इस दृष्टि से मगध कोरे कौतुक में भी निगमित हो सकती है। लेकिन नहीं।

क्योंकि मगध जिस स्वरूप में जिन अनेक प्रश्नों को पाठक के सामने ले आती है, उनमें से दो दर्शन के बुनियादी प्रश्न हैं। पहला कि इन कविताओं में ज्ञान किस तरह हम तक सम्प्रेषित होता है, एवं उस ज्ञान का स्वरूप क्या है? दूसरा, जिस तत्त्व के ज्ञान की ओर यह कविता ले जाती है उसका स्वरूप क्या है?

मगध दर्शन के इन दोनों प्रश्नों का भाषा से अन्वेषण करती है। वह ऐसी भाषा का सन्धान करती है जिसका विलोम उससे अभिन्न है। साथ ही, वह अपनी अस्थिर काव्य-धरती मृत्यु-कामना की आँच में सुलगते मिथक से निर्मित करती है।

***

इसलिए मगध प्रचलित अर्थ में अम्बिगुअस या अनेकार्थी नहीं है। यहाँ अर्थ एक ही है, सिर्फ़ अनेक रूपों में ख़ुद को उद्घाटित करता है। जो कन्नौज के विषय में कुछ नहीं जानते, वे भी कन्नौज जाते हैं, जो कन्नौज के विषय में सब कुछ जानते हैं, वे भी कन्नौज जाते हैं। जिन्हें प्रेम है कन्नौज से, वे भी कन्नौज जाते हैं, जिन्हें द्वेष है कन्नौज से, वे भी कन्नौज जाते हैं।

कन्नौज या उज्जयिनी सिर्फ़ कौतुक भरे वाक्य-प्रयोग नहीं हैं। यह कविता की काया में माया का सन्धान है। प्रपंच का गल्प है।

माया, जो न सत है, न असत। जिसका अनास्तित्व उसके अस्तित्व जितना ही सत्य है। दर्शन में कहा जाता है कि माया ब्रह्म से अभिन्न, अपृथक् है, अनन्या है। माया ब्रह्म पर आश्रित है, ब्रह्म ही इसका विषय है। उसी तरह उज्जयिनी जाने या न जाने के दो रास्ते एक दूसरे से अपृथक्, अनन्य हैं। एक रास्ता अपने अस्तित्व और अनास्तित्व दोनों के लिए दूसरे रास्ते पर आश्रित है। उज्जयिनी जाने वाला रास्ता उज्जयिनी न जाने वाले रास्ते का अनिवार्य विषय है, पूरक भी है, और विलोम व शत्रु भी है।

जो कविता ख़ुद अपना विषय भी हो, पूरक, विलोम और शत्रु भी, वह न सिर्फ़ आत्म-रत है, बल्कि आत्म-हन्ता भी। वह कविता ख़ुद अपनी ही काया से सम्भोग करेगी, अपने को जन्म देगी, अपनी ही लपट में भस्म हो जायेगी, फिर अपनी ही राख से पुनर्जीवित होगी। इस मायालोक को उपलब्ध करने के लिए यह अपना विशिष्ट व्याकरण रचती है जिसमें

मथुरा के न रहने पर मथुरा विलापती है—मथुरा, मथुरा।

मगध के व्याकरण को उलटबाँसी या इस जैसे अन्य अपर्याप्त और अनुपयुक्त युग्मों अथवा युक्तियों से नहीं टटोला जा सकता।

दर्शन की शब्दावली में कहें तो मगध परतः प्रमाण्य नहीं, स्वतः प्रमाण्य है। भले ही मगध अपनी परम्परा से एक गहन संवाद में रत है, उनके चिह्न इसकी काया पर सुलगते हैं, लेकिन उन सभी पुलों को जला कर राख कर देना चाहती है, या शायद पहले ही कर आयी है जिन पर चल यह कवि की नोटबुक पर अवतरित हुई है।

लेकिन चूँकि मगध दर्शन की पोथी नहीं है, अपनी रूह में प्रपंच का गल्प है, तो इसका गल्पकार, आख्यायक कौन है? उज्जयिनी के रास्ते का संकेत देने वाला उद्घोषक कौन है? यह कौन आख्यायक है जिससे अगर पूछा जाये कि क्या इससे कुछ फ़र्क़ पड़ेगा अगर मैं कहूँ कि मैं मगध का नहीं, अवन्ती का हूँ, तो वह तपाक से जवाब देता है—मगध के माने नहीं जाओगे, अवन्ती में पहचाने नहीं जाओगे।

ऊपरी तौर पर यह भले प्रतीत हो कि यह आख्यायक एक ध्वस्त हो चुकी सभ्यता का अन्तिम पुरुष है जो ढहते राज और राजनीति के प्रतीक अवन्ती, उज्जयिनी और कौशाम्बी के विनाश की दुखद कथा कह रहा है। विध्वंस को रचती पिकासो की गुएर्निका और तैयब मेहता की त्रिपिटक के बिम्ब भी मगध के शब्दों के बीच उमड़ते हैं, लेकिन मगध विलाप या हाहाकार नहीं है। अगर यह कोरा शोकगीत होता तो मगध इतनी बड़ी कविता न होती। यह आख्यायक गिरती लाशों और ढहते खण्डहरों का साक्षी है, उनकी कथा सुना रहा है। लेकिन उसकी वक्रोक्ति और चुप अट्टहास, भय और विभीषिका को, कामना व वासना में परिवर्तित कर देते हैं।

शायद इसलिए मगध मृत्यु के मुहाने से झाँकते इस आख्यायक का छलावे भरा बुलावा है। सम्मोहक पुकार जो कहती है कि मृत्यु फ़रेब, छल, प्रेम और पराजय जैसे न मालूम कितने रंगों में अपने को उद्घाटित करती है। मृत्यु सिर्फ़ एक रास्ते से नहीं आती। अगर फ़रेब विनाश का द्वार खोलता है, तो सौन्दर्य भी विध्वंस को उकसाता है। बुद्धकालीन गणिका के ठनकते हुए स्तन हों या विचारों की कमी महसूस करता कोसल—मृत्यु एक

विकराल, शायद अन्तिम सम्मोहिनी है, सबको अपनी तरफ़ खींचती है। यह जानते हुए भी कि इस रास्ते पर सिर्फ़ विनाश होगा, मनुष्य उसके आग़ोश में खिंचता चला जाता है, *नोट्स फ्रॉम द अण्डरग्राउण्ड* पर लिखते हुए जिसे ओरहान पामुक ने *जोय्ज ऑफ़ डिग्रेडेशन* कहा है।

***

राज्य और राजनीति को भले ही विध्वंस से भय हो, उनकी सारी हरकतें विनाश से बचने के लिए केन्द्रित हों, कला और प्रेम को विनाश या विखण्डन की परवाह नहीं। कला और प्रेम उस व्योम में निवास करते हैं जहाँ मनुष्य अपनी कामनाओं और वासनाओं में भस्म हो चुकने के बाद अपनी ही राख से अपनी रूह का शृंगार करता है।

साहित्य में कई ऐसे भस्माकुल किरदार मिलेंगे, जो जान-बूझ कर अपने कर्म और नियति ऐसी चुनते हैं जो विध्वंस की राह पर जाती है। क्या हस्तिनापुर की रक्षा का प्रण लिए महारथी भीष्म को नहीं मालूम रहा होगा कि जिस राज्य के लिए उन्होंने जीवन क़ुर्बान किया, वह आख़िर उनकी उसी क़ुर्बानी की गिरफ़्त में फँस नष्ट हो जायेगा? और ख़ुद भीष्म? अनुशासन की मशाल लिए जीते इस नायक की प्रतिज्ञा का अन्त आख़िर बाणों की सेज पर ही हुआ। क्या द्रोण को नहीं पूर्वानुमान रहा होगा कि जिन धनुर्धारियों के धनुकौशल की रक्षा के लिए वह किसी निर्दोष का अँगूठा छीन रहे हैं, वे महारथी इसी धनुष की प्रत्यंचा पर अपने ही कुल को नष्ट करने का बाण तान देंगे? क्या महाभारत का संग्राम गुरु द्रोण की अपने शिष्यों के प्रति वासना का अनिवार्य प्रतिफल नहीं है? जिस क्षण कुरु वंश ने एक अदम्य प्रतिभाशाली बालक से उसका धनुष छीन लिया था, उस राजकुल ने उसी क्षण शायद अपनी नियति इसी धनुष के बाणों से लिख दी थी।

मगध बतलाती है कि विनाश अवश्यम्भावी है, मनुष्य अनिवार्यत: विनाशगामी है। भले ही सत्य पर कुर्बान हुए हरिश्चन्द्र हों या मगध के सेनानायक, कुछ जीवाणु मनुष्य के भीतर चुपचाप सोये रहते हैं, जिन्हें वह अनदेखा किये रहता है, जो धीरे-धीरे उसे कुतरते, अन्तत: उसे भस्म करते हैं।

लेकिन मगध विनाश की शोक गाथा नहीं, विनाश की अदम्य वासना है।

मगध मानव सभ्यता के किसी सुदूर या सुनहरे अतीत के प्रति नास्टैल्जिया से ग्रस्त नहीं है। इसे मालूम है कि मनुष्य का उस दिन ही विध्वंस तय हो गया था जब उसने ईश्वर का घर त्याग दिया था, कामना की राह पर चल पड़ा था। कामना और शून्य के दरमियां मगध कामना को चुनती है।

इसीलिए मगध मृत्यु की असम्भव चाहना की गिरफ़्त में है। यह बतलाना चाहती है कि कामना की अनिवार्य परिणति मृत्यु ही है। रास्ता भले उज्जयिनी का हो, अवन्ती या कौशाम्बी, हरेक रास्ता विध्वंस का ही मार्ग है। लेकिन यह कोरी, ठण्डी मौत नहीं, प्रेम और कामना से सिक्त मृत्यु है। गणिकाओं और सभासदों का अन्त उनकी हसरत का ही परिणाम है।

> चाहता तो बच सकता था
> मगर कैसे बच सकता था
> जो रचेगा, कैसे बचेगा

यह न तो शहादत है, न उत्सर्ग, न आत्मपीडन, न सज़ा। यह अर्जित अन्त है। प्रेम की उपलब्धि है।

***

कवि के जीवनीकार के लिए शायद यह तथ्य उल्लेखनीय हो सकता है कि विध्वंस की कामना लिये जीती मगध की अधिकांश कवितायें कवि के अन्तिम वर्षों में लिखी गयी हैं। कविता इस विध्वंस को मिथक की धरती पर हासिल करती है। मिथक सामूहिक स्मृति के गर्भ में सोया एक बीज है जो अपने पुनर्जन्म के लिए प्रतीक्षारत है। चूँकि किसी मिथक के पहले जन्म को चिह्नित कर पाना कि यह पहली मर्तबा कब अवतरित हुआ लगभग असम्भव है, मिथक का सदा पुनर्जन्म ही होता है। यह हर उस क्षण नया जन्म लेता है जब कोई इस बीज की किसी स्वरूप में प्राण-प्रतिष्ठा करता है। अवन्ती, हस्तिनापुर, कौशाम्बी और उज्जयिनी सरीखे मगध के मिथक हमारी सामूहिक चेतना और स्मृति में अंकित हैं। लेकिन यह संज्ञायें किसी भीषण विस्फोट की तरह मगध की सतह पर फूटती हैं, अपने नये अर्थ हासिल करती हैं। मगध के पृष्ठों पर उज्जयिनी और कौशाम्बी का मिथक वह नहीं है जैसा हम जानते आये थे।

मगध इन मिथकों को मृत्यु की आकांक्षा से बींध देती है। मगध की काशी

सनातन ज्ञान की नगरी नहीं है, यह गंगा के किनारे सिमटे ब्रह्मा के दशाश्वमेध की विराट गाथा नहीं है। *इस काशी में जिस रास्ते जाता है शव, उसी रास्ते आता है शव।* इस कविता का डोम शवों के अम्बार को देख हताश मणिकर्णिका को दिलासा देता है कि दु:ख तुम्हें शोभा नहीं देता मणिकर्णिका, ऐसे भी शमशान हैं, जहाँ एक भी शव नहीं आता, आता भी है, तो गंगा में नहलाया नहीं जाता।

यह किस क़िस्म का दिलासा है, जो मणिकर्णिका को शवों के पहाड़ पर गर्वित होने को कह रहा है। क्या इस दिलासे में भी कहीं छलावा छुपा है? छल, जो मगध का एक प्रमुख गुण है। क्या डोम मणिकर्णिका के साथ भी छल कर रहा है?

मगध का आख्यायक इतालो कैल्विनो की *इनविज़िबल सिटीज़* के नायक मार्को पोलो की तरह है जो कुबलाई खान को प्रतापी बादशाह और उनके राज्य की कहानियाँ सुनाता है, जो ऊपरी तौर पर शौर्य गाथा प्रतीत होती हैं लेकिन अन्तत: उन राजाओं की पतन गाथा हैं। पतन जो इतना बारीक है, इतने धीमे से आता है कि महल की बुर्ज़ियों पर लगी दीमक और शहतीरों पर मँडराते चमगादड़ को भी आहट नहीं होती।

ऊपर हमने पूछा था कि मगध किस तरह हमें देखती है। मगध कुछ इस तरह हमें अपनी निगाह में बाँधती है कि जो जीवित है उसे अपनी साँसों पर शुबहा और मृत होने का गुमान होने लगता है, और जो मृत है वह अपनी आकाँक्षाओं की राख को टटोलने लगता है। यह वह काव्य-भूमि है जहाँ जब जीवित प्रश्नाकुल नहीं होते तो मुर्दे हस्तक्षेप करते हैं, और जीवित इनसान किसी भी क्षण मृतक मान लिए जाने की मँडराती सम्भावना के साथ जीता है क्योंकि मगध उसे आश्वस्त करती है कि *जिसका रोहिताश्व/ मारा गया हो/ शायद कोई उसे विश्वास नहीं दिला सकता कि तुम/ रोहिताश्व नहीं हो।*

इस तरह मगध आसन्न मृत्यु का आलाप है, तो एक मायावी प्रेम की पुकार भी है। एक ऐसा प्रेम जो अबोध-अदृश्य है, सिर्फ़ किसी तिलिस्म के संकेत सी उसकी छाया शब्दों के बीच कौंधती-फिसलती है।

कला शायद प्रेम का अन्तिम स्वप्न है। प्रेम शायद कला का आख़िरी ख़्वाब है। जिस तरह हरेक कलाकार एक महान् प्रेमकथा रच देने का

ख़्वाब लिए जीता है, एक प्रेमी भी अपने प्रेम को एक विलक्षण कविता, एक अनूठी कलाकृति में कायान्तरित कर देने का स्वप्न देखता है।

कला के पास मनुष्य मृत्यु से उबरने जाता है, तो मृत्यु में डूब जाने को भी। उसी तरह प्रेम मनुष्य को मृत्यु से परे ले जाता है, तो मनुष्य को अपनी लपट में स्वाहा भी करता है। मगध इसी अन्तिम प्रेम की कविता है। प्रेम और मृत्यु को एक साथ अपने में समाहित करती है, लेकिन आगाह भी कर देती है कि मुक्ति शायद न प्रेम में है न मृत्यु में। क्योंकि यह कहना कोई अर्थ नहीं रखता कि मैं घर आ पहुँचा। सवाल यह है कि इसके बाद कहाँ जाना है।

(यह लेख सितम्बर २०१५ में रायपुर में आयोजित एक सेमिनार के दौरान पढ़ा गया था)

अनुपस्थिति के साये

मुक्तिबोध की सृजनात्मक सृष्टि तीन प्रमुख भावों से निर्मित और निर्धारित होती है। पहला, इस कविता में प्रेम और स्त्री लगभग अनुपस्थित हैं। (नेमिजी द्वारा सम्पादित उनकी रचनावली में उनकी कवितायें और कहानियाँ तीन खण्ड यानि क़रीब तेरह सौ पन्नों में फैली हुई हैं लेकिन स्त्री प्रेमिका ही नहीं, अन्य रूप में भी लगभग अनुपस्थित है।)

दूसरा, इस कविता की कामना यानि इसकी ईड पर लेखक के आदर्श यानि सुपर ईगो का अंकुश है। तीसरे, इसका क्रान्तिगामी नायक किसी भी ऐसे कर्म को हेय मानता है जो क्रान्ति के पथ पर न जाता हो लेकिन ख़ुद ऐसे कर्म (साहित्य-लेखन) में लिप्त है जो उसके अनुसार क्रान्ति को सीधा सम्बोधित नहीं है। लेखन अपने में एक क्रान्तिकारी कर्म हो सकता है इससे वह अनजान है, या अनजान बने रहना चाहता है।

यह भाव मुक्तिबोध की कविता को क्या स्वरूप देते हैं, यह निबन्ध उसकी पड़ताल है। इसके बहाने यह निबन्ध उनकी रचनात्मक कल्पना के किसी सुदूर झरोखे से चुपचाप झाँकती हुई स्त्री को केन्द्र में लाने का प्रयास करता है, और किसी रचना में स्त्री की उपस्थिति के मायने को भी परखना चाहता है।

उनकी रचनावली में अठारह-उन्नीस की उम्र तक लिखी कुल तीन या चार प्रेम कवितायें हैं, इसके बाद एक प्रेम कविता छब्बीस-सत्ताईस में लिखी गयी है। तैंतीस की उम्र की एक कविता 'तम छायाओं को' में एक उचटती सी पंक्ति आती है जिसमें 'प्रिये' सम्बोधन इस्तेमाल होता है, उनके काव्य में इस शब्द की यह एक दुर्लभ उपस्थिति है, लेकिन कवि तुरन्त बतला

देता है कि यह सम्बोधन उसे विचलित करता है, और वह इस पर प्रश्न भी खड़ा कर देता है।

किन्तु सत्य है प्रिये (प्रिय कहते ही तत्क्षण छाती में होती है धक्-धक्)/ क्योंकि न न्यायोचित, सम्बोधन पूर्ण रिक्त है।

अपनी आगामी कविता में कवि इस विडम्बना को स्पष्ट कर देता है जब वह कहता है— *पुरुष हूँ, आँसू मैं गिरा नहीं सकता हूँ/इसलिए सूने में, सूने में तकता हूँ*...मेरी इन आँखों को देख अगर पाओ तुम, समझोगी कि ज़िन्दगी में कहाँ हूँ अटकता हूँ।

पुरुष हूँ इसलिए आँसू नहीं गिरा सकता। इसका क्या अर्थ है? क्या साम्यवादी क्रान्ति का आदर्श, जैसा कि मुक्तिबोध और कई अन्य कामरेड इसे समझते थे या समझते हैं, एक अति पौरुषेय प्रत्यय है, जिसमें आँसू और स्त्री की जगह नहीं है? भारत के मध्य भाग में एक विशाल गुरिल्ला सेना कई दशकों से राज्य के विरुद्ध सशस्त्र क्रान्ति की जंग लड़ रही है। इस सेना के नियम बड़े कठोर हैं। प्रेम पर सख़्त पहरा है, सन्तान का जन्म तो अपराध है।

***

किसी रचना में स्त्री की उपस्थिति के क्या मायने हैं? क्या यह अनुपस्थिति किसी रचना को अधिक पौरुषेय बनाती है? किसी रचना का स्त्री-तत्त्व क्या उसके पुरुष-तत्त्व से भिन्न होता है? यह इस प्रश्न से एकदम अलग है कि स्त्री-लेखन और पुरुष-लेखन में कोई फ़र्क़ है या नहीं ।

स्त्री पुरुष का विलोम नहीं है, प्रतिरूप भी नहीं है लेकिन वह उससे एक इतर संसार ज़रूर है। मानव व्यवहार व चेतना के कई गुणों को स्त्री और पुरुष के आदि गुण माना जाता रहा है। कोमलता, माधुर्य, करुणा इत्यादि को स्त्री पर आरोपित कर दिया जाता है; हिंसा, क्रूरता, शक्ति को पुरुष पर। लेकिन यह गुण दोनों में ही कमोबेश उपलब्ध हैं।

लेकिन दोनों भिन्न सत्तायें हैं, शायद इसलिए कि सामाजिक-सांस्कृतिक भेद की वजह से दोनों के अनुभव संसार में गहरा फ़र्क़ रहा है। चूँकि मनुष्य अपने अनुभवों की निर्मिति है, स्त्री-पुरुष का भेद उनके अनुभवों के आइने से देखा जा सकता है।

अनुभव के इसी भेद को वर्जीनिया वुल्फ़ अपने निबन्ध *अ रूम ऑफ़ वंस ओन* में रेखांकित करती हैं जब वे जॉर्ज एलियट और जेन ऑस्टिन जैसी लेखिकाओं का ज़िक्र करते हुए कहती हैं कि अगर टॉलस्टाय ने अपना जीवन किसी परिवार में, बाक़ी दुनिया से कट कर बिताया होता तो वे 'युद्ध और शान्ति' कभी न लिख पाते। वे लिखती हैं :

> जिस समय (जॉर्ज एलियट एक घर की दीवारों के भीतर ही सीमित थीं) यूरोप के दूसरे छोर पर एक युवक उन्मुक्त जीवन जी रहा था, कभी इस जिप्सी के साथ, कभी उस अद्‌भुत स्त्री के साथ; वह रणभूमि में जाता था; मानव जीवन के तमाम अनुभवों को निर्द्वन्द्व होकर, समूचे आवेग के साथ जीता था, और जब वह अर्से बाद अपनी किताबें लिखने बैठा तो इन अनुभवों ने उसकी लेखनी को विलक्षण ढंग से समृद्ध किया।

जब मार्गरेट ड्यूरा सत्तर पार कर चुकी थीं, एक साक्षात्कार में पूरी शक्ति से कहती हैं : ''पुरुष की सृष्टि में स्त्री कहीं अन्यत्र होती है, एक ऐसी जगह जहाँ पुरुष अपनी इच्छा से ही आता-जाता है।''

इसके बाद वह समलैंगिक पुरुष लेखकों पर टिप्पणी करती हैं :

> किसी समलैंगी के साथ हुए प्रेम में वह मिथकीय, शाश्वत अनुभूति नहीं होती जो सिर्फ़ विपरीत लिंग के साथ ही घटित होती है—इसलिए साहित्य को—आप सिर्फ़ प्रुस्त का ही उदाहरण ले लें—समलैंगिक उन्माद को विपरीत लिंग में परिवर्तित करना ही पड़ा—अल्फ्रेड को अलबर्टाइन, स्पष्ट कहें तो।
>
> जैसा कि मैंने पहले भी कहा है, इसलिए मैं रोलां बार्थ को महान् लेखक नहीं मानती : ''कोई चीज़ थी जो उन्हें सीमित करती थी, मानो जीवन का प्राचीनतम अनुभव उन्हें छुए बग़ैर ही चला गया, स्त्री का यौनिक अनुभव।

ग़ौरतलब है कि ऐसा कहते वक़्त वे तमाम पुरुष और स्त्रियों के साथ जीवन बिता आयीं थीं। लेकिन उन्होंने यह भी जोड़ा कि ''लिखते वक़्त मैं ख़ुद से यह प्रश्न नहीं पूछती कि स्त्री संवेदनशीलता के क्या मायने हैं। एक महान् चेतना उभयलिंगी होती है। कला को किन्हीं अर्थों में स्त्रैण बनाने का प्रयास स्त्री की बहुत बड़ी भूल है।''

अनेक लेखिकाएँ यह मत साझा करती हैं। मसलन, कृष्णा सोबती ''अर्द्धनारीश्वर के प्रत्यय'' में आस्था रखती हैं जो रचना के लम्हों में रचनाकार के भीतर उतर आता है। इस लेखक के साथ एक साक्षात्कार में उन्होंने ख़ुद को ''स्त्री लेखक'' मानने से इनकार करते हुए कहा : ''मैं स्त्री लेखन को नहीं मानती। सिद्धान्तकार भले ही किसी कृति को इस संकीर्ण ढंग से परखें, लेकिन मेरे लिए कोई महान् कृति स्त्री और पुरुष दोनों तत्त्व लिए रहती है।''

ये तीनों कद्दावर लेखिकाएँ—वुल्फ़, ड्यूरा और सोबती—पुरुष और स्त्री के अनुभव जगत् की भिन्नता को स्वीकारती हैं लेकिन ज़ोर देती हैं कि महान् कलाकार संस्कृति द्वारा आरोपित लिंग भेद से परे निकल जाते हैं।

इसलिए जब कोई पुरुष किसी स्त्री को बरतता है, जीवन या कविता में, तो वह अपने से इतर अनुभव जगत् से संवादरत होता है। एक लगभग अनदेखे-अनजाने प्रदेश में प्रवेश करता है, उसके तन्तुओं को खोलता-टटोलता है। यह स्त्री उस पुरुष की प्रतिद्वन्द्वी हो सकती है, शत्रु या प्रेमिका भी। उसकी हिंसा, करुणा, प्रेम या वासना और हवस का पात्र भी। किसी स्त्री लेखक के लिए भी यह बात उतनी ही सही है—उसके लिए भी पुरुष प्रतिद्वन्द्वी, प्रेमी, विलोम या प्रतिरूप भी हो सकता है।

इससे यह निगमित किया जा सकता है कि किसी भी कलाकृति की कुण्डली उस जगह की बुनियाद पर बनायी जा सकती है जो उसका रचनाकार अपने विपरीत लिंग को देता या देती है। यहीं से यह भी प्रस्तावित किया जा सकता है कि किसी कृति की महानता उस अवकाश के आधार पर निर्धारित हो सकती है जो वह कृति अपने या अपने रचनाकार के 'अन्य' को देती है।

जब कोई कलाकार अपने से इतर किसी 'अन्य' संसार में प्रवेश करता है, उसके निवासियों से संवादरत होता है तो उस कृति में दुविधा, असमंजस, अर्थ बाहुल्य का समावेश होने की सम्भावना जन्म लेती है। उस कृति की भाषा पर कोहरे की परछाईं गिरती है, वह कृति दिन या रात के भेद को पार कर गोधूलि बेला में पहुँचती है। यह इतर संसार रचनाकार की चेतना के सामने एक रचनात्मक चुनौती खड़ा करता है कि वह अपने पूर्वाग्रहों को नकार उससे संवाद जोड़ पाता है या अपने आग्रहों और भ्रमों के आइने से

देखता हुआ उसे स्वतन्त्र स्पेस देने से इनकार कर देता है।

किसी रचना में स्त्री–पुरुष सम्बन्धों का डायनैमिक्स इसलिए यौनिक आकांक्षाओं का उतना फलन नहीं जितना वह एक लगभग अबूझी और अनजान सृष्टि से हुए संवाद का संविधान है। उसे खोलने–टटोलने की छटपटाहट है, उसकी असम्भाव्यता और दूसरेपन को डीकोड करने का प्रयास है।

इसी संवाद की भूमि पर प्रेम, उन्माद, चाहना, ईर्ष्या, हिंसा इत्यादि भावों के जन्म की सम्भावनायें घटित होती हैं। किसी कृति में इस संवाद के स्थल हमें शायद इसलिए ही लुभाते हैं कि वह हमें अपने जीवन के इस इतर पक्ष से परिचित कराते हैं।

कम ही बड़े पुरुष कलाकार हैं जिनकी कला उनके स्त्री–किरदारों के बग़ैर पूरी होती हो। अगर स्त्री उसकी कल्पना की मरकज़ न भी हो तो भी वह उसके कला–कर्म पर एक बीहड़ आसमान, एक विराट स्वप्न की तरह मण्डराती रहती है। व्यास, शेक्सपियर से लेकर बर्गमैन की शक्तिशाली स्त्रियाँ इसका प्रमाण हैं।

***

इस रोशनी में अब हम उस प्रश्न को टटोल सकते हैं कि स्त्री की अनुपस्थिति मुक्तिबोध के काव्य को क्या स्वरूप देती है। उनके काव्य की एक बड़ी विशेषता है उनके नायक की गहरी आन्तरिक छटपटाहट और आत्मसंघर्ष, आत्म–भर्त्सना भी। लेकिन उसे अपनी, अपने विचार की शक्ति पर कोई संशय नहीं। क्रान्ति में योगदान न दे पाने की वजह से वह ख़ुद को कोसता ज़रूर है लेकिन क्रान्ति के विचार और उसकी अनिवार्यता पर उसे कोई संशय नहीं। उसे कवि, नर्तक, शिल्पकार इत्यादि समाज के सभी वर्ग ''रक्तपायी वर्ग से नाभिनाल–बद्ध'' नज़र आते हैं। वह अपने को, एक क्रान्तिगामी नायक को एक किनारे रखता है, बाक़ी दुनिया दूसरे किनारे पर धकेल देता है।

क्या मुक्तिबोध की कविता में 'अदर' यानि अन्य का बोध बहुत गहरा और नुकीला है? क्या कवि लगभग समूची सृष्टि को अपना विलोम माने बैठा है? वह ''अकेला'' है ''बौद्धिक जुगाली में अपने से दुकेला'' है।

क्या इसकी वजह यह है कि मुक्तिबोध अपने विचार को ही अन्तिम सत्य मानते रहे? क्या यह कह सकते हैं कि उनकी कविता की रचनात्मक बुनियाद यानि एकल विचार की उपस्थिति, विलोम स्वर और बहुध्वन्यात्मकता के अभाव की एक वजह रचना में स्त्री की अनुपस्थिति है? स्त्री की उपस्थिति रचना और उसके किरदारों के स्वर को किस क़दर परवर्तित करती है इसके कई उदाहरण हैं।

गोरा की सुचरिता नायक की अतिवादिता पर प्रश्न करती है, अन्ततः उसे अपनी अवधारणाओं पर पुनर्विचार को प्रेरित करती है। टैगोर के इस उपन्यास का निर्णायक मोड़ उस लम्हे आता है जब नायक गोरा स्त्री के महत्त्व को समझता है। गोरा कट्टर हिन्दू है, जातिप्रथा का समर्थक है, मानता है कि भारत का भविष्य हिन्दू पुनर्जागरण में है। लेकिन इतना मजबूत व्यक्तित्व जो सभी को बहस में हराता आया है, ब्रह्म समाज की सदस्य सुचरिता के सम्पर्क में आ अपने तर्क की सीमा को पहचानने लगता है। जिस इनसान ने स्त्री की भूमिका को कभी भी परिवार से परे नहीं देखा वह "सुचरिता के ज़रिये एक नये सत्य से साक्षात्कार करता है"।

संस्कार की नायिका तपस्वी जीवन जीते आ रहे प्राणेशाचार्य को सृष्टि के अनछुए पहलू से परिचित कराती है, उसके जीवन को पलट कर रख देती है। *झूठा सच* की स्त्रियाँ विभाजन के दौरान पुरुष द्वारा की जा रही हिंसा को नकारती हैं। दोस्तोयवेस्की के *अपराध और दण्ड* के एक विलक्षण दृश्य में सोन्या अपराध-बोध में डूबे नायक को तहख़ाने में बाइबल का 'राइज़िंग अव लाज़रस' पढ़ कर सुनाती है, जिसके बाद नायक के भीतर की जड़ता पिघलने लगती है।

यही बात स्त्री के सन्दर्भ में भी सही है। पुरुष की उपस्थिति उसके लेखन का विस्तार करती है। इसका सबसे विलक्षण उदाहरण हैं कृष्णा सोबती। उन्होंने जब 'हम हशमत' लिखने के लिए पुरुष उपनाम चुना तो पाया कि उनकी लेखनी और भाव ही नहीं, लिखावट यानि हस्तलिपि का स्वरूप भी बदल गया। वे पुरुष का अपनी कथाओं में चित्रण करती आयीं थीं लेकिन जब उन्होंने ख़ुद को पुरुष नाम दिया, पुरुष को अपनी रचनात्मक चेतना में धारण किया तो उनके शब्द और अक्षर वह नहीं रहे जो उनकी अन्य रचनाओं में थे।

मुक्तिबोध की एक दुर्लभ प्रेम कविता के उदाहरण से देखा जा सकता है कि स्त्री और प्रेम का भाव उनके विचार, भाषा की सतह और कविता के ढाँचे को किस क़दर बुनियादी तौर पर परिवर्तित कर देता है :

> मैं बहुत दिनों से बहुत दिनों से
> बहुत-बहुत सी बातें तुमसे चाह रहा था कहना
> और कि साथ-साथ यों साथ-साथ
> फिर बहना-बहना-बहना
> मेघों की आवाज़ों से
> कुहरे की भाषाओं से
> रंगों के उद्भासों से ज्यों नभ का कोना-कोना
> है बोल रहा धरती से
> जी खोल रहा धरती से
> त्यों चाह रहा कहना
> उपमा संकेतों से
> रूपक से, मौन प्रतीकों से
> मैं बहुत दिनों से बहुत दिनों से
> बहुत-बहुत सी बातें तुमसे चाह रहा था कहना

***

किसी पुरुष रचनाकार के शब्द को स्त्री किस तरह कायान्तरित करती है, उस रचना की काया में वह अनकहे और अनबूझे रहे आये एहसास और हसरतें किस तरह चुपचाप पिरो देती है इसका एक विलक्षण उदाहरण दो अलग काल खण्डों में रची गयी राम कथा के यह अंश देते हैं।

वाल्मीकि रामायण के अरण्य काण्ड के पैंतालिसवें सर्ग में राम मृग के पीछे जा चुके हैं। सीता और लक्ष्मण कुटिया में अकेले हैं कि राम की पुकार आती है। घबराती हुई सीता लक्ष्मण से राम की सहायता के लिए जाने को कहती हैं लेकिन वे उन्हें आश्वासन देते हैं, यह भी कहते हैं कि राम ने उन्हें सीता के पास रहने के लिए कहा है। और तब सीता लक्ष्मण पर वह आरोप लगाती हैं जो रामकथा की बुनियाद पर गहरा प्रश्न लगाता है। जब लक्ष्मण जाने से मना कर देते हैं तो आक्रोश में सीता कहती हैं कि वह राम की सहायता के लिए सिर्फ़ इसलिए नहीं जा रहे क्योंकि उनकी सीता पर कुदृष्टि है, कि वह राम के ख़त्म होने के बाद उनको पाना चाहते हैं, कि

लक्ष्मण दरअसल जंगल सिर्फ़ उन्हीं के पीछे आये हैं। वे उन्हें ''दुष्ट'', ''अनार्य'' और ''कुलपावक'' कह गाली देती हैं, और यह भी जोड़ती हैं कि शायद भरत ने ही लक्ष्मण को उन्हें यहाँ भेजा है।

यह अचम्भित कर देने वाला वाक़या है। हम मानते आये हैं कि लक्ष्मण ने सीता के सिर्फ़ चरणों को ही देखा है, चेहरे पर भी उनकी कभी निगाह ही नहीं गयी। लक्ष्मण का आदर्श भाई और देवर का स्वरूप यहाँ भरभरा कर गिर जाता है। जंगल के इतने बरसों के दौरान लक्ष्मण ने ऐसा क्या कहा या किया, सीता ने उनमें ऐसा क्या देखा कि वह उन पर कुदृष्टि का आरोप लगा रही हैं। क्या लक्ष्मण निष्कलंक नहीं, आदर्श भाई नहीं? यह प्रश्न ख़ुद सीता पर भी लौटता है कि वे अब तक चुप क्यों रहीं? अगर उन्हें लक्ष्मण के भीतर इस भाव का एहसास था तो उन्होंने अब तक प्रतिकार क्यों नहीं किया? राम को क्यों नहीं बतलाया? या यह सीता की महज़ कुण्ठा है, झुँझलाहट है कि वह जैसे भी सम्भव हो लक्ष्मण को उकसा रहीं हैं कि वे राम की रक्षा के लिए चले जायें? और अगर ऐसा है तो इस क्षण सीता और कैकेयी या मंथरा में कोई बहुत गहरा चरित्रगत अन्तर नहीं रह जाता।

एक उत्कृष्ट रचनाकार की तरह वाल्मीकि इन प्रश्नों को अनुत्तरित छोड़ देते हैं। ग़ौर करें कि यह वाक़या वाल्मीकि रामायण में है, एक आरम्भिक रामकथा, उस इनसान द्वारा रची गयी जिसने राम को बचपन से देखा, अपने आश्रम में सीता को शरण दी, लव-कुश उनके घर ही पले-बढ़े। यह झारखण्ड या छत्तीसगढ़ के किसी कबीले में कही गयी रामकथा नहीं जिसे कोई वैकल्पिक या 'थ्री हण्ड्रेड रामायण' में से एक कह कर ख़ारिज कर सके। हालाँकि कोई भी रामकथा वैकल्पिक नहीं, भारतीय समाज ने मिलकर सबको रचा है, उन्होंने भारतीय समाज को रचा है। लेकिन वाल्मीकि रामायण की सीता अगर लक्ष्मण पर यह आरोप लगा रही हैं तो इसे अनसुना नहीं किया जा सकता।

कई सदियों बाद तुलसीदास भी रामकथा लिखने बैठते हैं। इस प्रसंग पर आते हैं। उनके सामने सकंट गहरा है। अगर वे भी सीता-लक्ष्मण के सम्बन्ध पर यही प्रश्न लगाते हैं तो उनकी रामकथा का उद्देश्य कमज़ोर पड़ता है, आख़िर उन्हें एक आदर्श की स्थापना करनी है। तुलसी शुरुआत से ही अपने किरदारों की आकांक्षा के बजाय अपने आदर्श यानि सुपर

ईगो से संचालित हो रहे हैं। लेकिन इस स्थल पर यह रचना अपने रचनाकार के आरोपित आवरण को उतार फेंकती है और तुलसीदास लिखते हैं—

मरम बचन जब सीता बोला। हरि प्रेरित लछिमन मन डोला।

सीता ने जो कुछ भी भला–बुरा लक्ष्मण से कहा, तुलसी उसे 'मरम बचन' में सीमित तो कर देते हैं, लेकिन पर्याप्त संकेत देते हुए कि सीता ने अत्यन्त मर्मभेदी बात कही है। यह कविता की काया में ईड यानी अव्यक्त रही आयी कामना का समावेश है। यह रचना का दुर्लभ क्षण है। किरदार की आकांक्षा रचनाकार के नैतिक आदर्श से परे निकल जाती है।

एक अन्य दृष्टि से कहें तो एक रचनाकार अपने पूर्ववर्ती कलाकार को शायद इसी तरह नमन करता है, उसका ऋण अदा करता है। तुलसी का भक्त चाह कर भी वे शब्द नहीं प्रयोग कर सकता था जो सीता और लक्ष्मण के सम्बन्ध पर सवाल लगाते हों, लेकिन उन्हें अपने कथा–गुरु वाल्मीकि की मूर्ति के समक्ष ली गयी शपथ भी याद रही होगी। 'मरम बचन' इसी शपथ का निर्वाह है, इसका प्रमाण है कि रचना अपने रचयिता और किरदार, दोनों से मुक्त हो जाने का ख़्वाब देखती है, दुर्लभ लम्हों में मुक्त हो भी जाती है। एक मध्यकालीन भक्त कवि अपने समूचे आग्रहों के बावजूद अपनी रचना में वे संकेत छोड़ जाता है, जो उस कथा का पाठ बदल देते हैं।

स्त्री के महत्त्व को इस्लाम धर्म के आईने से भी देख सकते हैं। इस्लाम की चेतना और कल्पना में स्त्री अमूमन अनुपस्थित रही है। यह निरा पौरुषेय धर्म है। इसके पैगम्बर, सन्त—सभी पुरुष हैं। इस्लाम शायद उतना कट्टर नहीं होता अगर इस्लाम का पुरुष किसी स्त्री से संवाद–संघर्षरत रहा होता। दिलचस्प यह है कि जब सूफ़ी कवियों के ज़रिये इस्लाम में स्त्री और प्रेम प्रवेश करते हैं तो इस्लाम का स्वरूप झटके से बदल जाता है। सूफ़ी कवि प्रकृति और ख़ुदा से बुनियादी तौर पर एकदम अलग क़िस्म का सम्बन्ध बनाते हैं, जिसमें उन्माद और खुमार है, समर्पण भी है। उर्दू शायर जिस तरह अपने ख़ुदा और मज़हब से ठिठोली करता है वह स्त्री के बग़ैर सम्भव नहीं था। मसलन, मीर बुत शब्द से एक बेजोड़ शरारत रचते हैं। उर्दू में बुत

का अर्थ मूर्ति तो है ही, यह माशूक के लिए भी प्रयोग होता है। जब मीर कहते हैं—*बोसा उस बुत का लेकर मुँह मोड़ा, भारी पत्थर था चूम कर छोड़ा*—तो वे माशूक़ और इश्क़ के तीर से अपने मज़हब और उसके विचार को बींध देते हैं।

वापस मुक्तिबोध पर लौटते हैं जिनकी कविता में अपने वर्तमान के प्रति गहन छटपटाहट, असन्तोष है, नकार भाव है। यह नकार भाव किस तरह प्रेम के स्पर्श से बदल जाता है इसका एक अद्‌भुत उदाहरण यह कविता है—

> ज़िन्दगी में जो कुछ है, जो भी है/सहर्ष स्वीकारा है; इसलिए कि जो कुछ भी मेरा है/वह तुम्हें प्यारा है/गरबीली ग़रीबी यह, ये गम्भीर अनुभव सब/यह विचार वैभव सब/दृढ़ता यह, भीतर की सरिता यह अभिनव सब....जो कुछ भी जाग्रत है अपलक है/संवेदन तुम्हारा है!

क्या किसी और स्थल पर मुक्तिबोध जीवन को, ग़रीबी को, अपने विचार वैभव को इस तरह स्वीकारते दिखायी देते हैं? ऐसी ही एक और दुर्लभ कविता है। यहाँ प्रेमिका के बजाय माँ केन्द्र में है। मुक्तिबोध का नायक कभी किसी से रास्ता पूछता नज़र नहीं आता, अपने रास्ते पर उसे कभी कोई संशय नहीं होता। वह दूसरों की राह पर बेखटक टिप्पणी करता आया है। लेकिन इस कविता में स्त्री पुरुष को, कविता के नायक को, राह दिखला रही है।

एक अन्तः कथा

अग्नि के काष्ठ
खोजती माँ
बीनती नित्य सूखे डण्ठल
सूखी टहनी, रूखी डालें
...
मुझमें दुविधा
पर माँ की आज्ञा से समिधा

एकत्र कर रहा हूँ
...
टोकरी उठा, मैं चला जा रहा हूँ
...
आगे-आगे माँ
पीछे मैं
...
टोकरी विवर में से स्वर आते दबे-दबे
मानो कलरव गा उठता हो धीमे-धीमे
...
मैं पूछ रहा —
टोकरी विवर में पक्षी स्वर
कलरव क्यों है
माँ कहती-
सूखी टहनी की अग्नि क्षमता
ही गाती है पक्षी स्वर में
वह बन्द आग है खुलने को

इसके बाद जब नायक 'विचरण करता-सा है एक फैण्टेसी में' इस विश्वास के साथ कि "यह निश्चय है कि फैण्टेसी कल वास्तव होगी" (फैण्टेसी में विचरण और भविष्य में इसके पूर्ण होने पर विश्वास मुक्तिबोध की कविता का स्थायी भाव है), तब माँ उसे टोकती है, सुधारती है, "व्यंगस्मित मुस्कुरा रही/डाँटती हुई कहती है" कि —

केवल जीवन कर्तव्यों का
पालन न हो सके इसलिए
निज को बहकाया करता है।
चल इधर, बीन रूखी टहनी
सूखी डालें
भूरे डण्ठल,
पहचान अग्नि के अधिष्ठान
जा पहुँच स्वयं के मित्रों में
कर अग्नि-भिक्षा

लोगों से पड़ोसियों से मिल

क्या यह 'अँधेरे में' रहती वह 'जन-मन-करुणा सी माँ' है जो मुक्तिबोध की कविता से 'हंकाल' दी गयी है? लेकिन मुक्तिबोध के सभी प्रयासों के बावजूद वह स्त्री माँ के रूप में इस कविता में चली आयी है, नायक से कह रही है कि अपने विचार की खोह से बाहर निकल, अपनी आत्म-ग्लानि को परे हटा लोगों से और पड़ोसियों से मिल, अपने विरोधी के मत का सम्मान कर। अगर ऐसा है तो क्या यह क्षण जब यह मुस्कुराती हुई स्त्री नायक से कह रही है कि केवल जीवन कर्तव्यों का पालन न हो सके इसलिए वह निज को बहकाया करता है, क्या यह क्षण मुक्तिबोध का तुलसीदास क्षण है?

चूँकि मैं मुक्तिबोध की कविता के मनोविज्ञान को टटोल रहा हूँ, मैं अन्त एक और प्रश्न से करना चाहूँगा, जो उनके मृत्योपरान्त जीवन को एक मनोवैज्ञानिक के नज़रिये से टटोलना चाहता है।

अगर हमारी आलोचना पिछले पचास वर्षों में मुक्तिबोध की कविता के इस अभाव और उसके प्रभाव को नहीं देख पायी तो क्या इसकी वजह यह है कि मुक्तिबोध हमारी, हम हिन्दी रचनाकारों की सामूहिक ग्लानि के प्रतीक हैं? जिस तरह हिन्दुस्तान इस अपराध-बोध को लिए जी रहा है कि आज़ाद भारत अपने राष्ट्रपिता को छह महीने भी जीवित न रख सका, जिस तरह गाँधी की हत्या उनके हत्यारों पर गहरा कलंक छोड़ गयी क्या नियति ने जो मृत्यु मुक्तिबोध के लिए चुनी वह हम हिन्दी लेखकों को इस अपराध-बोध में डुबो गयी कि हम अपनी भाषा के एक अत्यन्त समर्पित रचनाकार को बचा न सके?

आशीष नन्दी ने लिखा है कि आज़ादी के बाद घनघोर निराशा के लम्हों में गाँधी को शायद एहसास हो गया था कि एक हिंसक मृत्यु शायद उन्हें कहीं अधिक प्रासंगिक बना देगी, जो वे जीवित रह कर न कर पाते शायद उनकी मृत्यु उसे हासिल कर लेगी। नन्दी लिखते हैं कि सुकरात और ईसा मसीह की तरह गाँधी को मालूम था कि मनुष्य के अपराध-बोध का सर्जनात्मक इस्तेमाल कैसे किया जाये।

मुक्तिबोध का निश्चित ही अपनी मृत्यु चुनने में कोई योगदान न था, लेकिन क्या सुकरात, ईसा मसीह और गाँधी की इस कड़ी में हम मुक्तिबोध

का नाम जोड़ सकते हैं? हालाँकि यह प्रश्न शायद आलोचक का उतना नहीं जितना उनके जीवनीकार का है, लेकिन यह सवाल स्त्री की अनुपस्थिति की तरह उनके पाठ पर हमेशा मँडराता रहता है।

(यह लेख नवम्बर २०१७, रायपुर में एक सेमिनार के दौरान पढ़ा गया था)

कविता का उद्‌भव

वक़्त आ गया है कि मैं
कहीं भी ढेर में से हाथ बढ़ाकर उठाऊँ एक मुट्ठी राख
जली हुई हरिजन हड्डियाँ
कोकाकोला की टूटी हुई अधबोतलें
और अपने साल भर के बेटे के पास
ले जाकर
चालू मुहावरे में कहूँ : यह है
मेरा देश—संविधान में सना हुआ।
या उस हरी साड़ी में लिपटी
गदगद ब्याहता की ओर
चटखारे भरता हुआ जाऊँ
इस कुच्बुज्जे शहर में
और इससे पहले कि वह विचलित हो
उसके हाथों में थमा दूँ
संसद की आज की कार्रवाई की रिपोर्ट

अब वक़्त आ गया है
कि अपने घर के कस्बाई उजास को
भूलकर
एक भीड़ जमा कर पूछूँ :
कौन कहता है इस सूअरबाड़े को
अपना घर ?
———

वक़्त आ गया है कि पूँछ उठाऊँ
फिर अपनी कविता की गधापचीसी में ऊँचे से
उसी की गुहार लगाऊँ...

(अब वक़्त आ गया है, १९७०)

यह बिलकुल मुमकिन था
कि अपने को बिना जोख़िम में डाले
कर दूँ इनकार
उस चीख़ से
जैसे आम हड़ताल के दिनों में
मरघिल्ला बाबू छुट्टी की दरख़्वास्त भेजकर
बना रहना चाहता है वफ़ादार
दोनों तरफ़।

थोड़ा दमखम होता
तो शायद मैं चाट सकता था
अपनी कुत्ता–जीभ से
उसका गदगदा पका हुआ शरीर।
आख़िर मैं अफ़सर था,
मेरी जेब में रुपिया था, चालाकी थी,
संविधान की गारण्टी थी।
मेरी बीवी इकलौते बेटे के साथ बाहर थी
और मेरे चपरासी हड़ताल पर।
चाहत और हिम्मत के बीच
थोडा–सा शर्मनाक फासला था
बल्कि एक लिजलिजी–सी दरार
जिसमें वह लड़की गप्प से बिला गयी।
अब सवाल है कि चीख़ का क्या हुआ ?
क्या होना था ? वह सदियों पहले
आदमी की थी
जिसे अपमानित होने पर चीख़ने की फुरसत थी।

(चीख़, १९७१)

ये कवितायें उस कवि की हैं जिसने ख़ुद ये कई मर्तबा रेखांकित किया है कि उसने "सारा जीवन कविता की पाँच ही ज़िल्दें लिखी हैं : प्रेम, मृत्यु, घर, कला, संसार।" ये उसके संचयन 'तिनका-तिनका' के 'एक पतंग अनन्त में' खण्ड की अन्तिम दो कवितायें हैं। उसकी स्व-प्रस्तावित ज़िल्द से भिन्न, लगभग विपरीत। 'संविधान' और 'संसद' शब्द इन दो कविताओं के अलावा उसके कवि-कर्म में १९६९ की 'साक्षात्कार' कविता के सिवाय शायद कहीं नहीं आते, जहाँ एक व्यक्ति जेब में संविधान का गुटका रख साक्षात्कार देने जाता है।

कविता में "पवित्रता की खोज और रहस्य का पुनर्वास" को अपना मूल "सरोकार" मानते रहे कवि अशोक वाजपेयी यहाँ कविता को पूँछ उठाकर की गयी गधापचीसी बतला रहे हैं। पूर्वज और निवास के प्रति अमूमन सम्मानरत दीखते इस कवि के लिए घर यहाँ सूअरबाड़ा है। औदात्यपूर्ण प्रेम को समर्पित उनकी कविता यहाँ अपनी कुत्ता-जीभ से किसी लड़की का गदगदा पका हुआ शरीर चाटना चाहती है। कविता की सीमाओं के प्रति यह आक्रोश, अपनी काव्य-प्रस्तावनाओं का घनघोर अतिक्रमण शायद उनके कवि-संसार में अकेला है। इसीलिए महत्त्वपूर्ण है।

कवि और उसकी ज़िल्दें उन लम्हों में सर्वाधिक वेध्य होती हैं जब उसकी कविता उनका उल्लंघन करती है। कई मर्तबा शायद ऐसा कवि द्वारा अनुकांक्षित नहीं होता, अधिलंघन कवि का सायास प्रयत्न नहीं होता, कविता ख़ुद कवि से परे चली जाती है। कवि बेख़बर या शायद बेबस रहा आता है, अपनी कविता को उन सरहदों के पार जाते देखता है जो उसने अपने लिए निर्धारित की थीं। अगर कला एक स्वायत्त सत्ता है तो कवि की ही नहीं, कविता की भी अपनी स्वतन्त्र कामनाएँ होती हैं। वह कवि के अधीनस्थ कोई वस्तु नहीं, अतिसंवेदनशील मांस-मज्जा लिए एक जीवन्त सत्ता है। वह उस परिन्दे की तरह है जिसे कवि अपने पिंजरे में बन्द नहीं रख सकता—भले ही वह पिंजरा कितना ही भव्य क्यों न हो, कवि की विराट दृष्टि से निर्मित हुआ हो। अगर उसे अपने लिए वह जगह अपर्याप्त लगी तो नज़र हटते ही वह पिंजरे की सलाखों को कुतर फुर्र से उड़ जायेगा।

इसीलिए बड़ी कविता सिर्फ़ वही नहीं होती जो कवि के स्थायी निवास में, उसकी स्थायी ज़िल्द के भीतर सम्भव हुई हो, कई मर्तबा कविता इस

घर को छोड़कर उन्मुक्त उड़ान भरती है, अनेक आकाश समेट लेती है—आख़िर उसके पंखों की पहली फड़फड़ाहट कवि के रक्त में ही सनी होती है।

अगर उपर्युक्त दो कवितायें अशोक वाजपेयी के कृतित्व में अपवाद सी उपस्थिति दर्ज कराती हैं, तो यह प्रश्न लाज़िमी है कि इनकी उड़ान किस तरह सम्भव हुई थी? सायास या अनायास?

अगर यह मानें कि यह दोनों कवि के बावजूद घटित हुईं और इनका डीएनए उसके बाक़ी कृतित्व से नहीं जुड़ता तो कवि की ऑथरशिप यानि रचनात्मक सत्ता का प्रश्न उठता है कि क्या इन दोनों पर उसका रचनात्मक हस्ताक्षर धुँधला है? दूसरा प्रश्न यह कि जब रचना रचनाकार की मर्यादा चकनाचूर करती है, वह रचना की विजय का क्षण है या रचयिता की? यह स्वच्छन्द उड़ान कला-कर्म की आन्तरिक शक्ति की वजह से सम्भव हुई या कलाकार ने ख़ुद को दरकिनार करने का जोख़िम उठा वह अवकाश निर्मित किया, जहाँ उसकी कृति उसे ही नकारती एक नवीन निर्मिति कर सकती थी। कवि ने पिंजरा खोला या परिन्दा ख़ुद ही फुर्र हो गया? शायद इसका हल रचना में ही निहित है। हर कृति अपनी काया में कुछ ऐसे अदृश्य संकेत-सुराग़ सँजोये रहती है जिनमें यह जवाब उद्घाटित होता है।

'चीख़' का नायक अफ़सर जो अपमानित होने पर चीख़ने की फुरसत सदियों पहले खो चुका है, अचानक चुप हो जाता है। १९७१ की इस कविता के बाद अशोक वाजपेयी की अगली प्रकाशित कविता सात साल बाद १९७८ में आती है। इस काव्य-वनवास के बाद कवि अपनी ज़िल्द पर लौटता है, जहाँ 'तोतों के अधखाये फल सी पृथ्वी' है, जहाँ 'एक गोरा सुडौल नितम्ब मुड़ता है तो देवताओं को हिचकी आती है'। संविधान, संसद और आक्रोश कहीं नहीं हैं अब। १९८५ के उपरान्त लगातार कवितायें, कई कविता-संग्रह हैं। 'एक पतंग अनन्त में' दूसरा संग्रह है। कवि की उम्र उनतीस-तीस की थी उन दोनों कविताओं की रचना के वक़्त। इसके बाद बारह संग्रह और आये, लेकिन 'कुत्ता-जीभ' जैसा कर्कश प्रत्यय और पूँछ उठाकर की गयी गधापचीसी सा आक्रोश फिर नहीं दीखता।

ये दोनों मरियल-मामूली कविता नहीं हैं। संविधान यहाँ ऊबती-डूबती सी

संज्ञा नहीं बल्कि ऐसा प्रत्यय है जिसमें पूरा देश सन गया है। ('चालू मुहावरे में कहूँ : यह है मेरा देश—संविधान में सना हुआ')। क्या संविधान कीचड़ है ? कोई बदबूदार गन्दगी ? क्या पूरा देश इस संविधान की दुर्गन्ध में गंधहा रहा है? हालाँकि कविता कवि से स्वतन्त्र है, कविता में कवि या उसके जीवन को तलाशने-स्थापित करने का प्रयास कविता को समझने के लिए कोई अनिवार्य अन्तर्दृष्टि या सूत्र नहीं देता, लेकिन कवि के सन्दर्भ में यह तथ्य महत्त्वपूर्ण होगा कि इस कविता की रचना के वक़्त कवि एक ऐसे सरकारी कर्म में था जो संविधान का हलफ़ उठाता है, जहाँ संविधान देश का अन्तिम विधान है। देश की समूची व्यवस्था, ख़ुद कवि का प्रशासनिक कर्म उसी संविधान द्वारा निर्धारित होता था। किसी भी सरकारी अधिकारी द्वारा संविधान का अपमान नौकरी के आचरण का घनघोर उल्लंघन माना जाता है। देश और संविधान का इस तरह उल्लेख कविता में ही सही, किसी अधिकारी के आचरण अर्थात् उसकी सर्विस रूल्स के प्रतिकूल माना जा सकता है। इसके बावजूद ये कवितायें सम्भव होती हैं। रचना के वक़्त कवि को प्रशासनिक सेवा में आये महज़ चार-पाँच वर्ष ही हुए थे, माना जा सकता है कि कवि उस समय सरकारी तन्त्र से अपेक्षाकृत अनछुआ और अनुभवहीन रहा होगा।

शायद इसलिए ग़ौरतलब है कुल्हाड़ी-सी धारदार और मारक इन दोनों कविताओं के तुरन्त बाद कई वर्षों की काव्य-चुप्पी। इस मौन को अनावृत्त करना लेकिन आलोचना का नहीं, जीवनी लेखक का ध्येय होगा।

ठीक तीस वर्ष बाद लेकिन, जब कवि साठ वर्ष का हो चुका है, वह सहसा कविता में अपने बीते जीवन का बहीखाता रचता है। 'हलफ़', 'उन्हीं में से एक', 'मैं अपने गुनाह' इत्यादि कवितायें एक नयी ज़िल्द निर्मित करती हैं।

> नहीं, मैं उन्हीं में से एक था
> सिवाय इसके कि नसैनी से लोग ऊपर चढ़ते हैं
> पता नहीं कैसे मैं उससे नीचे तलघर में उतर गया।
>
> अपने समय के अत्याचारों में मैं शामिल न हुआ होऊँ
> लेकिन उनमें से एक भी मेरी वजह से कम ख़ूँख़ार या
> कुछ कमज़ोर पड़ा हो ऐसा तो नहीं हुआ :

तलघर में सही, मैं उन्हीं में से एक था।

(उन्हीं में से एक, २००१)

कविता में कवि के स्व की तलाश अनुपयोगी है। प्रथम पुरुष में लिखी कविता कवि के स्व को इंगित नहीं करती। इसलिए उपर्यक्त कविताओं के नायक 'मैं' में कवि को चिह्नित करने का प्रयास यहाँ कतई नहीं। यहाँ प्रयोजन महज़ यह है कि कवि सहसा लम्बा बनवास लेता है—एक ऐसी कविता के बाद जो अपमानित मनुष्य विलुप्त होती चीख़ को जगह देती है। बनवास के तुरन्त बाद प्रेम और ईश्वर की ज़िल्द पर लौटता है, लेकिन चीख़ अब ग़ायब हो चुकी है, संविधान की बदबू भी उसे तंग नहीं करती। लेकिन एक नयी ज़िल्द उसकी कविता में उमड़ती है जब उम्र के साठवें वर्ष से उसकी कविता निरन्तर बीते जीवन का मूल्यांकन करती रही है, जहाँ अगर प्रेम की उत्कृष्ट अभिव्यक्ति है तो यह बेधक स्वीकारोक्ति भी—

मैं भरसक टुच्चेपन से बचा रहा लेकिन
डाह से नहीं,
मैं लूटपाट से अलग रहा पर
दूसरों को जब-तब बेवजह घायल करने से नहीं

पवित्रता की खोज में
मैं कौन-सा कलुष की चपेट से बच पाया?

(मैं अपने गुनाह, २००१)

क्या इसी को थिओडोर अडोर्नो 'लेट स्टाइल' कहते थे, जो उन्होंने बीथोवेन के आख़िरी वर्षों के संगीत में चिह्नित की थी?

बीथोवेन पर अपने निबन्ध 'लेट स्टाइल' में अडोर्नो लिखते हैं : ''*एक बड़े कलाकार के उत्तरार्द्ध का काम किसी फल की तरह नहीं पकता। वह अमूमन गोल आकार लिए नहीं होता, खुरदुरा, यहाँ तक कि खण्डित भी होता है; उसमें मिठास भी कम होती जाती है...उसकी त्वचा पर उभर आये निशान विकास से कहीं अधिक इतिहास के होते हैं।*''

यही भाव एडवर्ड सईद इब्सन के उत्तरार्द्ध के नाटकों में चिह्नित करते हैं : ''इब्सन के अन्तिम नाटक एक आक्रोशित और व्याकुल कलाकार का

संकेत देते हैं जिसके लिए नाटक अन्तहीन उन्माद और भावनाएँ भड़काने का एक ज़रिया है...जिससे दर्शक को कहीं अधिक बैचेन और व्यग्र किया जा सके।''

ये वे तत्त्व हैं जो रचनाकार के जीवन के उत्तरार्द्ध में उमड़ते हैं जब उसकी चेतना पर तमाम घाव उतर चुके होते हैं जिनमें से कई ख़ुद उसने ही अपने स्वभाववश ख़ुद को दिये होते हैं, पाँच-छह दशकों में फैली धूप के नाख़ून और सर्दियों के पंजे उसकी रचनात्मक काया को खरोंच चुके होते हैं, कभी नज़ुक रही आयी उसकी कवि-त्वचा खुरदुरी हो झुर्रियाँ हासिल कर चुकी होती है, जो प्रश्न, प्रस्तावनायें और ज़िल्दें उसने अपने लिए अनिवार्य और अन्तिम मान लीं थीं, उनके विलोम सहसा उसकी कविता में जीवित हो जाते हैं। ख़ुद कविता भी उन रास्तों से गुज़रना चाहती है जिन्हें कवि ने अपने लिए निषेध मान लिया था।

उम्र के उत्तरार्द्ध में अशोक वाजपेयी की कविता अगर अपने किये-जिये का मूल्यांकन करती अपराध-बोध से रू-ब-रू होती है तो क्या यह उनकी काव्य-ज़िल्द में एक महत्त्वपूर्ण और गुणात्मक वृद्धि है? लेकिन इससे भी महत्त्वपूर्ण यह प्रश्न है कि यह क्यों और किस परिणाम के साथ जन्म लेती है? क्या यह सायास है, कवि की प्रस्तावनाओं के विस्तार का एक अनिवार्य पड़ाव, या किन्हीं बाहरी प्रत्ययों, मसलन इतिहास-बोध, से निर्धारित है?

अफ़सोस और पछतावे मनुष्य की बढ़ती उम्र का स्वभाव है, क्या यह लेकिन उसकी कविता का भी अनिवार्य गुण है? शायद नहीं, अगर होता तो हर उम्रदराज कवि की कविता बहीखाते में तब्दील हो जाती। हर वह कवि जिसने प्रेम व शृंगार के सन्धान में जीवन बिताया, अपने अन्तिम वर्षों में सांसारिक दु:ख का गीतकार हो जाता।

इसलिए यहाँ मानीख़ेज़ प्रश्न यह है कि अशोक वाजपेयी की इस कविता में पछतावा एक मनुष्य की चेतना पर उम्र और इतिहास की पपड़ियों का सूचक है जो उसकी कविता में लक्षित होती हैं, या एक कवि और उसकी कविता का स्वाभाविक विकास है?

कुछ अन्य कवितायें शायद इस प्रश्न का बेहतर जवाब दे पायें।

मैं सिर्फ़ अपना रंदा ही नहीं चलाता/या ठोंक पीट ही नहीं करता रहता

हूँ/मैं अपना काम करते हुए सोचता भी हूँ/और कभी-कभी जब लकड़ी के छल्ले छिल-छिलकर/ ज़मीन पर गिरते हैं/तो उनमें उलझे हुए कुछ सपने भी देखता हूँ।

अभी परसों ही मुझे रंदा चलाते हुए ख़याल आया कि/ लोगों के बीच जो मनमुटाव है/ उसे रंदे से छीलकर फेंका नहीं जा सकता है?

ऐसा हो पाता तो शायद यह दुनिया/ किसी नयी बनी मेज़ की तरह चिकनी और समतल हो जाती।

(बढ़ई, शताब्दी के अन्त के कगार पर)

जब मैं जाड़ों में करेला/और गर्मियों में फूलगोभी बेचता हूँ तो इस सदी को जी-भर कोसता हूँ कि इसने सब्ज़ियों तक को उनके असली समय से अलग कर दिया है।

यह कैसी सदी है कि जिसमें अब हर मुहल्ला बाज़ार है/ और हर मकान दुकान।

कभी-कभी मैं सोचता हूँ/ कि बच्चों का यहाँ तक कि पालतू कुत्ते-बिल्लियों का/ सबका अलग-अलग नाम होता है/ पर इन घरेलू सब्ज़ियों का नहीं : क्या इसलिए कि उनका इतिहास नहीं?

दाम ज़्यादा लगने पर ग्राहक झुँझलाते हैं/ कम होने पर मैं कुढ़ता हूँ

(कुंजड़ा, शताब्दी के अन्त के कगार पर)

यह शताब्दी के अन्त की कवितायें है। कुल सात संज्ञाओं पर सात लम्बी कवितायें : कवि, कबाड़ी, कुंजड़ा, कुम्हार, लोहार, बढ़ई, मछुआरा। कवि और कला तो अशोक वाजपेयी की कविता का मूल सरोकार हमेशा रहे हैं, लेकिन कुम्हार, कुंजड़ा जैसे किरदार और उनके दुःख शायद पहली मर्तबा उनकी कविता के विषय हुए हैं, जिनसे वह शताब्दी के अन्त में सम्बोधित होते हैं।

इन सात कविताओं तक पहुँचने में कवि को लगभग चार दशकों का अनुभव हो चला है शब्द-सन्धान का। वह शब्द और कविता के साथ पला, युवा हो अब प्रौढ़ हुआ है। इन कविताओं को पढ़ इस कवि की काव्य-चेतना पर किस क़िस्म की झुर्रियाँ और सयानापन दिखलायी देता

है? क्या यह कवितायें उसके बोध का सहज विस्तार हैं? उसकी कविता अपना ताना और बाना बहुत बारीक कातती आयी है, आन्तरिकता इसका गुण है। दृश्य सृष्टि की इसे अमूमन दरकार नहीं। अदृश्य का अनुसन्धान इसका स्वभाव रहा है। इस कविता को पुरखे, मृत्यु, ईश्वर से प्रेम रहा है, कीचड़ सने जूतों से स्वर्ग में प्रवेश इसकी आकांक्षा रही है।

दाम ज़्यादा लगने पर झुँझलाने सा मामूलीपन और रंदे से छील कर लोगों के मनमुटाव मिटा देने सा सतही सपना क्या इस कविता का अनिवार्य विस्तार है? क्या यह वही कवि है जो इस कविता के कुछ ही वर्ष बाद यह उदात्त अभिलाषा कहेगा—काल के प्रतिघात के बावजूद/उसका अभिषेक करते हैं /समय से घायल हाथों से हम/ जो कालातीत हैं/ उसका अभिषेक करते हैं।

शताब्दी के अन्त के कगार पर कविता ने कवि से अपने को लिखवाया, या इतिहास द्वारा संचालित उस मनुष्य ने, जो कवि भी है, इसे लिखा?

शब्द अगर अपनी प्रकृति में इल्हाम होना, ख़ुद अपने को कवि के माध्यम से कहना चाहता है, रचना एक इबादत और कवि एक साधक, तो यह रचना के कमज़ोर लम्हे हैं। किसी कृति से गुज़रते वक़्त उसकी शब्द-काया को छू आप चिह्नित कर सकते हैं कि उसका अपने रचयिता से क्या सम्बन्ध रहा होगा, उसके शब्द किन लम्हों में उतरे होंगे। कुम्हार और कुंजड़ा कवितायें कवि के वाङ्मय और उसके काव्य-संविधान का अंग नहीं नज़र आतीं।

क्या यह कह सकते हैं कि यह सात कवितायें कवि की सामाजिक-ऐतिहासिक चेतना को घेरते दबाबों का सूचक है, जिन्हें वह अपनी कविता में कायान्तरित करना चाहता है लेकिन चूँकि यह उसकी काव्य-चेतना की आकांक्षा नहीं बन पायीं हैं इसलिए यह कविता इसे उथले ढंग से ही थाम पाती है?

क्या कवि अपनी कविता की काया में कोई ऐसी सामाजिक दृष्टि पिरोना चाहता है, जिसके लिए उसकी काव्य-चेतना इस वक़्त तैयार नहीं है?

वह एक उत्सवधर्मी और प्रेमरत कवि है, लेकिन क्या यह सतत प्रेम और उत्सवधर्मिता इस मोड़ पर इस पछतावे से रू-ब-रू हो रही है कि सृष्टि का एक विराट अंग उसकी निगाह से वंचित रहा है?

कवि के पछतावे निश्चय ही सच्चे हैं। इस कविता ने अब तलक तोतों से अधखाई पृथ्वी को बख़ूबी सहेजा है, लेकिन अपने उत्तरार्द्ध में क्या कवि को लग रहा है कि उसकी कविता कुंजड़े और कुम्हार के बग़ैर सम्पूर्ति प्राप्त नहीं करेगी ? इसलिए वह इन्हें भी आवाज़ देना चाहता है ? लेकिन उसकी कविता की अपनी स्वतन्त्र गति, यति व रति है। पिछले चार दशकों से अर्जित ज़िल्दें यह कविता यूँही नहीं त्यागना चाहती। वह कवि को कोई रियायत नहीं देना चाहती। उसे अपेक्षा है कि कवि ने जिस तरह प्रेम और पुरखों का सन्धान किया, उनकी संगति में जीवन बिताया, लोहार को भी वह वही समय और समर्पण दे। कवि लेकिन पूरी तरह तैयार नहीं है। वह कुम्हार-मोहल्ले और लोहार-गली की ओर उन्मुख तो होता है, लेकिन उनसे शायद संवादरत नहीं होता।

इसीलिए गहन सम्भावनाओं के बावजूद इन कविताओं में 'लेट स्टाइल' किसी शिखर पर नहीं पहुँच पाती। अगर यह पछतावे और अफ़सोस कवि को देर तलक मथते, बढ़ई को उसने अपनी चेतना में धारण किया होता तो शायद उसके उत्तरार्द्ध की कविता एक निर्णायक मोड़ ले नये रास्ते पर जा सकती थी, लेकिन यह भाव अस्थायी रहा।

लेकिन।

शताब्दी के अन्त की उपर्युक्त सात कवितायें इस कवि की रचना-सृष्टि में भले निचले पाये पर आयें, यह उसकी कला के लिए अत्यन्त आश्वस्तिदायक संकेत है। उसकी कला अपने साधक के प्रति कठोर है, किसी अव्याप्त-अपर्याप्त अनुभूति का सम्मान नहीं करती, कवि की ज़िद तहत उन्हें शब्द तो देती है, लेकिन उन्हें हौले से धकेलती हुई उनसे एक शालीन दूरी बना लेती है। कवि के मुहावरे में कहें तो ऐसी कविता को वह कवि के पड़ोस में नहीं बिठाती। इसलिए यह कमज़ोर कवितायें प्रकारान्तर से रचना प्रक्रिया को ही प्राण-प्रतिष्ठित करती हैं।

यह कविता की कवि और उसके हठ पर विजय भी है, जो निश्चय ही कवि की ही अस्थियों से निर्मित वज्र से सम्भव हुई है।

कायनात की हरेक शै में कविता चिह्नित कर लेने वाले एक अत्यन्त सजग और चैतन्य कवि को क्या यह अहसास न हुआ होगा कि इन वेध्य लम्हों में ख़ुद उसकी रचना उसे नकार देगी, उससे परे निकल जायेगी ?

सात वर्ष लम्बे कवि–मौन की तरह यह प्रश्न भी लेकिन आलोचना का कम, जीवनी–लेखक का अधिक है। दोनों प्रश्न लेकिन एक–दूसरे के पूरक हैं, कवि की बुनियाद और निर्मिति को गहरे से रेखांकित करते हैं।

अज्ञेय और मैं

एक लेखक और सामान्य पाठक के पाठ में शायद गहरा फ़र्क़ है। किसी रचना से गुज़रते वक़्त उनके सरोकार भिन्न हो सकते हैं। लेखक, ख़ासकर उन लम्हों में जब वह उस विधा में रची गयी कृति से गुज़रता है जिसे वह ख़ुद भी बरतता है, उसे पाठकीय से कहीं अधिक लेखकीय आईने में टटोलना चाहता है। आरम्भिक लेखक तो ख़ासकर। उसके पास समय कम है, भयाक्रान्त हड़बड़ी में जीता अपने पुरखों की किताबों के वजन तले कुचला जाता वह कम समय में अधिकाधिक लिख, पढ़ लेना चाहता है, इस प्रक्रिया में उन किताबों के सान्निध्य में अधिक समय बिताता है जो उसके लेखकीय नक्षत्रमण्डल में सितारे मढ़ती हैं। पाठक के मानवीय संसार का विस्तार किसी भी कृति की उपलब्धि है लेकिन युवा लेखक को इतने से तृप्ति नहीं होती। वह इन रचनाओं की कोशिकाओं में वे सूत्र ढूँढ़ता है जिनसे उसकी हफ़्ते भर से अटकी कहानी आगे बढ़ सके, उसके अधूरे किरदारों को बूँद भर रोशनी मिल सके, उसकी उपमाओं में उड़ान, मुहावरों में मस्ती आ सके। पगलाये प्रेम के लम्हों में नवजात प्रेमी हर लड़की में अपनी प्रेमिका तलाशता है, उसी तरह यह नवजात कथाकार हर कथा में अपने किरदार खोजता है, उस किताब से भागते, उचटते हुए गुज़र जाना चाहता है जहाँ उसका आख्यान अपनी परछाईं नहीं देख पाता। शायद उसका यह पाठ उस किताब के साथ न्याय न हो, लेकिन उसके भीतर तमाम संवेदना उड़ेलते हुए भी रचना-प्रक्रिया रचनाकार को इतना निर्मम तो बना ही देती है कि वह हर उस शै को शिकंजा मानता है जो उसके रचना संसार को समृद्ध नहीं करती है।

इस दृष्टि से अज्ञेय के मशहूर उपन्यास *शेखर : एक जीवनी* के साथ मेरा

गल्पकार कोई रिश्ता नहीं जोड़ पाता। इस उपन्यास और इसके नायक ने बीती पीढ़ियों के कई रचनाकारों को ज़बरदस्त सम्मोहित किया है, लेकिन अज्ञेय के रचनात्मक अवदान का सम्मान करते हुए, सृजन कर्म के प्रति उनकी निष्ठा से ऊर्जा ग्रहण करते हुए भी मेरा गल्पकार उनकी कथा से कुछ हासिल नहीं कर पाता। उनका आख्यायकीय स्वर, उनका नायक, इस नायक का संवेदन-तन्त्र शायद कहीं कुछ नहीं जो मेरे लेखकीय संसार को समृद्ध कर सके।

इस उपन्यास से मेरे अलगाव का पहला बिन्दु यह है कि इसके आख्यायक को नायक शेखर पर और ख़ुद शेखर को अपने ऊपर शायद रत्ती भर भी संशय नहीं है। वह ऊपरी तौर पर भले ही तमाम चीज़ों पर प्रश्न करता दिखायी देता हो लेकिन सतह उघाड़ कर देखें, वह किसी चीज़ को हासिल करने के संघर्ष में नहीं डूबा। उसकी मुद्रा बतलाती है कि वह पहले ही सभी क्षमताओं, गुणों को अर्जित कर आया है और उपन्यास में महज़ उनकी पुनर्स्थापना कर रहा है, उन्हें दोहरा रहा है। शब्द उसकी आन्तरिक यात्राओं में उठाये जोख़िम के वाहक नहीं बनते, उसके अपने आत्म के संग हुई सिहराती मुठभेड़ की कथा नहीं कहते, किन स्थलों पर वह जूझा, टूटा, स्खलित हुआ नहीं बतलाते; शब्द महज़ माध्यम हैं उसके लिए अपनी उपलब्धियों की गाथा सुनाने के।

शेखर सही मायनों में प्रश्नाकुल नहीं है। वह अपने संशय, अन्तर्द्वन्द्व अभिव्यक्त करने के लिए नहीं, बल्कि पूर्वनिर्धारित निष्कर्षों को हासिल और सत्यापित करने के लिए ही प्रश्न करता है। उसकी सारी क्रियायें उसे वैधता प्रदान करने के लिए हैं। एक जगह नायक का, जब वह सिर्फ़ चौदह-पन्द्रह साल का है, अपनी माँ से झगड़ा होता है, माँ उसे नकारा समझती है, उस पर विश्वास नहीं करती। वह अपना कमरा बन्द कर डायरी में लिखता है—

> अच्छा होता मैं कुत्ता होता, चूहा होता, दुर्गन्धमय कीड़ा होता बनिस्बत ऐसे आदमी के जिसका विश्वास नहीं है।

फिर वह ज़ोर से कहता है—

> आई हेट हर, आई हेट हर।

वह घर से बाहर निकल आता है, प्रतिज्ञा करता है उसे काग़ज़ पर लिखता

है कुछ ऐसा काम नहीं करेगा जिससे माँ को उस पर रत्ती भर भी विश्वास करना पड़े। पर तभी उसके भीतर एक और परिवर्तन हुआ, उसने उस काग़ज़ के चिथड़े किये, उन्हें गीली ज़मीन पर फेंका और पैरों से रौंदने लगा तब तक जब तक कि वे कीच में सनकर अदृश्य नहीं हो गये—

> *मैं योग्य हूँ, योग्य रहूँगा (ज़ोर मेरा)*। उसमें विश्वास की क्षमता नहीं तो मैं क्यों पराजित हूँगा।

एक चौदह-पन्द्रह साल के लड़के का माँ से तीख़ा झगड़ा हुआ है। माँ को उस पर भरोसा नहीं रहा है लेकिन उसे अपने कर्मों पर पुनर्विश्वास अर्जित करने में ज़रा देर नहीं लगती। अपने को सत्यापित करते वक़्त वह माँ और उनके संशय को सुनवाई की जगह भी नहीं देता। महज़ पन्द्रह का लड़का।

यह नायक बहुत महान् होगा, बुद्ध होगा (उपन्यास में शेखर के जन्म पर उपन्यासकार कुछ भिक्षुओं से यह भी कहलवा देता है कि "यह शिशु बुद्ध का अवतार है"), लेकिन मेरा, मेरे किरदारों का शायद इसलिए इस लड़के से कोई सम्बन्ध नहीं जुड़ पाता। मेरा नायक कितना ही आत्मविश्वस्त हो, पन्द्रह नहीं पच्चीस या पैंतीस का हो, अपने से प्रश्न करेगा क्यों उसने विश्वास खोया, कभी इस सरलीकृत दम्भ की शरण नहीं लेगा कि मैं योग्य हूँ, योग्य रहूँगा।

उपन्यासकार बड़े मासूम ढंग से अपने नायक को महानायक बनाता चलता है। एक जगह वह लिखता है— *शेखर को एक बड़ी ख़तरनाक आदत पड़ गयी— वह अकेला बैठ-बैठ कर सोचने लगा।*

अकेले 'बैठ-बैठ कर' सोचने लगने को उपन्यासकार बड़ी ख़तरनाक आदत बतलाता है। तमाम उपन्यासों के नायक अकेले में चिन्तन करते हैं। क्या यह वाकई एक ख़तरनाक आदत है या सहज मानवीय कर्म है? नायक को इतने सरल ढंग से परिभाषित करना, एक सहज कर्म को इस क़दर महिमण्डित कर दिखलाना क्या आख्यान की विकट तकनीकी और वैचारिक खामी है या उपन्यासकार का नायक के प्रति विलक्षण सम्मोहन का सूचक है?

निर्मल वर्मा ने लिखा है कि एक अच्छा उपन्यासकार अपने किरदारों को समान मात्रा में सहानुभूति बाँटता है, लेकिन एक महान् उपन्यासकार इस सहानुभूति के विरुद्ध संघर्ष करता है। *अपराध और दण्ड* का राशकोलनिकोव

भी गहन आन्तरिक वैचारिक संसार में जीता है, अपने को कुरेदता है लेकिन दोस्तोयवस्की उसका महिमागान नहीं करते, उसे बीच रास्ते में छोड़ देते हैं जहाँ वह बाक़ी सभी किरदारों से बहस करता हुआ, अपने विचारों को परखता हुआ एक निरीह युवक बतौर उभरता है, अन्ततः अपनी वैचारिक सीमा और अपना गुनाह स्वीकारता है।

शेखर निरीह नहीं हैं। भले वह पाँच साल का बालक हो या बीस का युवक। उसमें अनछुई निरीहता, तुतलाती मासूमियत, बेबाक छटपटाहट, बेख़ौफ़ वासना, चिल्लाती हवस का अभाव है। वह किसी शिखर पर पहुँचा नायक है, दुनियावी आवेग व संशय या तो मिट गये हैं या उपन्यासकार की नायक पर और ख़ुद नायक की अपने ऊपर घनघोर आस्था के ज़रिये उनका सरलीकृत समाधान हो गया है। किन रास्तों से हो, किन ज़ख़्म-खरोंच अपने जिस्म-रूह पर झेलकर वह वहाँ पहुँचा, आस्था हासिल की इसका ज़िक्र अज्ञेय नहीं करते। शेखर के भीतर द्वन्द्व नहीं, उसे अपने कर्म और विचार की वैधता पर घनघोर भरोसा है। उसका अलगाव महज़ बाह्य सृष्टि से है, एक छोटी-सी खाई जिसे वह सहजता से संसार को ठुकरा या एकान्त, प्रकृति के सुनहरे सान्निध्य में आ मिटा देता है। न उसके भीतर भटकाव, विचलन न बिखराव। चूँकि वह हमेशा अपने को सही मानता है उसके भीतर अपराध-बोध भी नहीं। ऐसा नहीं कि वह जड़ है, वह विचारमग्न है, संवेदनशील भी, लेकिन बेहतर और उससे बेहतर का संघर्ष उसके भीतर नहीं। वह नहीं कहेगा 'अबकी बार लौटूँगा तो वृहत्तर हो लौटूँगा'। वह आरम्भ से ही ख़ुद को वृहत्तर माने बैठा है।

शेखर मेरा नायक नहीं है। मेरा नायक स्खलित होता है, अपनी रूह आत्म-भर्त्सना के नुकीले ख़ंजर पर अटकी थरथराती पाता है। अज्ञेय का नायक कभी स्खलित नहीं होता, पाठक को उसका स्खलन-पतन दिखलायी दे भी जाये, वह आश्वस्त जीवन जीता चलता है। सूरदास व तुलसीदास में फ़र्क़ करते हुए रामचन्द्र शुक्ल लिखते थे कि सूर की कविता लोकमंगल की सिद्धावस्था है जबकि तुलसी लोकमंगल की साधनावस्था का साहित्य रचते हैं। शेखर सिद्धावस्था के शिखर पर दिखायी देता है। वह सब कुछ पहले ही अर्जित कर चुका है महज़ उसे प्रतिपादित करना, पाठक को दिखलाना बाक़ी है।

इस सिद्धावस्था से मेरा कोई सरोकार नहीं। मेरी दिलचस्पी उस साधना में

है जो सिद्धि की तरफ़ ले जाती है—सिद्धि जो किसी कलाकार के लिए शायद सबसे बड़ा छलावा है, जिसके पीछे वह खिंचता चला जाता है, लेकिन जो शायद उसे कभी हासिल नहीं होती। वह दुर्गम, कठिन रास्ता जिस पर मनुष्य लुढ़कता है, गिरता है, बदन पर खरोंचें आती हैं, आत्मा लहूलुहान होती है, उसी पीड़ा की राख से नायक का पुनर्जन्म होता है।

नायक शेखर की इस अवस्था के बीज क्या इस उपन्यास की बुनावट, इसकी आख्यान शैली में निहित हैं? क्या यह उपन्यास जिस स्वर में कहा गया उसकी परिणति इसी क़िस्म के आत्ममुग्ध नायक में होनी थी?

इस उपन्यास की एक विशेषता यह है कि कुछेक स्थलों के सिवाय यह भले ही तृतीय पुरुष में ख़ुद को कहता है लेकिन न सिर्फ़ इसका वादी स्वर बल्कि संवादी स्वर भी सिर्फ़ नायक शेखर के ज़रिये व्यक्त होता है। हम समूची कथा शेखर की निगाह से ही देखते हैं, बाक़ी किरदारों व घटनाओं के बारे में हम लगभग सिर्फ़ वही जान पाते हैं जो शेखर उनके बारे में सोचता है। अज्ञेय इस तरह से कथा बुनते हैं कि तृतीय पुरुष में व्यक्त हुआ यह आख्यान प्रथम पुरुष कथा बनकर उभरता है।

उपन्यास की भूमिका भी इस प्रथम पुरुष स्वर को पुष्ट करती है। अज्ञेय उन विरले उपन्यासकारों में हैं जो उपन्यास से पहले उसकी लम्बी लेखकीय भूमिका देते हैं। यह भूमिका कथा की भूमि निर्धारित कर देती है।

वे भूमिका में अपने बन्दी जीवन और क्रान्तिकारिता का उल्लेख करते हैं, उपन्यास को *एक विराट चित्र, घनीभूत वेदना की एक रात में देखे हुए विज़न को शब्दबद्ध करने का प्रयास* बतलाते हैं, यह भी मानते हैं कि उनको जानने वाला पाठक इसमें उनके अपने *जीवन, देशाटन इत्यादि* के सूत्र पायेगा लेकिन पाठक को यह भी मनवा देना चाहते हैं कि *''आत्म-घटित ही आत्मानुभूति नहीं होता इसलिए मुझे मानना पड़ेगा कि इलियट के कथनानुसार मैं बहुत बड़ा आर्टिस्ट हो सका हूँ''* (इलियट का प्रसिद्ध निर्वैयक्तिकता का सिद्धान्त)।

लेकिन यहाँ दिलचस्प अन्तर्विरोध यह है कि दो पंक्ति बाद ही वे स्वीकारते हैं कि ''तथापि मेरी अनुभूति और मेरी वेदना शेखर को अभिसिंचित कर रही है...शेखर में मेरापन कुछ अधिक है इलियट का आदर्श मुझसे निभ

नहीं सका है''।

उनका यह आग्रह कमोबेश हर किताब की भूमिका में बना रहता है। अपनी रचना को पाठक के सम्मुख रखने से पहले अज्ञेय को आख़िर क्यों ज़रूरत पड़ती है अपने बचाव की? वे क्यों हमें बतलाना चाहते हैं कि उन्हें, उनकी कृति को किस तरह पढ़ा जाये किस तरह न पढ़ा जाये? उन्हें अपने पाठक, उसकी समझ पर भरोसा क्यों नहीं?

> शेखर कोई बड़ा आदमी नहीं है, वह अच्छा भी आदमी नहीं है....लेकिन उसके अन्त तक उसके साथ चल कर आपके उसके प्रति भाव कठोर नहीं होंगे, *ऐसा मुझे विश्वास है।* और, कौन जाने आज के युग में जब हम, आप सभी संश्लिष्ट चरित्र हैं, तब आप पायें कि आपके भीतर भी कहीं पर एक शेखर है जो बड़ा भी नहीं, अच्छा भी नहीं, लेकिन *जागरूक, स्वतन्त्र और ईमानदार है, घोर ईमानदार* (ज़ोर मेरा)।

कौन उपन्यासकार भूमिका में अपने नायक की ऐसी अर्चना करेगा? इलियट की निर्वैयक्तिकता, अहं के विलयन आदि सिद्धान्तों पर अज्ञेय का निरन्तर बलाघात, उन सबका क्या?

अपने स्वर को वैधानिक होने का प्रमाण-पत्र देती चलती यह भूमिका क्या उपन्यास को एक आत्मवक्तव्य में परिवर्तित करती है ख़ासकर तब जब लेखक स्वीकार चुका है कि शेखर में 'उसकापन' अधिक है, वह कहीं गहरे लेखक का ही प्रतिरूप है? क्या यह भूमिका यह इंगित करती है कि उपन्यास शायद लिखा ही नायक, उसके जीवन, उसकी दृष्टि और प्रकारान्तर से शायद ख़ुद लेखक को महिमामण्डित करने के लिए गया है?

किसी कृति के पन्नों में लेखक की इस कदर सशक्त उपस्थिति कोई समस्या नहीं है लेकिन अज्ञेय के सामने समस्या यह है कि वे जिस मुद्रा से स्वघोषित तौर पर बचना चाहते हैं उसे अगली ही पंक्ति में जगह भी दे देते हैं। इतना विकट अन्तर्विरोध आख़िर किस तरह सम्भव होता है, और यह कथा को किस तरह निर्धारित करता है?

इन प्रश्नों से पहले आख्यान की प्रकृति पर चर्चा ज़रूरी है।

किसी रचना का आख्यायकीय स्वर—प्रथम, द्वितीय या तृतीय पुरुष—न सिर्फ़ उस रचना का प्रेक्षण स्थल यानि वैंटेज प्वाइण्ट निर्धारित करता है कि उसे किस धरातल से देखा जाये बल्कि उसका परिप्रेक्ष्य चीन्हने में भी

मदद करता है। प्रथम पुरुष स्वर आख्यान की एक ऐसी तकनीक है जिसमें लेखक के अपने 'मैं' की किरदारों पर एक पिलपिले क़िस्म के आरोपण की सम्भावना मँडराती रहती है। हालाँकि प्रथम पुरुष में कहे गये कई बड़े उपन्यास इस आरोपण से मुक्त दिखायी देते हैं, मसलन द *न्यूयॉर्क ट्रिलजी, द नेम ऑफ़ द रोज़, लोलिता,* लेकिन आरोपण की यह सम्भावना *शेखर : एक जीवनी* की रचना-दृष्टि और सृष्टि को समझने में मदद करती है। अगर हम उपन्यास की भूमिका को लेखक का मैनिफेस्टो, उसके नायक के जीवन और हसरतों का मानचित्र मानें तो क्या यह कह सकते हैं कि अगर उपन्यासकार ने अपनी रचनात्मक कल्पना में शेखर को शुरुआत में ही निर्धारित, परिभाषित नहीं कर दिया होता, तो उसे कहीं तटस्थ, क्रूर और निर्मम निगाह से देख-उकेर पाता? तब शेखर इतना आत्ममोहित नायक नहीं हुआ होता?

मसलन यह दृश्य :

> एक दिन वह (शेखर) जंगल में घूमता हुआ भटक गया। यह उसके अत्यन्त असहाय—सहायता के प्रति उपेक्षा किये—अकेलेपन का प्रमाण है कि वह घबराया नहीं; इधर-उधर भागा नहीं (जो कभी जंगल में भटके हैं, वे समझ सकते हैं कि उस समय न घबराना क्या चीज़ है!), अपनी छाती तक लम्बी साँस को दबाकर, आसन-सा बनाकर बैठ गया, और बादलों को देखने लगा।

कोई नायक अगर जंगल में भटकने पर घबराता नहीं है तो क्या यह आवश्यक है कि यह भी बतलाया जाये कि चूँकि "उस समय न घबराना" भी "क्या चीज़" है, जिसका प्रकारान्तर से भाव यह है कि जो घबराते हैं वे हीनतर हैं, इसलिए ही शेखर के न घबराने का महत्त्व है। क्या उपन्यासकार अपनी कथा के बहाने उन अवसरों की तलाश में है कि किस तरह इस नायक को सबसे अलहदा, श्रेष्ठतम दिखलाया जाये? एक आधुनिक उपन्यासकार से शायद यह अपेक्षा करनी ही चाहिए कि वह अपने नायक को देवत्व और बुद्धत्व (भक्त कवि की रचनात्मक मुद्रा) प्रदान करने से बचेगा। क्या अज्ञेय के कथाघर में न सिर्फ़ फ्लूयिडिटी ऑफ़ सैल्फ रैविलेशन है, बल्कि सैल्फ ग्लोरिफिकेशन यानि आत्म-मुग्धता भी?

ऐसा नहीं कि प्रथम पुरुष स्वर हमेशा ही स्वयंभू-स्वप्रमाणित होता है या होना चाहता है। इसी विधा में आख्यायक द्वारा अपने को नकारती अनेक

कथायें मिलेंगी। इस स्वर की सबसे बड़ी शक्ति यह है कि इसमें कही गयी कथा कुछ ऐसा आत्मीय अवकाश रच देती है जहाँ पाठक पाठ से कहीं सघन तादात्म्य महसूस कर सकता है, रचनाकार भी मनचाहे रस्ते से अपने पात्र के भीतर गहरे उतर उसकी रूह उघाड़ सकता है। 'मैं' से विकसित होते आख्यान के अवकाश में आत्मचिन्तन, एकालाप व इकबालिया बयान बड़ी सहजता से घटित हो जाते हैं। तृतीय पुरुष में कही कथायें भी अक्सर प्रथम पुरुष की ओर मुड़ जाती हैं ज्यों ही उनके किरदार आत्मचिन्तन की मुद्रा में आते हैं। स्ट्रीम ऑफ़ कांशसनैस तो अमूमन प्रथम पुरुष स्वर में ही विकसित होती है। मसलन यह दो अंश :

> मैं एक बीमार आदमी हूँ..। मैं एक जलनखोर आदमी हूँ। मैं एक बदसूरत आदमी हूँ। मुझे लगता है मेरे कलेजे में कोई रोग घुसा हुआ है। लेकिन मुझे अपने रोग के बारे में ज़रा भी नहीं पता, ठीक-ठीक नहीं मालूम आख़िर मुझे क्या बीमारी हुई है। मैं इसके लिए किसी डॉक्टर से भी सम्पर्क नहीं करता, कभी नहीं किया, यद्यपि मैं दवाईयों और डॉक्टरों का सम्मान करता हूँ। और फिर मैं घनघोर अन्धविश्वासी भी हूँ...। मैं इतना तो शिक्षित हूँ ही कि अन्धविश्वासी न होऊँ, लेकिन मैं अन्धविश्वासी हूँ नहीं, मैं अपनी जलन की वजह से डॉक्टर की सलाह नहीं लेता।
>
> ●
>
> पसरे हुए पिशाच सा यह मकान मानो गिरते-गिरते सँभल गया हो और अब सँभलते-सँभलते गिर रहा हो। इस उपमा तक पहुँचने में मुझे काफ़ी कष्ट हुआ। कई बार उठकर टहलना और बैठकर हाँफना पड़ा। जब सर पर बाल हुआ करते थे तो कई बार टहलने की बजाय उन पर हाथ फेरने से भी क़लम चल जाया करता था। फिर एक दौर ऐसा भी आया था जब बाल बहुत तेजी से उड़ने लगे थे और बचे खुचे कमज़ोर बालों को खींचने से ही उपमायें उतरा करतीं थीं। और फिर आख़िर खोपड़ी बिलकुल खाल हो गयी।
>
> ●
>
> अगर आगाही के लिए दर्द की ज़रूरत है तो क्यों नहीं अपने उस सुराख़ में अँगुली या अँगूठा घुसेड़ कर चिचिला लेता? जवाब है कि यह सवाल वही साला कर सकता है जो यह न जानता हो कि एक हद के बाद

> अंगुली या अँगूठा तो एक तरफ़ उसमें कोई कील ठोकने से भी कुछ महसूस नहीं होता। और तो और बवासीर के बेर भी एक हद के बाद झड़ जाते हैं और किसी कौंच से नहीं झनझनाते।

तकरीबन सौ वर्षों के अन्तराल में लिखे गये इन दो उपन्यासों—फ्योदोर दोस्तोयवस्की के *नोट्स फ्रॉम द अण्डरग्राउण्ड* और कृष्ण बलदेव वैद के *दूसरा न कोई*—के 'मैं' क्या अज्ञेय के नायक से एकदम विपरीत धरातल पर खड़े हो ख़ुद को देखते हैं? आत्मालोचन, ख़ुद पर हँस सकने की क्षमता जो इन नायकों में है, क्या वह शेखर के भीतर दर्ज होती है? अगर नहीं, तो जैसाकि ऊपर कहा, क्या अज्ञेय की आख्यायकीय मुद्रा में कुछ ऐसा अन्तर्निहित है जो उनके स्वर को यह स्वरूप देता है? अज्ञेय की यह आत्मविश्वस्त सिद्धावस्था उनके लेखन में अन्यत्र भी पर्याप्त दिखायी देती है। मसलन, उनके कविता संकलन 'चुनी हुई कवितायें' में उनकी यह लम्बी भूमिका जो कई दशक पहले लिखी गयी शेखर की भूमिका के विस्तार बतौर पढ़ी जा सकती है :

> इस चयन का पाठक यदि इसे पढ़ने के बाद मेरे सम्पूर्ण काव्य संग्रह सदानीरा—भाग १-२ तथा उत्तरकालीन नयी रचनाओं की ओर आकृष्ट नहीं होगा तो मुझे निराशा होगी, यह स्वीकार करने में मुझे संकोच नहीं है। ऐसे पाठक के काव्य-प्रेम और काव्य-विवेक को भी मैं अधूरा समझूँगा, ऐसा भी मैं अहंकारी कहाने का संकट उठा कर भी स्वीकार करूँगा...। यह संग्रह पढ़ने के बाद वह ऐसा न समझ ले कि अज्ञेय के काव्य को पूरा जान लिया बल्कि इसके विपरीत यही अनुभव करे कि अज्ञेय के काव्य को पूरा पढ़ना ज़रूरी है।

अज्ञेय का रचनात्मक-स्व आख़िर किस जगह से सृष्टि को देखता है? यह कौन सी स्थिति है जहाँ बैठकर लेखक पाठक की समझ पर बेखटक-बेधड़क संदेह कर सकता है, ख़ुद अपनी समझ पर कोई शुबहा नहीं उसे, ख़ुद को अंहकारी मानने का ख़तरा भी उठा लेता है अगर इस किताब के पाठक उसके समूचे कृतित्व की ओर नहीं मुड़ते। यह कौन सी भावभूमि है जहाँ लेखक अपने पाठक को इतनी भी मोहलत नहीं देता कि वह उनकी कविताओं का अपनी इच्छानुसार पाठ कर सके? (यहाँ एक ग़ौरतलब बिन्दु यह भी है जो एक दिलचस्प विरोधाभास को इंगित करता है कि अज्ञेय अपने नायक को, जिसमें उनका आत्म 'कुछ अधिक' ही है, बुद्ध

यानि एक परम सहिष्णु और त्यागी मनुष्य का अवतार भी बतलाते हैं)। इस कविता-संग्रह की भूमिका में झलकते 'अहंकार' को इस तरह भी देखा जा सकता है कि अपनी कविताओं में अज्ञेय सभी सर्जकों को केवल आंचल पसार कर लेने को प्रेरित करते हैं लेकिन उन्हीं कविताओं को ले अपने आत्मवक्तव्य में इतने उग्र हो उठते हैं कि अपने पाठक को असहमति तो दूर अपाठ का भी अवकाश नहीं देते। रचना और रचनाकार के मध्य फाँक कोई नयी घटना नहीं है। इन्हें अमूमन नज़रअंदाज़ किया जाता है, लेकिन अगर वह लेखक की कला के प्रति बुनियादी प्रस्तावना पर ही प्रहार करे? अज्ञेय के आत्मवक्तव्य उनकी काव्य-स्थापनाओं को ही प्रश्नांकित कर दें?

क्या इसी 'अहंकार' की वजह से ही उनका कथा-नायक इतना आत्मविश्वस्त है कि विचलन की सम्भावना से परे है? उसकी विचार-शृंखला और चेतना में अन्तर्विरोधी परतें नहीं है? क्या उपन्यास की भूमिका में उनका यह आत्मविश्वस्त दावा कि "आपके उसके (शेखर) प्रति भाव कठोर नहीं होंगे, *ऐसा मुझे विश्वास है*", यह इंगित करता है कि लेखक का अपने किरदारों पर आख्यायकीय शिकंजा इस कदर ज़बरदस्त है कि उन्हें अपनी राह चुनने का अवकाश नहीं मिल पाता, वे लेखक के पूर्वनिर्धारित दार्शनिक एजेंडा के वाहक बन रह जाते हैं? क्या उनकी यह आख्यायकीय विधा गल्प के दोहन को मुश्किल बनाती है? क्या यह विडम्बना है कि आत्म व उसकी स्वाधीनता पर निरन्तर बलाघात करने वाले इस रचनाकार का प्रतिनिधि नायक अपने रचयिता का बन्दी प्रतीत होता हैं? अज्ञेय जेम्स जॉयस के "पैरिंग नेल्स इन द कार्नर", यानि कोने में चुपचाप नाख़ून तराशते आख्यायक नहीं, बल्कि एक सर्वव्याप्त, आत्मलिप्त आख्यायक नज़र आते हैं।

अज्ञेय का आख्यायक मेरे आख्यायक से एकदम विपरीत है जिसका समूचा संघर्ष सर्जना की इस वेदी पर टिका है कि कैसे अपने किरदारों को सर्जक की उँगलियों से मुक्त किया जाये। जहाँ वे सर्जक से स्वतन्त्र हो वासना, फ़रेब, प्रेम, हसरत, चाहना, कमीनेपन, पवित्रता की अपूर्व द्वन्द्वात्मक बारूदी सुरंग में धँसी अपनी रूह के भीतर होते विस्फोट को अनुभूत कर सकें।

हालाँकि यहाँ अज्ञेय के बाक़ी दोनों उपन्यासों पर विस्तृत चर्चा का समय नहीं है, लेकिन संक्षेप में कहूँ तो *नदी के द्वीप* और *अपने-अपने अजनबी* भी आख्यायकीय समस्याओं की गिरफ़्त में हैं। *नदी के द्वीप* के किरदार

किसी वाद-विवाद प्रतियोगिता के भागीदार प्रतीत होते हैं, एक निर्धारित कार्यक्रम के तहत उन्हें लेखक ने स्क्रिप्ट थमा दी है, वे अन्तहीन रौ में, बिना थमे बोले चले जाते हैं। हो सकता है ऐसे भी नायक-नायिका होते हों, लेकिन मेरे लिए ऐसे किरदार असम्भव है जिनके शब्द नहीं लड़खड़ाते, अपने कहे पर संदेह नहीं करते। *नदी के द्वीप* में क्रियाहीनता भी है। इसके किरदार किसी कर्म में रत नहीं दिखते, अपनी क्रियाओं के ज़रिये उद्घाटित नहीं होते, उनकी चेतना का विस्तार उनके आत्म व बाह्य जीवन के बीच हुए घर्षण से नहीं होता। अपने काव्य में अपूर्व शब्द-संयम अर्जित करते अज्ञेय अपने गल्पात्मक संकट से शायद अनभिज्ञ रहे आते हैं। उनको पाठक की समझ पर भरोसा नहीं, वे अपने किरदारों के बारे में सब कुछ ख़ुद ही कह देना चाहते हैं।

अपने-अपने अजनबी के कथानक में विलक्षण सम्भावनायें हैं। बर्फ़ में दबे एक घर में क़ैद दो किरदार—एक बुढ़िया, एक लड़की। राशन ख़त्म हो रहा है। मौत का ख़ौफ़ इस कदर कि लड़की बुढ़िया का क़त्ल कर देना चाहती है। लेकिन अज्ञेय कथा को गढ़ते-बुनते नहीं। यह उपन्यास एक निस्तेज और आवेगहीन रास्ते पर चलता ख़त्म हो जाता है। निर्मल वर्मा ने इस उपन्यास की भाषा के बारे में लिखा था कि अज्ञेय मानो अपने धुले, धवल पाँयचे ऊँचे करते हुए कीचड़ से बचते हुए निकल जाना चाहते हैं।

एक अच्छा कथाकार वक्ता या उपदेशक नहीं होता, वह कथा कहता है, ज्ञान नहीं बाँचता। क्या अज्ञेय दर्शन और गल्प के सम्भोग को अपनी कथा में साध नहीं पाते?

दूसरा न कोई का नायक भी एक अकेला मरता बूढ़ा है। लेकिन यह उपन्यास मानव नियति को अन्तिम बूँद तक निचोड़ लेना चाहता है। यह क्रियारत बूढ़ा है। हमेशा किसी हरकत, फितूर, शगल में लिप्त। वह एक दृश्य की तरह आपके समक्ष अपनी समूची वासना, खब्त, निराशा, ऊब के साथ उद्घाटित होता है। आप उसकी हरकतों से उसकी अदम्य लिप्सा को जान पाते हैं। एक बायस्कोप चलाते लेखक की तरह वैद पाठक और अपने किरदार के बीच से ख़ुद को मिटा देते हैं। लेखक का दर्शन किरदार की क्रियाओं और करतबों से ज़ाहिर होता है।

निर्मल वर्मा कई अर्थों में मेरे सृजनात्मक आदर्श रहे हैं, उनके रचनात्मक

डीएनए की कोशिकायें अपनी धमनियों में स्पन्दित होता पाता हूँ। हालाँकि पिछले वर्षों में मेरा गल्पकार उनसे मुक्ति पाने के फेर में उनसे दूर होता गया है, पितृ–हत्या के स्वप्न भी कई बेरहम और बेबस रातों में उमड़ आते हैं। विचित्र यह है कि अज्ञेय निर्मल के सृजनात्मक गुरु रहे हैं, निर्मल ने शेखर से अपने गहन अन्तस्सम्बन्धों का ज़िक्र किया है। यानी अज्ञेय मेरे पितामह हुए और सम्भव है निर्मल से होकर गुज़रते उनके कुछ अंश मेरे भीतर भी आये होंगे। मैं अपनी धमनियों में उन कोशिकाओं को टटोलता हूँ। लेकिन अज्ञेय कहीं नहीं दिखायी देते। बिना किसी पूर्वाग्रह के चाहता हूँ इस कथाकार से कोई, दूर का ही सही, सम्बन्ध जोड़ पाऊँ, लेकिन नहीं।

अज्ञेय की मृत्यु पर *जनसत्ता* में प्रभाष जोशी ने लिखा था—'सोने के पंख लगा कर गरुड़ उड़ गया'। अज्ञेय की सर्जनात्मक उपस्थिति को स्वीकारते हुए भी श्रीकान्त वर्मा की पंक्तियों से थोड़ा खेलते हुए अन्त करना चाहूँगा—

गिद्धराज आओ
गरुड़ को किसने देखा है
जिन्होंने गिद्ध नहीं देखा
गरुड़ सिर्फ़ उनकी कल्पना में मँडलाता है
मँडलाने दो
गिद्धराज आओ
गरुड़ को किसने देखा है
गरुड़ महज़ मेरी कल्पना में परिन्दा है

(यह मार्च २०११ में भारत भवन, भोपाल, में आयोजित सेमिनार 'अज्ञेय और मैं' के दौरान पढ़े गये आलेख का संशोधित प्रारूप है।)

उपन्यास के भारत की स्त्री

एक

आरम्भिका : हसरतें और हिचकियाँ

उपन्यास की भारत में यात्रा कई अर्थों में भारत की खोज में निकली एक साहित्यिक विधा की यात्रा है। पिछली डेढ़ सदी से भारत आधुनिकता और राष्ट्रीयता के जातीय स्वरूप पर चल रहे एक कसमसाते विमर्श से गुज़र रहा है। उपन्यास इस विमर्श का एक प्रमुख और प्रामाणिक दस्तावेज़ है। उपन्यास और राष्ट्र के सम्बन्ध पर काफ़ी लिखा जा चुका है, यह लेख उससे आगे जा यह प्रस्तावित करना चाहता है कि भारतीय उपन्यास[१] की यात्रा कई अर्थों में उसके स्त्री किरदार की यात्रा है। राष्ट्रीयता और आधुनिकता से उपन्यास का संवाद अक्सर स्त्री की ड्योढ़ी पर दर्ज हुआ है, अनेक उपन्यास स्त्री किरदार के ज़रिये इन प्रत्ययों को प्रश्नांकित और पुनर्परिभाषित करते हैं।

स्त्री वह आईना है जिसमें हमें इस उपन्यास की एक मुकम्मल छवि मिल सकती है, अपनी सभी सच्चाइयों, प्रेम, फ़रेब, निरीहता, हसरत और वासना के साथ।

अगर इस बहस को थोड़ा परे कर दें कि भारत का पहला उपन्यास कौन सा

१. यह पद, भारतीय उपन्यास, इसके विशेषण 'भारतीय' की ही तरह, निरापद नहीं है, इस पर चर्चा आगे होती रहेगी

था, और यह मान लें कि आठवीं सदी में रचा गया 'कादम्बरी' एक विलक्षण गद्य आख्यान है, उपन्यास भी है, लेकिन इस विधा का भारत में विस्फोट उन्नीसवीं सदी में हुआ, तो यह अचम्भा होता है कि कितनी जल्दी इस विधा ने स्त्री से एक आत्मीय सम्बन्ध जोड़ लिया था। तमाम भारतीय भाषाओं में स्त्री–केन्द्रित उपन्यास उन्नीसवीं सदी से ही दिखने लगते हैं।[१] इसका एक सीधा कारण तो तात्कालिक सामाजिक परिदृश्य में निहित है। राष्ट्रीय आन्दोलन की शुरुआत से ही स्त्री का प्रश्न तमाम समाज सुधार आन्दोलनों के केन्द्र में था और चूँकि उपन्यास व राष्ट्रवाद की आधुनिक अवधारणा का जन्म कई अन्य देशों की तरह[२] भारत में भी लगभग एक साथ ही हुआ था, उपन्यास और राष्ट्र की आधुनिक अवधारणा दोनों एक दूसरे को सींच रहे थे, साहित्य की उभरती हुई विधा पर स्त्री की परछाई स्वाभाविक थी।

लेकिन यह प्रस्तावना कि कोई कलाकृति अपने सामाजिक सन्दर्भों का प्रतिबिम्ब है, उन रचनात्मक स्मृतियों और स्वप्नों को अनदेखा कर देती है जो किसी कलाकार की चेतना और कल्पना को आलोकित करते हैं। यह किसी कृति के बारे में उपयोगी अन्तर्दृष्टि ज़रूर देती है, लेकिन काल और अवकाश के फ्रेम से किसी कृति को देखने पर उसकी परिधि बड़ी सीमित हो जाती है।

एक कृति अपने रचनाकार को मथती तात्कालिक हलचलों से ही अपना सत् ग्रहण नहीं करती; अतीत की प्रतिध्वनियाँ, परम्परा के सुदूर आकाश में टिमटिमाती बत्तियाँ भी किसी कृति को सींचती हैं। क्या यह प्रस्तावित किया जा सकता है कि आरम्भिक भारतीय उपन्यासों में स्त्री की उपस्थिति तात्कालिक सामाजिक कारकों के साथ भारतीय साहित्यिक परम्परा के

---

१. ऐसे कुछ उपन्यास यह हैं : रानी केतकी की कहानी (हिन्दी, १८०१), यमुना पर्यटन (मराठी, १८५७), राजमोहन वाइफ़ (अँग्रेज़ी, १८६०), सरस्वतीचन्द्र (गुजराती, १८८७–१९००), इन्दुलेखा (मलयालम, १८८९), उमराव जान अदा (उर्दू, १८९९), मोनोमती (असमिया, १९००)। इनमें बंकिमचन्द्र के तमाम बंगाली उपन्यास भी जोड़े जा सकते हैं : दुर्गेशनन्दिनी (१८६५), मृणालिनी (१८६९), विष वृक्ष (१८७३), इन्दिरा (१८७३)

२. इस विषय पर बहुत काम हुआ है। मसलन, बेनेडिक्ट एण्डरसन का *इमैजिंड कम्यूनिटीज़*, पैट्रिक पैरिण्डर का *नॉवेल एण्ड नेशन*

भीतर भी खोजी जा सकती है? पितृसत्तात्मक भारतीय समाज की एक अद्‌भुत विशेषता यह है कि इसके साहित्य में स्त्री का विराट और विविध रूप-रंगों में चित्रण हुआ है। पुराण, महाभारत जैसे ग्रन्थ और अनेक संस्कृत रचनाओं के केन्द्र में स्वतन्त्र और सशक्त स्त्रियाँ हैं। भारतीय रचनात्मक, मिथकीय, दार्शनिक और धार्मिक चेतना में स्त्री का अनेक स्वरूपों में स्थायी आवास है—सीता, पार्वती, गान्धारी, गंगा, द्रौपदी, शकुन्तला, गार्गी, मेनका, जाबाला इत्यादि-इत्यादि। संस्कृत ग्रन्थ नायिका के तमाम भेद बतलाते हैं। शाक्त सम्प्रदाय की अधिष्ठात्री देवी दुर्गा हैं जो विभिन्न देवताओं की शक्तियाँ और गुणों का पुँज हैं। शाक्त सम्प्रदाय का केन्द्रीय ग्रन्थ *देवी माहात्म्य* यह भी उद्‌घोष कर देता है कि अन्तिम सत्ता का स्वरूप स्त्रैण ही है।[१]

जिस साधक ने अद्वैत वेदान्त का उद्‌घोष किया, वही *सौन्दर्य लहरी* सा काव्य भी लिखता है, स्त्री के स्तनों में सूर्य और चन्द्रमा देखता है, स्त्री जो अपने "स्तनों के बोझ से झुक जाती है।" सूरदास अपनी गोपियों से ब्रह्मवेत्ता उद्धव का मज़ाक़ उड़वाते हैं, गोपियाँ उन्हें अपनी स्थापनाएँ परखने को मजबूर करती हैं।

चोखेर बाली, इन्दुलेखा और *विष वृक्ष* के लेखक निश्चय ही स्त्री-केन्द्रित समाज सुधारों से प्रभावित हो रहे थे, उन्हें सम्बोधित भी थे लेकिन इन कृतियों की गर्भनाल रचनाधर्मिता की उस विराट धारा से भी शायद बँधी हुई थी जो एक लेखक के स्वप्न में बहती है, और इस तरह वे उस परम्परा का निर्वाह भी कर रहे थे जो उनके पूर्वजों ने उन्हें सौंपी थी।

यूरोप में उपन्यास के जन्म को ईश्वर की विदाई और मृत्यु से जोड़कर देखा जाता है। बक़ौल जॉर्ज लूकाच "पश्चिमी दुनिया में पहले महान् उपन्यास का जन्म तब हुआ जब ईसाई ईश्वर ने दुनिया को छोड़ना शुरू कर दिया था", मिलान कुन्देरा उपन्यास को 'ईश्वर के अट्‌टहास की प्रतिध्वनि' बतलाते हैं।

हालाँकि यूरोप में ईश्वर कभी भी लाश नहीं बना। अगर उसकी मृत्यु के बारे में घोषणा होती रही तो उसका पुनरुत्थान भी होता रहा।

---

१. इस विषय पर विस्तृत चर्चा के लिए देखें—*देवी : द गॉडिस,* सम्पादन : जॉन स्ट्रैटॉन हॉली एवं डोना मैरी वुल्फ़

अन्य संस्कृतियों के बारे में भी यह कहा जा सकता है। मसलन, रूस का महान् उपन्यास *अपराध और दण्ड* बाइबल के राइज़िंग अव लाज़रस प्रसंग पर टिका है जिसे सोनिया राशकोलनिकोव को एक तहख़ाने में सुनाती हैं, जो नायक के अस्तित्व का ही तलघर है। 'अण्डरग्राउण्ड' का नायक दैवीय अनुकम्पा को ग्रहण कर अपने अपराध को स्वीकार करता है। यूरोपीय साहित्य और सिनेमा से इस तरह के अनेक उदाहरण दिये जा सकते हैं।

ईश्वर की भारत से कभी विदायी नहीं हुई। धर्मनिरपेक्षता की संवैधानिक शपथ और धर्मनिरपेक्षता पर तमाम बहस के बावजूद देवता भारत के व्यक्तिगत और सार्वजनिक जीवन में उपस्थित रहे आये हैं। भारत में उपन्यास के उदय की तमाम वजहें बतायी गयी हैं। क्या यह प्रस्तावित किया जा सकता है कि इन तमाम वजहों के साथ भारतीय उपन्यास स्त्री की हसरतों और हिचकियों से फूटा था? स्त्री, जो उपन्यास की किरदार थी, और पाठक भी। उसकी हँसी और हकलाहटें उपन्यास का सौन्दर्यशास्त्र रच रही थीं।

***

आज तमाम भारतीय भाषाओं में हर महीने प्रकाशित होते उपन्यासों को देख अचम्भा होता है कि कितने कम समय में कितना अन्तराल इस विधा ने तय किया है। उन्नीसवीं सदी के उत्तरार्द्ध से ही उपन्यास ने ऐसी (कु) ख़्याति अर्जित कर ली थी कि इस पर स्त्री को बिगाड़ देने के आरोप लगने लगे थे।[१] तत्कालीन भारतीय समाज मानने लगा था कि उपन्यास पढ़कर स्त्री भ्रष्ट हो जाती है। यह मान्यता बेवजह नहीं थी। अब तक स्त्री धार्मिक ग्रन्थ ही पढ़ा करती थी, लेकिन उपन्यास राजनैतिक विचारों और सामाजिक मान्यताओं को प्रश्नांकित कर रहा था, स्त्री को समाज के प्रति विद्रोह करना सिखा रहा था। दूसरे, उपन्यास पढ़ने की क्रिया भी बड़ी विध्वंसक थी। *रामचरितमानस* या *सत्यनारायण की कथा* समूह में पढ़ी जाती थीं, लेकिन उपन्यास का पाठ नितान्त एकाकी कर्म था। उन्नीसवीं सदी के एक दृश्य की कल्पना कीजिये। एक लड़की जो अभी तेरह की भी नहीं है या एक

---

१. देखें—पार्था चटर्जी, *'द नेशनलिस्ट रेज़लूशन आव विमन्स क्वेश्चन'*, संकलित *'रिकास्टिंग विमन : एसेज़ इन कलोनीयल हिस्ट्री'*, और अपर्णा बन्द्योपाध्याय, *डिज़ाइअर एण्ड डिफ़ाइयन्स : अ स्टडी आव बंगॉली विमन इन लव*

नयी वधू जो किसी पेड़ के नीचे या छत पर अकेली बैठी एक किताब पढ़ रही है जिसके भुरभुरे पीले पन्ने आकाश की रोशनी में चमक रहे हैं। एक समाज, जिसने स्त्रियों को अब तक अमूमन धार्मिक और भक्तिपरक ग्रन्थ ही पढ़ते देखा था, अचानक उन्हें विद्रोही प्रेम की कथाओं में डूबते-बहते पा रहा था। उपन्यास पढ़ती स्त्री की छवि उसके परिवार को बेचैन करने के लिए काफ़ी थी।

जिस संस्कृति ने अपने एक प्रतिनिधि ग्रन्थ *बृहदारण्यक उपनिषद्* में 'अक्षर ब्रह्म' को प्रतिपादित किया था, शायद ही उस संस्कृति में कभी साहित्य की किसी विधा पर यह आरोप लगा था कि यह कच्चे लोगों को बिगाड़ देती है इसलिए उन्हें उससे दूर रखा जाना चाहिए। उपन्यास और स्त्री का संसर्ग उन्नीसवीं सदी के भारत की ऐतिहासिक घटना थी, जिसका महत्त्व सिर्फ़ साहित्य जगत् तक ही सीमित नहीं था।

उस समय का साहित्य भी स्त्री और उसकी प्रिय किताब के मध्य उमड़े साहचर्य और संवाद को बड़े जतन से दर्ज कर रहा था। अनेक कृतियों की स्त्री किरदार उपन्यास पढ़ अपने जीवन का निर्माण कर रही थीं ।

जब उपन्यास भारत में अपनी शैशवावस्था में ही था, *इन्दुलेखा* (१८८९) की नायिका ने परम्परागत नायर परिवार में हलचल पैदा कर दी थी क्योंकि वह धर्मग्रन्थों के बजाय उपन्यास पढ़ती थी। *चोखेर बाली* (१९१३) की नायिका बिनोदिनी *विष वृक्ष* (१८७३) को पढ़ती है। दोनों उपन्यासों की नायिका विधवा हैं लेकिन एक विवाहित पुरुष से प्रेम करती हैं, एक वर्जित सम्बन्ध की हसरत लिये जीती हैं।

१९०० के आसपास लिखी शरत्चन्द्र की कहानी *अनुपमा का प्रेम* में किसी लड़की पर उपन्यास के प्रभाव का विलक्षण चित्रण है। इसका शुरुआती वाक्य साहित्य के महानतम पहले वाक्यों में रखा जा सकता है—

> ग्यारह साल की होते तक अनुपमा ने अपना दिमाग़ उपन्यास पढ़-पढ़ कर पूरी तरह से ख़राब कर लिया था।

रवीन्द्रनाथ टैगोर के बड़े भाई ज्योतिरीन्द्रनाथ टैगोर के नाटक *अलीकबाबू* (१९००) भारतीय स्त्री के जीवन में उपन्यास के योगदान पर इससे भी बड़ा वक्तव्य है। इसकी नायिका हेमांगिनी अपनी सहायिका प्रसन्ना से कहती है—

> तुम्हें मालूम है उपन्यास क्या है? उपन्यास एक नये तरह की किताब है जो हाल में ही आयी है, जिसमें किसी भी अन्य किताब से कहीं अधिक ज्ञान है। पहले मुझे रामायण और महाभारत पढ़ना अच्छा लगता था, लेकिन उपन्यास पढ़ने के बाद इन्हें छूने का भी मन नहीं करता। मेरी इच्छा होती है तुम्हें पढ़ना सिखाऊँ कि उपन्यास का सुख साझा कर सकूँ।

हेमांगिनी अचम्भित है—

> पिछली पीढ़ियों के लोग प्रेम के बारे में क्या जानते थे? उपन्यास तो तब था ही नहीं?

कुछ ही दशकों में उपन्यास ने स्त्री को सम्मोहित कर दिया था, यह विधा भारतीय स्त्री के अन्तरतम को छू और तराश रही थी। लेकिन अचम्भा होता है कि उस समय के साहित्य में सिर्फ़ स्त्री उपन्यास पढ़ती हुई दिखायी देती है, जो समाज के आरोप झेलती उपन्यास के ज़रिये एक नयी सृष्टि से साक्षात्कार कर रही है। इन तमाम रचनाओं में शायद एक भी पुरुष पाठक नहीं है जबकि शुरुआती उपन्यासकार अमूमन पुरुष ही थे। क्या उपन्यास को बोध था कि उसे स्त्री अपने एकान्त में पढ़ेगी, कि वह एक एकाकी स्त्री को सम्बोधित है? क्या आरम्भिक भारतीय उपन्यासकारों की चेतना में यह दर्ज था कि वे किसी स्त्री के लिए लिख रहे थे जो उनकी रचनात्मक कल्पना में मण्डरा रही थी? क्या ये उपन्यासकार एक साथ दो स्त्रियों से अपनी कल्पना में संवादरत थे—स्त्री बतौर किरदार और पाठिका? यह चेतना भारतीय उपन्यास को किस दिशा में ले जा रही थी?

शायद पहली बार भारतीय मानस एक ऐसी साहित्यिक विधा से संवाद कर रहा था जिसके किरदार उपलब्ध उत्तरों से सन्तुष्ट नहीं थे। भारतीय ग्रन्थों में अर्जुन, गार्गी, नचिकेता, श्वेतकेतु सरीखे अनेक किरदारों के पास चुभते हुए प्रश्न हैं, लेकिन कथा के भीतर उन्हें समाधान मिल जाता है, ज्ञान की उनकी भूख शान्त हो जाती है। कृष्ण का जवाब सुन अर्जुन धन्य हो जाते हैं, याज्ञवल्क्य के जवाब से गार्गी अभिभूत हो उन्हें सबसे बड़ा ब्रह्मवेत्ता घोषित कर देती हैं। सीता के निष्कासन पर लक्ष्मण द्वारा उठाये गये सवाल सारथी सुमन्त्र द्वारा सुनायी कथा से हल हो जाते हैं।

लेकिन उपन्यास के किरदारों के प्रश्न कथा के भीतर नहीं सुलझ पाते, देर तक मण्डराते रहते हैं। बिनोदिनी और कुमुदिनी *(सरस्वतीचन्द्र)* अन्त में

आख्यान से विदायी ले लेती हैं, लेकिन उनकी विदा से उपजा प्रश्न बचा रहता है। उपन्यास ने स्त्री को अपने समाज से एक बेबाक संवाद का अवसर दे दिया था, उसे यक्ष प्रश्न सौंपते हुए जिसका उत्तर समाज के पास न था।

अनुपमा और हेमांगिनी एक ऐसी सृष्टि में आ गयी थीं जहाँ उनकी कामनाओं को उपन्यास सींच रहा था, कामनाएँ जिन्हें उन्होंने अब तक जाना भी न था, और जो इसलिए समाज और उनके बीच एक अनिवार्य खाई बना रही थीं। उपन्यास से अर्जित ज्ञान की बदौलत इन्दुलेखा समूचे नायर कुनबे से भिड़ सकती थीं। यह सही है कि इक्कीसवीं सदी के पैमाने पर उपन्यास की स्त्री की आवाज़ अभी कमज़ोर थी, स्त्री के विद्रोह में पर्याप्त आँच नहीं थी, लेकिन वह दृश्य उन्नीसवीं सदी का था—स्त्री की फुसफुसाहट भी उपन्यास और समाज को झकझोर देने के लिए काफ़ी थी।

स्त्री और राष्ट्रवाद : एक असहज आलिंगन

झूठा सच (१९५८) के पहले खण्ड के अन्त में हिन्दू स्त्रियाँ एक सरकारी क़ाफ़िले में भारत में प्रवेश करती हैं। भारत ने हाल ही अपनी नियति से साक्षात्कार किया है। इन स्त्रियों को उनकी मातृभूमि में, जिसका नाम अब पाकिस्तान हो गया है, मुस्लिम युवकों ने बेतहाशा लूटा है। इन हिन्दू स्त्रियों ने रास्ते में तमाम मुस्लिम स्त्रियों को हिन्दू युवकों द्वारा लूटे जाते भी देखा है। अमृतसर पहुँचने पर उनके साथ चल रही भारतीय अधिकारी गहरी साँस ले कहती है—

> लो बहनो, पहुँच गये... उतरो! तुम्हारा वतन तो छूटा पर अपने देश में, अपने लोगों में पहुँच गयीं।

अधिकारी के शब्द शरणार्थी स्त्रियों को रत्ती भर सांत्वना नहीं देते। नायिका तारा वहीं खड़ी रहती है—

> वतन और देश! वतन! देश! तारा के मस्तिष्क में गूँज रहा था।

एक अजनबी आकाश उसके ऊपर मण्डरा रहा है, नीचे धरती की गन्ध एकदम बेगानी है।

राष्ट्रवाद का जो स्वप्न भारतीय उपन्यास ने वन्दे मातरम् के रूप में आठ दशक पहले *आनन्दमठ* (१८८२) में रचा था, जिस स्वप्न ने राष्ट्रभक्तों की अनेक पीढ़ियों को संचालित किया था, वह यशपाल के पन्नों में स्वाहा हो गया है। *आनन्दमठ* की बेड़ियों में जकड़ी भारत माता काग़ज़ पर मुक्त हो चुकी है, देश को हासिल किया जा चुका है लेकिन राष्ट्र खो गया है। इस विभीषिका में स्त्री भी खो चुकी है जिसे उस अमूर्त माँ, भारती, का दैहिक रूप होना था।

स्वप्न की तरह राष्ट्र का बिखरना भी स्त्री के ज़रिये अभिव्यक्त होता है। शरणार्थियों की गाड़ी में ठूँसी हुई एक टूटी हुई स्त्री जो पूछ रही है—क्या राष्ट्रवाद का प्रत्यय, जैसा अनेक भारतीय राष्ट्रवादी इसे समझते थे, अति-पौरुषेय, स्त्री-विरोधी है? एक ऐसा आदर्श जिसे स्त्री को कुचलकर ही हासिल किया जा सकता है?

बँटवारे के दौरान हुई हिंसा के लिए साम्प्रदायिकता को ज़िम्मेदार ठहराया जाता है। *झूठा सच* की स्त्रियाँ पूछना चाहती हैं—क्या इस पाशविक हिंसा के लिए राष्ट्रवाद ज़िम्मेदार है? आख़िर जिन्होंने हमें जानवर की तरह बरता, वे बड़े गर्व से ख़ुद को 'राष्ट्रवादी' कहा करते थे?

***

राष्ट्रीयता के निर्माण में उपन्यास के योगदान का एक ग़ज़ब उदाहरण यह है कि भारत का राष्ट्रगीत और राष्ट्रगान उपन्यासकारों ने ही रचा है। मातृभूमि को देवी तुल्य *वाल्मीकि रामायण* और *अथर्ववेद* सरीखे प्राचीन ग्रन्थों में कहा गया है, लेकिन इसकी बतौर एक राष्ट्रवादी आदर्श स्थापना वन्दे मातरम् के रूप में उन्नीसवीं सदी के एक उपन्यास में हुई। अगर उपन्यास ने राष्ट्र के एक स्वरूप को प्रस्तावित किया तो उसे ख़ुद ही प्रश्नांकित भी किया, उसका विकल्प भी दिया। तत्कालीन उपन्यास स्त्री किरदार को इस आदर्श को अपनाने के लिए आह्वान करते थे, तो यही उपन्यास इस आदर्श को चुनौती भी दे रहे थे। इनकी नायिकाएँ पुरुष का प्रतिकार करती थीं, राष्ट्र के प्रत्यय को संशय-समस्याग्रस्त बना, इसे कहीं अधिक समरूप और सहिष्णु बनाने के लिए ज़ोर देती थीं। हालाँकि इन स्वतन्त्र दिखते स्त्री किरदारों का उपन्यास में चित्रण समस्याहीन नहीं था, बड़ी जटिलताएँ लिये था। लेकिन इस पर थोड़ी देर में आयेंगे।

जैसा पहले कहा, स्त्री भारतीय रचनात्मक कल्पना की एक स्थायी निवासिनी रही है, लेकिन उपन्यास एक नयी स्त्री को जन्म दे रहा था।

जिस भारतीय लेखक के लिए मिथक और फंतासी न सिर्फ़ साहित्य की विशिष्ट विधाएँ थीं जिनका अपना अर्थ व यथार्थ था, बल्कि वे विधाएँ सत्य को परखने और हासिल करने का ज्ञानमीमांसीय उपकरण भी थीं, उपन्यास के उद्‍भव के बाद उस लेखक ने सहसा ख़ुद को यथार्थवाद के एक ऐसे स्वरूप को अपनाते पाया जिसका उससे शायद पहले कभी वास्ता

न पड़ा था। यथार्थवादी आख्यान भारतीय रचना परम्परा में चली आ रही विधाओं, शैलियों और कथाओं का लगभग विलोम बन उभर रहा था। भारतीय उपन्यासकार सिर्फ़ एक विधा नहीं बल्कि एक जीवन-दर्शन से संवाद कर रहा था, एक ऐसा संवाद जो तमाम समस्याओं में लिपटा हुआ था। उपन्यास एक ऐसा भूगोल रच रहा था जिसके पन्नों में यथार्थवाद के रचनात्मक आग्रह तले, यथार्थवाद जो साहित्य की एक विधा थी और एक विशिष्ट दर्शन भी, एक ऐसी स्त्री का जन्म हुआ जो उपन्यासकार को असहज और आख्यान को संशयग्रस्त करती थी।

'राष्ट्रवादी' साहित्य के बड़े ऊँचे शिखर पर बैठा *आनन्दमठ* उन आरम्भिक उपन्यासों में है जहाँ स्त्री को केन्द्र में रख मिथक और यथार्थ, अमूर्त और स्थूल के बीच यह असहज और हिचकिचाता संवाद दर्ज हुआ है। कोई इसे विडम्बना मान सकता है या रचना प्रक्रिया की लीला पर अचम्भित हो सकता है कि जो उपन्यास वन्दे मातरम् जैसा लोमहर्षक मन्त्र देता है, बेड़ियों में बँधी भारत माता को मुक्त कराने का आह्वान देता है, उस उपन्यास में एक भी स्त्री किरदार नहीं है जिसे सामाजिक बन्धनों से मुक्त कराने की ज़रूरत हो। इस उपन्यास में कल्याणी और शान्ति सरीखी एकाध स्त्रियाँ हैं, लेकिन वे लगभग महत्त्वहीन हैं। आख्यान से उन्हें निकाल दें तो इसके प्रस्तावित आदर्श पर कोई प्रभाव नहीं पड़ेगा।

इस उपन्यास में स्त्री की अनुपस्थिति की क्या वजह है? एक ऐसी स्त्री जिसे माँ भारती की मूर्ति के समक्ष रखा जा सके, जैसा अन्य उपन्यासों मसलन *घरे बैयरे* (१९१६) में दिखायी देता है, जिसमें एक स्त्री से आह्वान किया जाता है कि वह घर से बाहर निकल राष्ट्रीय आन्दोलन की अगुवायी करे। *आनन्दमठ* के संन्यासियों की सेना में सिर्फ़ पुरुष हैं। शान्ति अपने पति संन्यासी जीवनानन्द के साथ रहना चाहती है, लेकिन उपन्यासकार शान्ति को सिर्फ़ एक ही विकल्प दे पाता है—पुरुष के भेष में चोरी-छुपे संन्यासी सेना में भर्ती हो जाओ। यह विशुद्ध पुरुष आख्यान है जिसमें स्त्री एक अमूर्त आदर्श, एक अनुपस्थिति बतौर ही जगह पा सकती है।

एक साहित्यिक कृति जितना अपने कहे द्वारा ख़ुद को व्यक्त करती है, उतना ही अपने भीतर समायी अनुपस्थिति से भी। क्या बंकिम जो कहना नहीं चाह रहे थे वह उनके रचनाकार का अतिक्रमण कर गया और उनके पाठ में उतर आया? भारत माता का आदर्श जो स्त्री पर असम्भव अपेक्षाएँ

लाद देता था वह इस क़दर अमूर्त था कि इसकी वेदी पर किसी स्त्री को बिठाना सम्भव न था। इस तरह का राष्ट्रवाद और इस तरह की स्त्री शायद सिर्फ़ अमूर्तन में ही सम्भव थी।

चूँकि कोई स्त्री किरदार ऐसे सवाल उठा सकती थी जो उपन्यास के आदर्श को खण्डित कर सकते थे, इसलिए शायद उपन्यासकार के लिए यह सम्भव नहीं था कि वह किसी स्त्री से अपने पन्नों में संवाद कर पाता। क्या यह एक पुरुष उपन्यासकार द्वारा अपनायी गयी युक्ति थी जिसके ज़रिये उसकी कथा में हस्तक्षेप करती एक 'बाह्य' उर्फ़ 'दूसरी' सत्ता को अपने आख्यान से बाहर रखा जा सकता था?

क्या बंकिम इस अनुपस्थिति से अनजान रहे होंगे?

तीन दशक बाद एक रचनाकार बंकिम को औपन्यासिक जवाब देता है जब उसकी स्त्री किरदार माँ भारती के आदर्श को ठुकरा देती है। लेकिन *घरे बैयरे* राष्ट्रवाद को बिमला के ज़रिये संशयग्रस्त ज़रूर करता है, इस प्रक्रिया में यह उपन्यास ख़ुद उलझ जाता है।

बिमला को सम्मोहित करता संदीप उसका स्वदेशी आन्दोलन से परिचय कराता है, उसमें भारत माता को देखता है, उसे 'क्वीन बी' उर्फ़ रानी मधुमक्खी कहता है। अब तक घरेलू जीवन जीती आयी बिमला मानने लगती है—

> मैं अब राजा के घर की औरत न रही थी, बंगाल की स्त्री की एकमात्र प्रतिनिधि थी। और वह (संदीप) बंगाल का पथ-प्रदर्शक था।

पूरे उपन्यास में अपने पति निखिल और संदीप के बीच डोलती रहने के बाद बिमला को रवीन्द्रनाथ टैगोर अन्त में वापस घर तो ले आते हैं लेकिन आख्यान की गाँठें सुलझने के बजाय अधिक जटिल हो जाती हैं।

क्या उसकी वापसी अन्तिम और निरापद है? क्या यह वाक़ई उग्र राष्ट्रवाद पर वैचारिक विजय का प्रतीक है जिसका प्रवक्ता संदीप है? शायद नहीं। बिमला की वापसी दो दरवाज़ों से होती है—स्वदेशी आन्दोलन और संदीप। लेकिन उपन्यासकार टैगोर के स्वदेशी आन्दोलन पर दृष्टिकोण को देखते हुए यह कहा जा सकता है कि बिमला का इस आन्दोलन की राजनीति से मोहभंग होना ही था, युवा क्रान्तिकारियों के प्रति उसका आकर्षण अस्थायी

ही रहना था। अगर बिमला आन्दोलन में बनी रहती या इसकी एक प्रमुख नेता बन जाती तो यह उपन्यास राष्ट्रवादी राजनीति की इस क़दर आलोचना शायद नहीं कर पाता। क्या उपन्यासकार ने बिमला को घर से बाहर अपने अस्तित्व को राजनीति के भँवर में तलाशने के लिए नहीं बल्कि इस राजनीति को कहीं अधिक शक्ति से ठुकरा देने के लिए भेजा था?

बिमला की दूसरी वापसी प्रेम के द्वार से दर्ज होती है जब उसे बोध होता है कि संदीप प्रेमी नहीं, फ़रेबी और फन्देबाज़ है। चूँकि टैगोर संदीप को किसी बेहतर रोशनी में चित्रित कर ही नहीं सकते थे, क्या यह वापसी भी पूर्वनिर्धारित थी?

ऐसे आख्यान की कल्पना कीजिये जिसमें संदीप अवगुणों का भण्डार नहीं है और इसलिए भले ही बिमला स्वदेशी राजनीति से विमुख हो जाती है, वह संदीप की प्रेमिका या घनघोर प्रशंसक बनी रहती है। ऐसा आख्यान असम्भाव्य नहीं, और यह उपन्यास के लिए अनेक रास्ते भी खोल सकता है।

लेकिन टैगोर के लिए संदीप को प्रेम और स्वदेशी आन्दोलन दोनों ही मोर्चों पर लुढ़कते हुए दिखाना शायद ज़रूरी था क्योंकि तभी वे उपन्यास में उस राजनीति का प्रतिकार कर पाते जिसके विरोध में वे अपने व्यक्तिगत जीवन में पहले ही एक ठोस वैचारिक मत ले चुके थे। स्वदेशी आन्दोलन में संदीप जैसे किरदार भी रहे होंगे, लेकिन इसका संचालन अनेक श्रेष्ठ नेता भी कर रहे थे जो इस राजनैतिक विचार को कहीं अधिक निष्ठा से धारण करते थे। संदीप और निखिल के बीच के फ़र्क़ को गहरा करने के लिए टैगोर एक दुर्बल और दाग़दार इनसान को स्वदेशी आन्दोलन का प्रतिनिधि बना देते हैं। क्या यह उपन्यासकार की एक गहन रचनात्मक भूल थी जिसकी वजह यह थी कि टैगोर दो विकल्पों के मध्य फँसी बिमला को चुनाव करने में सहूलियत देना चाहते थे? उपन्यासकार अपने राजनैतिक विचार के लिए स्वतन्त्र है लेकिन एक उपन्यास अपने रचयिता का प्रवक्ता नहीं होता, और अगर यह होने की आकांक्षा रखता है जैसा *घरे बैयरे* में है तो मानव जीवन की बारीक़ियाँ और विडम्बनाएँ, जो कथा को समृद्ध बनाती हैं, पिछले दरवाज़े से बाहर हकाल दी जाती हैं।

इस तरह से बिमला की वापसी अन्तिम प्रतीत नहीं होती, उसके दरवाज़े

बाह्य दुनिया के लिए हमेशा को बन्द नहीं हुए हैं। उसने राजनीति को चख लिया है, संदीप के साथ एक 'वर्जित' सम्बन्ध में भी रह आयी है। इन अनुभवों ने उसके लिए एक नयी सृष्टि का द्वार खोल दिया है। संदीप का अस्वीकार उसके जीवन में एक अस्थायी चरण भी हो सकता है, इसलिए सम्भव है कि अगर उसकी कथा का विस्तार हो तो वह ख़ुद को फिर से प्रयोग करती पायेगी।

लेकिन एक कहीं बड़ा प्रश्न उपन्यास के सामने खड़ा है—उग्र राष्ट्रवाद को एक स्त्री किरदार के ज़रिये ठुकराना चाहते टैगोर बिमला को उपन्यास में कितनी स्वतन्त्रता और कौन से विकल्प दे पाते हैं? पूरे उपन्यास के दौरान टैगोर बिमला को बतौर एक स्वतन्त्र और आधुनिक स्त्री चित्रित करते हैं। वह स्वेच्छा से अपने घर की सीमाएँ लाँघती है, फिर ख़ुद ही वापसी का क्षण चुनती है। लेकिन जैसा ऊपर कहा, उसका निर्णय उसकी स्वतन्त्र इच्छा से कम रचनाकार के हस्तक्षेप द्वारा अधिक निर्धारित होता दिखायी देता है।

आधुनिकता कोई जड़ या एकायामी विचार नहीं है, भक्त-भाव से पालन किया जाने वाला आदर्श भी नहीं। आधुनिकता के साथ अपने संवाद के दौरान अनेक समाजों ने अपने रास्ते और समाधान चुने हैं, लेकिन इसके बावजूद यह कहा जा सकता है कि प्रश्नाकुलता और तर्कबुद्धि आधुनिकता की मूल अपेक्षाएँ हैं। हालाँकि, यह भी है कि एक ईमानदार प्रश्नाकुलता सबसे पहले प्रश्न को ही प्रश्नांकित करेगी, प्रश्नकर्ता को कठघरे में खड़ा करेगी। इस मसले पर आगे चर्चा होगी।

अगर आधुनिक जीवन कठिन विकल्पों के बीच फँसे इनसान से प्रश्नाकुल चुनाव की अपेक्षा रखता है, तो बिमला को दिये गये विकल्प बड़े सरल हैं, संदीप और निखिल काले और सफ़ेद के सपाट युग्म हैं। अगर इन दोनों के मध्य चुनाव की योग्यता पैमाना है तो उसकी आधुनिकता अधूरी और अप्रामाणिक रही आती है।

लेकिन इस बिन्दु पर बिमला की आलोचना नहीं हो सकती, क्योंकि आधुनिकता कोई पवित्र आदर्श नहीं है। एक उपन्यास इस आदर्श की भक्ति के लिए बाध्य नहीं है। उपन्यास का जन्म भले ही आधुनिक जीवन की कोख से हुआ हो लेकिन इसने यूरोप, जिसे इसकी मातृभूमि माना जाता है, से बहुत दूर जाकर अपने अनेक घर बनाये हैं, अनेक आधुनिकताएँ, उत्तर-

आधुनिकताएँ और पूर्व–आधुनिकताएँ रची हैं। बिमला के लिए प्रश्न उसकी आधुनिकता के स्वरूप का उतना नहीं है बल्कि यह कि किस भूमि पर वह अपने जीवन का चुनाव करती है और इसका उपन्यास द्वारा प्रस्तावित राजनैतिक वक्तव्य पर क्या प्रभाव पड़ता है। यह कहा जा सकता है कि अगर बिमला का चुनाव प्रामाणिक नहीं है, तो उसका माँ भारती के राजनैतिक आदर्श का अस्वीकार वेध्य बना रहेगा और जिस राष्ट्रवाद का प्रतिकार उपन्यास बिमला के ज़रिये करना चाह रहा है उसमें वांछित धार नहीं आ पायेगी।

संदीप और निखिल के इतने एकतरफ़ा चित्रण की वजह क्या यह है कि वे राजनैतिक विचारधारा के वाहक हैं? अगर किरदार किसी राजनैतिक विचारधारा के रूपक बनते प्रतीत होते हैं तो आख्यान भी बदल जाता है। क्या किसी राजनैतिक विचार को खण्डित कर एक–दूसरे विचार को प्रस्तावित करना चाहता उपन्यास किरदारों के विकल्प सीमित कर देने की सम्भावना साथ लिए चलता है? टैगोर उपन्यास के ज़रिये आधुनिकता को परखना और पुनर्परिभाषित करना चाहते थे। लेकिन अगर उपन्यास अपनी राजनीति पहले ही निर्धारित कर लेगा, अपनी कथा की कुण्डली पहले ही तय कर देगा, अपने किरदारों को वह स्पेस शायद नहीं दे पायेगा जहाँ वे किसी विषय पर एक निर्भीक और स्वतन्त्र हस्तक्षेप कर सकते हैं। शायद इसलिए टैगोर ही नहीं अनेक बड़े उपन्यासकारों का साहित्य की इस आधुनिक विधा और इसके ज़रिये आधुनिकता के साथ संवाद अक्सर संशय और समस्याग्रस्त दिखायी देता है।

एक राजनैतिक उपन्यास बड़ी नुकीली धार पर चलता है। इसके लिए ज़रूर आत्मचिन्तन अनिवार्य है कि वह एक कलाकृति बनी रहे, किसी राजनैतिक पैम्फ़लेट में तब्दील न हो जाये। राजनैतिक वक्तव्य अक्सर एकरंगी और इकहरा हो जाता है जिसकी संगति उपन्यास के बहुस्वरीय स्वरूप के साथ नहीं होती। राजनीति की उपन्यास पर विजय का एक हालिया उदाहरण अरुंधति रॉय का *द मिनिस्ट्री आव अट्मोस्ट हैप्पीनेस* है। एक सच्चे राजनैतिक कार्यकर्ता की तरह उपन्यासकार अरुंधति एकदम सपाट, संशयहीन नैतिक उपदेश देने में यक़ीन रखती हैं। इस उपन्यास में किसी बारीक़ या जटिल विश्लेषण की कोई जगह नहीं, देश की समूची राजनीति को घनघोर घृणा से बरता गया है। एक 'तोतला–कवि प्रधानमन्त्री', एक 'ख़रगोश प्रधानमन्त्री', 'गुजरात का लल्ला', एक मिस्टर अग्रवाल जो कभी 'राजस्व विभाग' में

थे, बाद में एक 'मुटल्ले गाँधीवादी' के 'प्रधान सिपहसालार' बन गये। यह विशेषण (भारतीय पाठक को इन्हें एक ख़ास चेहरा देने के लिए कोई संकेत नहीं चाहिए) बग़ैर किसी सन्दर्भ के भर दिये प्रतीत होते हैं, किसी रचनात्मक घर्षण की उपज नहीं लगते। राजनैतिक सामग्री ठूँस देने की उत्कण्ठा इतनी अधिक है कि जुलाई २०१६ की ऊना 'मॉब लिंचिंग' भी उपन्यास में जगह पा जाती है (यह घटना एकदम आख़िरी मिनट पर जड़ी गयी होगी क्योंकि उपन्यास २०१७ के पूर्वार्द्ध में प्रकाशित हुआ था, प्रेस में छपने बहुत पहले ही चला गया होगा), और आख़िरी पन्नों में अचानक दण्डकारण्य की एक महिला माओवादी प्रकट हो जाती है। मसलन, पूरे देश के मानवाधिकार हनन का मानचित्र पूरा करे बग़ैर उपन्यास को तसल्ली नहीं मिलेगी।

क्या कोई राजनैतिक उपन्यास अनिवार्यतः लुढ़क जाता है? एकदम नहीं। *झूठा सच, द अनबियरेबिल लायटनेस अव बीइंग, द बुक आव लाफ़्टर एण्ड फ़र्गेटिंग* इत्यादि उपन्यास कोरे समाजशास्त्रीय पाठ में निगमित नहीं होते। वे अपने राजनैतिक परिवेश से परे निकल जाना चाहते हैं, निकल भी जाते हैं।

लेकिन उससे पहले प्रश्नाकुलता का ईमानदारी से पालन करते हुए प्रश्न को ही प्रश्न किया जाये—क्या किसी उपन्यास के किरदार अपने रचयिता की विचारधारा से पूरी तरह स्वतन्त्र हो सकते हैं? एक महान् उपन्यासकार अपने उपन्यास को अपनी मान्यताओं का घोषणापत्र न बनाने के लिए, किरदारों पर अपनी छाया न्यून कर देने के लिए एक गहन आन्तरिक संघर्ष से गुज़रता है, लेकिन क्या कोई कृति कभी उन अन्तर्दृष्टियों, घनघोर वैयक्तिक अन्तर्दृष्टियों और विचारों से मुक्त हो सकती है जो सिर्फ़ वह रचनाकार ही उसे दे सकता है, कोई अन्य नहीं?

वापस टैगोर और उनके एक अन्य राजनैतिक उपन्यास पर लौटते हैं जो *घरे बैयरे* की तरह राष्ट्रवाद का प्रतिकार स्त्री के ज़रिये करना चाहता है।

***

आनन्दमठ और *घरे बैयरे* के मध्य स्थित है *गोरा* (१९०५), राष्ट्रवाद और आधुनिकता पर ब्रह्म समाज और हिन्दू पुनरुत्थानवादियों के बीच चल रहे विमर्श की कथा। ऊपरी तौर पर यह भले ही नायक-प्रधान उपन्यास है लेकिन इस विमर्श की सबसे सशक्त और समर्थ आलोचना तीन स्त्रियों के ज़रिये होती है—सुचरिता, ललिता और आनन्दमयी। पहली दो ब्रह्म समाज

परिवार में हैं, आनन्दमयी हिन्दू गृहिणी हैं, लेकिन तीनों ही अपने सम्प्रदाय की संकीर्णता से परे निकलती हैं, गोरा और विनय को परिवर्तन के लिए प्रेरित करती हैं। दो उदाहरण लें।

ललिता से विवाह करने के लिए विनय ब्रह्म समाज में दीक्षा लेने को तैयार हो जाता है लेकिन ललिता इसका विरोध करती है—

> ऐसा कभी नहीं हो सकता कि मनुष्य का जो भी धर्म-विश्वास या समाज हो उसे बिलकुल छोड़कर ही मनुष्यों का परस्पर योग हो सकेगा। ऐसा हो तो हिन्दू और ख्रिस्तान में दोस्ती हो नहीं सकती। तब तो बड़ी-बड़ी दीवारें खड़ी करके एक-एक सम्प्रदाय को एक-एक बाड़े में बन्द कर देना ही उचित है।[१]

ललिता विनय से कहती है—

> आप अपने को छोटा करके और हेठे करके मुझे ग्रहण करने आयेंगे, यह अपमान मैं नहीं सह सकूँगी। आप जहाँ हैं, वहीं अविचलित रहें; यही मैं चाहती हूँ।[२]

गोरा के भीतर हुआ परिवर्तन अधिक उल्लेखनीय है। कट्टर हिन्दू गोरा जाति व्यवस्था का समर्थक है, मानता है कि राष्ट्र का भविष्य हिन्दू के पुनरुत्थान में ही निहित है। उसके भीतर बसी आदर्श हिन्दू स्त्री की छवि राष्ट्रीयता पर उसके विचार का ही विस्तार है। विनय और गोरा के बीच एक संवाद इस छवि को स्पष्ट करता है।

> 'देखो गोरा...मुझे लगता है हमारे स्वदेश प्रेम में एक बहुत बड़ा अधूरापन है। हम लोग भारतवर्ष को आधा ही करके देखते हैं...हम भारतवर्ष को केवल पुरुषों का देश मानकर देखते हैं, स्त्रियों को बिलकुल देखते ही नहीं।' गोरा—'तो तुम शायद अँग्रेज़ों की तरह घर में और बाहर, जल-थल और आकाश में, आहार-विहार और कर्म में, सब जगह स्त्रियों को देखना चाहते हो? उसका नतीजा यही होगा कि पुरुषों से स्त्रियों को अधिक माना होगा—उससे भी देखने में सामंजस्य नहीं रहेगा।'
>
> ***

---

१. रवीन्द्रनाथ टैगोर, *गोरा,* अनुवाद : अज्ञेय, साहित्य अकादेमी, नयी दिल्ली, २०१५, पृ. ३१४

२. वही, पृ. ३१५

> गोरा— "मैंने जब अपनी माँ को देखा है, माँ को जाना है, तब अपने देश की सभी स्त्रियों को उसी एक रूप में देख और जान लिया है।"[1]

***

> समाज की स्वाभाविक अवस्था में स्त्री रात की तरह ओझल ही रहती है—उसका सारा काज गूढ़ और निभृत है...जहाँ समाज की व्यवस्था स्वाभाविक नहीं है, वहाँ रात को ज़बरदस्ती दिन बनाया जाता है...उसका नतीजा क्या होता है। यही कि रात का जो स्वाभाविक अलक्षित काम है, वह नष्ट हो जाता है...नारी अव्यक्त है; इस अव्यक्त शक्ति को अगर केवल व्यक्त करने की चेष्टा की जायेगी तो समाज का सारा मूल-धन ख़र्च करके उसे तेज़ी से दिवालियापन की ओर ले जाना ही होगा।[2]

पितृसत्ता का इस क़दर पक्षधर गोरा सुचरिता के सम्पर्क में आकर अपने विचार की कमज़ोरी और जड़ता पहचानने लगता है। जिस पुरुष ने घर की दीवार से परे कभी स्त्री की भूमिका को नहीं लक्ष्य किया था, वह "सुचरिता के ज़रिये सत्य की प्राप्ति करता है।" जिसने आजीवन ब्रह्मचारी रह राष्ट्र के लिए अपना जीवन समर्पित करने का प्रण लिया था वह सुचरिता से विवाह करने का निश्चय करता है।

> सुचरिता के रूप में भारत की नारी-प्रकृति ही उसके सामने प्रकट हो रही थी...उसे जान पड़ने लगा, इस लक्ष्मी की ओर हमने देखा तक ही नहीं, इससे बड़ी हमारी दुर्गति और क्या हो सकती है! ...अपने ही विचारों पर गोरा स्वयं ही चकित हो गया। जब तक भारतवर्ष की नारी उसकी अनुभव गोचर नहीं हुई थी, तब तक उसकी भारतवर्ष की उपलब्धि कितनी अधूरी थी, यह वह इससे पहले नहीं जानता था। गोरा के लिए नारी जब तक अत्यन्त छायामय थी, तब तक देश के सम्बन्ध में उसका कर्तव्य-बोध कितना अधूरा था! गोरा क्षण-भर में ही समझ गया कि नारी को हम जितना ही दूर करके, जितना ही क्षुद्र बनाकर रखते हैं, उतना ही हमारा पौरुष भी जर्जर होता जाता है।[3]

महत्त्वपूर्ण यह है कि गोरा के भीतर यह परिवर्तन स्त्री की किसी कथित

---

१. वही, पृ. ९३-९४
२. वही, पृ. ९४-९५
३. वही, पृ. २८२-८३

संवेदनात्मक अपील की वजह से घटित नहीं होता। सुचरिता और आनन्दमयी गोरा को तर्क और बुद्धि से परिवर्तित करती हैं। वे भौतिक और आध्यात्मिक जगत् के बीच की नक़ली फाँक को बख़ूबी पहचानती हैं, एक फाँक जो स्त्री के प्रति भेदभाव करने में मदद करती है। उन्नीसवीं सदी के अन्त में, वह काल जिसमें उपन्यास घटित होता है, राष्ट्रीय आन्दोलन ने भौतिक और आध्यात्मिक जगत् के बीच एक गहरी लकीर खींच दी थी। भौतिक यानी बाह्य संसार पुरुष के लिए आरक्षित हो गया था, आध्यात्मिक जगत् (घर) स्त्री को सौंप दिया गया था। उच्च और मध्यवर्गीय स्त्रियाँ अगर सार्वजनिक जीवन में प्रवेश करती थीं तो उनके व्यवहार के दायरे और नियम तय कर दिये जाते थे।[१]

यह विभाजन इस दोषयुक्त अवधारणा से निकलता है कि पुरुष तार्किकता के झण्डाबरदार हैं, स्त्री को संवेदना और आवेग से फुसलाया जा सकता है। गोरा इस द्वैध को उलटकर रख देता है। (हालाँकि यह सर्वथा ग़लत अवधारणा इस सरल तथ्य से ध्वस्त की जा सकती है कि हिंसक और दंगालू भीड़ के लगभग सभी नेता और भागीदार पुरुष होते हैं जो खोज-खोज कर निरीह और निर्दोष इनसानों को मारते हैं)। गोरा आवेगों से संचालित होता दिखायी देता है जबकि सुचरिता और आनन्दमयी तर्कनिष्ठ नज़र आती हैं, ब्रह्म समाज और हिन्दू परिवारों के अन्तर्विरोधों को रेखांकित करती हैं। यह उपन्यास अतिपौरुषेय राष्ट्रीयता का शायद सबसे ज़बरदस्त प्रतिकार है जो राष्ट्रीय आन्दोलन के आरम्भिक दशकों में उपज रही थी, भारतीय चेतना को एक नया आयाम दे रही थी। ग़ौरतलब है कि टैगोर उग्र राष्ट्रवाद का प्रतीक पुरुष को बनाते हैं, उसके प्रतिकार के लिए स्त्री को चुनते हैं जो भारतीयता का कहीं संश्लिष्ट और समन्वयकारी स्वरूप प्रस्तावित करती है।

लेकिन इसके बावजूद टैगोर कहीं चूक जाते हैं। सुचरिता का चित्रण समस्यामुक्त नहीं है। सुचरिता के भीतर तो गोरा की वजह से कोई ख़ास परिवर्तन नहीं आता, लेकिन जैसे ही गोरा सुचरिता की वजह से अपना रास्ता बदलता है वह आख्यान में नायक के हृदय परिवर्तन का महज़ एक माध्यम बनती प्रतीत होती है। दोनों के बीच का संवाद और कारोबार लगभग एकतरफ़ा सा प्रतीत होता है।

अगर किसी उपन्यास की प्रमुख किरदार नायक की यात्रा को सुगम और

---

१. देखें— *पार्था चटर्जी, द नेशनलिस्ट रेज़लूशन आव द विमन्स क्वेश्चन*

सरल बनाने का एक साधन बनती प्रतीत होती है तो इसका उस कथा पर क्या प्रभाव पड़ता है? इस प्रश्न की पड़ताल से पहले इन तीनों उपन्यासों के भीतर से उठती और इनकी कथा को बाधित करती हिचकियों को परखते हैं। *आनन्दमठ* स्त्री को जगह देने में नाकाम है, *घरे बैयरे* जगह तो देता है लेकिन जिन विकल्पों को यह बिमला के समक्ष रखता है वे बड़े ही सीमित हैं, सुचरिता के पास स्वतन्त्र चुनाव करने के लिए काफ़ी स्पेस है लेकिन उसकी स्वतन्त्रता नायक गोरा को चुनाव करने में मदद करने के लिए प्रयुक्त होती दिखायी देती है।

आख्यान के इन अन्तर्विरोधों का उपन्यास द्वारा सम्बोधित राष्ट्रवाद पर क्या असर पड़ता है? तीनों उपन्यास राष्ट्रवाद का एक ख़ास मॉडल प्रस्तावित करते हैं, लेकिन इन तीनों में यह ख़ुद ही संशयग्रस्त हो जाता है। यह अकारण नहीं है। चूँकि शब्द एक स्वायत्त सत्ता है, इसलिए यह सम्भव है कि किसी विषय पर एक वक्तव्य बन जाने की आकांक्षा रखती कोई कृति अपने रचयिता की अनदेखी कर किसी दूसरी दिशा में चली जाय। यह भी कहा जा सकता है कि अगर किरदारों को किसी राजनैतिक विचार का रूपक बनाया जाता है या वे उपन्यासकार की विचारधारा के प्रवक्ता बनते हैं, तब वे जटिलताएँ जो आख्यान को समृद्ध बनाती हैं एक सरल और वेध्य समाधान की तरफ़ पहुँचती दिखायी देती हैं, और जिस ज़मीन पर ये किरदार अपने विकल्पों का चुनाव करते हैं वह आन्तरिक तनाव की वजह से ढह जाती है।

दूसरा प्रश्न आधुनिकता का है। जब सुचरिता गोरा के परिवर्तन का माध्यम बनती नज़र आती है, क्या सुचरिता की आधुनिकता, जैसा बिमला के साथ किन्हीं दूसरी परिस्थितियों में घटित हुआ था, उस दीवार से आ टकराती है जिसे उपन्यास अनदेखा करता है या उससे जूझने में असमर्थ है?

गोरा आधुनिक चेतना को अपनी रूह की भट्टी में गढ़ देना चाहता है, एक ऐसी आधुनिकता जो भारतीय उपन्यास और भारत के अनुकूल हो प्रस्तावित करना चाहता है। गोरा की आधुनिकता एक ऐसी जगह पहुँचती है जो स्त्री को स्वतन्त्र चुनाव की, पुरुष के समक्ष अस्तित्वगत प्रश्न खड़े करने की जगह तो देती है, उसे अपने आदर्श पुनर्परिभाषित करने को बाध्य भी करती है, लेकिन इस पूरी प्रक्रिया में वह पुरुष के जीवन में महज़ एक लाइटहाउस, एक प्रेरणा बन जाने की सम्भावना से भी बँधी नज़र आती है। वह एक ऐसा किरदार बनती जाती है जिसकी सार्थकता नायक के हृदय परिवर्तन में निहित है।

पुरुष की प्रेरणा—आख़िर इसी विशेषण में सिमटने से ही तो शायद स्त्री बचना चाहती है। वह नहीं भूली है कि पिछली सदी की स्त्रियों को पुरुष की प्रेरणा होने की सांत्वना देकर उनके विकल्प सीमित कर दिये जाते थे।

गोरा अपवाद नहीं है। अनेक बड़े उपन्यास स्त्री को इसी आईने से देखते हैं। यह प्रवृत्ति उपन्यास द्वारा प्रस्तावित आधुनिकता को संकटग्रस्त करती है, स्त्री की स्वतन्त्रता को बाधित कर उसे अनुपस्थिति के दायरे में धकेलती चलती है।

अनुपस्थिति की कथा

किसी कलाकृति में अनुपस्थित की गूँज अक्सर उपस्थित के स्वर से अधिक मारक होती है। जिन चीज़ों को कोई उपन्यासकार अपने पाठ में जगह नहीं देता वे अक्सर उस कथा के गर्भ में हो रही हलचलों को उजागर कर देती हैं। मुहम्मद हादी रुसवा का उपन्यास *जुनून-ए-इन्तज़ार* (१८९९), जो उनके उसी साल प्रकाशित उपन्यास *उमराव जान अदा* की कथा को आगे बढ़ाता है, अनुपस्थिति के साहित्य का एक विलक्षण उदाहरण है। उमराव जो पिछले उपन्यास के केन्द्र में थीं, इस कथा में, उपन्यासकार के प्रति एक तीख़ी शिकायत लिये लौटती हैं कि रुसवा ने उनकी "जीवनी" उनकी अनुमति के बग़ैर छपवाकर उनकी 'प्रतिष्ठा', 'नष्ट' कर दी है, लेकिन इसके बावजूद 'वह सोचता है' कि उसने उन पर 'एहसान किया है'। "अगर यह वाकई अहसान है, तो मुझे बहुत ढंग से मालूम है कि इसे कैसे चुकाया जाये...मुझे नहीं मालूम अगर मेरी ज़ुबान खुल गयी तो तुम क्या करोगे," उमराव *जुनून-ए-इन्तज़ार* में कहती हैं।

उमराव रुसवा के बारे में गुप्त जानकारियाँ इकट्ठा करती हैं—रुसवा का पर्दानशीं इश्क़, जिसमें उनकी महबूबा उन्हें ठुकरा देती है। *उमराव जान अदा* उमराव की नाकाम मोहब्बतों के फ़साने सुनाता है, जिन्हें उमराव ने रुसवा पर भरोसा कर उन्हें बतलाये थे, लेकिन रुसवा ने उस पर एक उपन्यास लिख डाला था,[१] *जुनून-ए-इन्तज़ार* रुसवा की नाकाम मोहब्बत

१. वैसे रुसवा ने वही किया था जो उपन्यासकार करते आये हैं—हरेक शै में कथा खोज लेना। साठ बरस बाद बर्गमेन की *थ्रू द ग्लास डार्कली* का उपन्यासकार नायक अपनी बेटी की बीमारी की ख़ुफ़िया ख़्वाहिश करता है कि शायद इस पीड़ा में उसकी कथा को कुछ सूत्र मिल जायें।

को बतलाता है जिसके क़िस्से उमराव ने चुपके से हासिल किये थे। इश्क़ का बदला इश्क़। उपन्यासकार और उसकी किरदार के दर्द भरे अफ़साने तराज़ू के दो पलड़ों पर बराबर हो जाते हैं।

रुसवा और उमराव के फ़साने की परछाई इस अध्याय पर मण्डराती है जो तीन उपन्यासों के नायकों के जीवन में स्त्री किरदार की अनुपस्थिति के स्वरूप को परखना चाहता है। इन तीनों के गद्य और गल्प की एकदम अलग बनावट और बुनावट है, ये भिन्न काल और अवकाश में घटित होते हैं, लेकिन इन तीनों की एक साझा धुरी है—इनके पुरुष किरदारों के लिए स्त्री अपने से इतर एक अस्तित्वगत सत्ता है, 'अदर' है, अन्य है। विलोम नहीं, अन्य है।

***

साठ के दशक में दो बड़े भारतीय रचनाकारों का पहला उपन्यास प्रकाशित होता है। *वे दिन* (१९६४) एक भारतीय विद्यार्थी और उससे दसेक साल बड़ी एक विवाहित ऑस्ट्रियन स्त्री रायना के बीच एक पारभासी रोमांस की कथा है जो द्वितीय विश्वयुद्ध की छाया में प्राग में दर्ज होती है। *संस्कार* (१९६५) एक वेद-शिरोमणि आचार्य के एक अछूत स्त्री चन्द्री के साथ हुए आकस्मिक दैहिक सम्बन्ध के बाद उपजे आध्यात्मिक संकट को परखता है। तीन दिन में सिमटी एक बोहेमियन छुअन और एक सहसा उमड़ा स्पर्श जो वैदिक धर्म को चुनौती देता ब्रह्मचारी प्राणेशाचार्य की चेतना को झकझोर देता है।

सतह पर देखें तो अपनी प्रकृति और आख्यान में ये दोनों उपन्यास शायद विपरीत ध्रुव पर खड़े नज़र आयेंगे। लेकिन ये दोनों एक विशिष्ट संवेदना साझा करते हैं। यह अनुभव स्त्री किरदार के जीवन पर खरोंच तक छोड़ता नहीं दिखायी देता, लेकिन पुरुष किरदारों को अवसाद में डुबो देता है—आचार्य तो ख़ुद को आत्मालाप की आँच में भस्म होता पाते हैं।

पाठक को नहीं मालूम पड़ता कि स्त्री को इस अनुभव ने किस तरह छुआ क्योंकि दोनों उपन्यास पुरुष के स्वर में अभिव्यक्त होते हैं, जो एक दूसरी साझा संवेदना को इंगित करता है। रायना और चन्द्री ने एक सक्रिय यौन जीवन जिया है, उन्हें अनेक पुरुषों का अनुभव है और दोनों पुरुष किरदार इसे जानते भी हैं। दोनों उपन्यासों के अन्त में नायक स्त्री को स्मरण कर रहे

हैं जिसकी छुअन अभी भी उन पर मण्डरा रही है। यह सम्भव था कि दोनों यह मान लेते कि वे तो अकेले में सुलग रहे हैं (हालाँकि दोनों नायकों के अकेलेपन में गहरा फ़र्क़ है, लेकिन वह यहाँ प्रस्तावित तर्क को प्रभावित नहीं करता), लेकिन स्त्रियाँ अनछुई, अप्रभावित लौट गयी हैं, और यह विचार इस तरह के हालात में पुरुष के भीतर ईर्ष्या पैदा कर सकता है, एक क्रूर मर्दानी ईर्ष्या जो उन्हें इन स्त्रियों का जीवन नकार देने को प्रेरित कर सकती है। लेकिन स्त्री के जीवन पर एकतरफ़ा निर्णय सुना देने की मर्दानी प्रवृत्ति इन उपन्यासों की चेतना को रत्ती भर नहीं रँगती।

इस निर्णय की अनुपस्थिति उस चेतना की वजह से नहीं आती जहाँ पुरुष और स्त्री के बीच के सांस्कृतिक और लैंगिक भेद मिट जाते हैं। दोनों ही नायक रायना और चन्द्री के स्त्रीत्व में डूबे हैं, उसे अनुभूत और स्मरण कर रहे हैं। इन उपन्यासों की स्त्रियाँ पुरुष के लिए एक अनिवार्य अन्य हैं, सार्त्र के 'हेल इज़ अदर पीपल' के अर्थ में नहीं, बल्कि एक ऐसी सत्ता जो किसी को सम्पूर्ण बनाती है या बनाने का धोखादेय भरोसा दिलाती है लेकिन उसे कहीं अधिक प्रश्नों से भर देती है, पहले से अधिक ख़ाली कर जाती है। सार्त्र के लिए दूसरे का अस्तित्व आपके विकल्प और स्वतन्त्रता को बाधित करता है, निर्मल और अनन्तमूर्ति के उपन्यास में दूसरा आपको स्वतन्त्रता के मायने पुनर्परिभाषित करने को प्रेरित और बाध्य करता है।

इस साझा धुरी के बावजूद ये दोनों उपन्यास एक प्रमुख स्वर पर आ विपरीत दिशाओं में मुड़ जाते हैं, वह स्वर जो इनके आधुनिकता के साथ संवाद के स्वभाव का सूचक है।

***

रायना और विद्यार्थी का तीसरा दिन आख़िरी लम्हों में पहुँच रहा है। विद्यार्थी दुखी है, लेकिन रायना सहज है। वह उसे छोड़ने रेलवे स्टेशन जाना चाहता है, लेकिन वह मना कर देती है क्योंकि इसका 'कोई फ़ायदा नहीं है।'

उपन्यास के अन्त में विद्यार्थी पिछले तीन दिन याद कर रहा है। वह जानता है कि रायना के लिए उसकी संवेदना शायद एकतरफ़ा हो क्योंकि जब रायना की रेल प्राग से छूटेगी वह उसकी स्मृति के केन्द्र में नहीं होगा। थोड़ी देर पहले रायना ने उसे बताया है कि अजनबियों के साथ उसके सम्बन्ध 'दूसरे शहरों' में अक्सर बनते रहे हैं क्योंकि 'वह ज़्यादा दिन अकेले नहीं

रह सकती'।[1]

पिछले तीन दिन दोनों के भीतर एकदम अलग तरह दर्ज हुए हैं। विद्यार्थी के भीतर रायना के लिए प्रेम उमड़ रहा है, जबकि रायना भले ही उसके साथ बिताये क्षण को सहेजती है, लेकिन युद्ध के अनुभव और पति से अलगाव ने उसकी संवेदना को एक निस्संगता भी दे दी है। वह ऐसी अनुभूतियों की क्षणिकता स्वीकार कर चुकी है जिसे विद्यार्थी अभी नहीं समझ पाता। यह स्थिति विद्यार्थी के भीतर छले जाने की भावना को जन्म दे सकती है, एक बारीक़ चोट जो उसके हृदय नहीं तो ज़ुबान को कड़वा कर सकती है। लेकिन रायना की विदायी के वक़्त यह भाव विद्यार्थी को क़तई नहीं छूता, वह रायना की माया में पूरी तरह खो चुका है।

> उसकी हँसी में कोई अन्तर नहीं आया था। उसमें वही लापरवाही का भाव भरा था, जिसके सहारे हम देर तक सतह पर रह सकते हैं। उससे मिलने से पहले मैं गर्व से सोचा करता था कि जो मेरे भीतर है, वही बाहर है। किन्तु, इन दिनों मुझे अपना यह गर्व बचकाना सा लगा था। वह उन बहुत कम लोगों में से थी जो अपने भीतर से अलग होकर सतह पर रह सकते हैं...बर्फ़ की पतली परत पर—बिना यह ख़याल किये कि वह कभी भी टूट सकती है।[1]

इससे पिछले दिन यानी दूसरी रात रायना नायक के होस्टल आ जाती है। बाहर दिसम्बर की बर्फ़ है। वे फ़ायरप्लेस सुलगा लेते हैं।

> वह खिड़की के सामने खड़ी थी। चिमनी के भीतर धुएँ और हवा की एक अजीब फूत्कारती-सी सरसराहट कमरे की नीरवता तोड़ जाती थी। मैं उसके पीछे चला आया—अपने हाथ उसके कन्धे पर रख दिये। वह हल्के-से चौंक गयी। ''क्या सोच रही हो?''
> ''कुछ नहीं...'' उसने कहा।
> ''वियना के बारे में?''
> वह चुपचाप बाहर देखती रही।
> ''रायना...''
> उसकी आँखें मुझ पर टिक आयीं।

---

१. *वे दिन,* राजकमल प्रकाशन, नयी दिल्ली, पृ. १६१

२. वही, पृ. १७५-७६

"मैंने सोचा था हम कुछ दिनों के लिए साथ रह सकेंगे।" मैंने कहा।

"इट वुडण्ट हेल्प," उसने खिड़की पर आँखें मोड़ ली।

वह कुछ देर खिड़की के बाहर देखती रही...फिर एक छोटी सी झुरझुरी उसकी देह में दौड़ गयी। "नो—इट वुडण्ट हेल्प," उसने धीरे से कहा।[१]

अगले दिन वे दोनों होटल के कमरे में हैं, वह सामान बाँध रही है। उसे अफ़सोस है कि कितना कुछ था जो वह कर सकता था और इस तरह रायना को 'जाने से रोक सकता था', लेकिन रायना का जवाब वही है— "इट वुडण्ट हेल्प।"

निर्मल के गल्प संसार में यह एक दुर्लभ लम्हा था जब किसी किरदार ने अपनी चाहना को, दूसरे पर अपने हिचक भरे अधिकार को अभिव्यक्त किया था (निर्मल के किरदार कम ही अपना अधिकार जताते हैं), और जवाब आया था—"इट वुडण्ट हेल्प।" यह शब्द किसी के भीतर कड़वाहट, क्षोभ और तिरस्कृत होने का भाव जगा सकते हैं, लेकिन निर्मल की सृष्टि में वे दोनों "कमरे के धुँधलके में बाहर बारिश की नीरव टपाटप सुनते रहे।"

क्या यह आत्म-बोध का क्षण था कि असम्भव आकांक्षाओं और अपेक्षाओं से घिरा मानव प्रेम अतृप्त रहे आने को अभिशप्त है? "प्रेम अन्तिम इलूज़न है"—अरसे बाद निर्मल की डायरी में यह दर्ज होना था। क्या रायना इस आत्म-बोध की प्रेरणा थी? उपन्यास के अन्त में नायक के भीतर उसके शब्द गूँजते हैं—

"सुनो...तुम विश्वास करते हो?"

"वह जो नहीं है..."

"जो है लेकिन हमारे लिए नहीं है?"[२]

भारतीय रचनात्मक चेतना में स्त्री अमूमन सतत प्रेम और कामना की छवि है। *वे दिन* से पहले शायद ही किसी उपन्यास की स्त्री किरदार पुरुष से कहती होगी कि हमारा जीवन पूरा हो गया, कुछ दिन और साथ बिताने से

---

१. वही, पृ. १५८-५९

२. वही, पृ. १८१-८२

कुछ हासिल नहीं होगा (इट वुडण्ट हेल्प), एक स्त्री जो विदायी के क्षण पूछती है—"जो हमें मिला है वह काफ़ी नहीं है?"

***

इसके बरक्स भारतीय रचनात्मक कल्पना में चन्द्री सरीखी अनेक स्त्रियाँ हैं, उनमें से मत्स्यगन्धा, उर्वशी, शकुन्तला इत्यादि का उल्लेख *संस्कार* में हुआ भी है। चन्द्री की तुलना शारदा देवी से बेहतर की जा सकती है जो शंकराचार्य से कामशास्त्र के बारे में प्रश्न पूछती है। चन्द्री और शारदा सम्मोहिनी अप्सराएँ नहीं हैं। उन्हें घबराये हुए देवताओं ने किसी ऋषि की साधना भंग करने के लिए नहीं भेजा है। दोनों स्त्रियाँ भिन्न काल-अवकाश में जन्म लेती हैं। एक ब्राह्मण विदुषी है दूसरी अछूत वेश्या, लेकिन दोनों ही पुरुष को अपनी मान्यता का पुनर्मूल्यांकन करने को प्रेरित करती हैं, उनसे पूछती हैं—क्या एक पुरुष का जीवन, भले वह ब्रह्मचारी साधक क्यों न हो, काम के बग़ैर पूर्ण माना जा सकता है?

चूँकि अब कथा आठवीं से बीसवीं सदी में आ गयी है, कथा में दो बड़े परिवर्तन होते हैं। बीसवीं सदी का नायक शंकराचार्य की तरह अपनी देह छोड़कर किसी मृत राजा के शरीर में प्रवेश नहीं कर सकता, इसलिए उसे अपनी पूर्ति इसी देह के साथ करनी है। दूसरे, शंकराचार्य शारदा द्वारा दी गयी चुनौती बग़ैर किसी झिझक या अफ़सोस के स्वीकार कर सकते थे, प्राणेशाचार्य को गहन पश्चात्ताप से गुज़रना होगा। अपराध-बोध से ग्रस्त आचार्य गाँव छोड़ देते हैं लेकिन इस संसर्ग का चन्द्री पर कोई प्रभाव नहीं पड़ता क्योंकि "भोग-विलास में स्वभावत: लिप्त चन्द्री आत्म-भर्त्सना की आदी नहीं थी।"[१]

आचार्य का अपराध-बोध उस ऐन्द्रिक सुख का जुड़वाँ है जो उन्हें हाल ही हासिल हुआ है, सुख जिसके बारे में आचार्य ने उन संस्कृत ग्रन्थों में पढ़ा था जिन्हें वह ब्राह्मणों को पढ़कर सुनाते आये थे।

> आचार्य की कल्पना उनके मन में उन सब छोटी जाति की लड़कियों को खींच लायी जिनके बारे में उन्होंने पहले कभी सोचा भी नहीं था, कल्पना में ही आचार्य जी, उन्हें निरावरण किया, और उनके अंग-प्रत्यंग को

---

१. यू आर अनन्तमूर्ति, *संस्कार,* राधाकृष्ण प्रकाशन, अनुवाद : चन्द्रकान्त कुसनूर, १९९७, नयी दिल्ली, पृ. ८२

देखकर पहचानने की कोशिश की। कौन थी वह? कौन हो सकती है वह? अरे हाँ, बेल्ली, वही बेल्ली! मिट्टी के रंग की उसकी छातियों को याद करके, जैसे कि सोच-विचार तक में पहले कभी नहीं हुआ था, उनका शरीर उत्तेजित हो उठा। उन्हें अपनी इस कल्पना पर शर्म आयी...एक नये अनुभव के लिए, बेल्ली के स्तनों से खेलने के लिए उनके हाथ खुजलाने लगे...अनुभव का अर्थ होता है ख़तरा मोल लेना, हमला करना...अनुभव का अर्थ है किसी अदृश्य में, अकथ्य स्थिति में, जीवन में किन्हीं उरोजों का अचानक संस्पर्श हो जाना।[१]

अगर इस अनुभव ने आचार्य की जड़ें हिला दी हैं, तो चन्द्री ने समूचे ब्राह्मण समुदाय को विचलित कर दिया है। ब्राह्मण उसकी कल्पना कर लार टपकाते हैं, उसकी तुलना अपनी लालची घरेलू और रसहीन पत्नियों से करते हैं। वे चन्द्री की उन गुणों के लिए तारीफ़ करते हैं जिन्हें अपने जीवन में अपनाने का साहस उनके पास नहीं है। चन्द्री उनकी अनिवार्य 'अन्य' है, एक प्रेत जिससे वे अपने सपनों में भी मुक्त नहीं हो पाते। शराब के नशे में श्रीपति कहते हैं—

कोई कुछ भी कहे, ब्राह्मण कुछ भी भौंके...क्या कहते हो? शपथ लेकर मैं कहता हूँ...चन्द्री की तरह सुन्दर, समझदार और अच्छी औरत सौ मील के घेरे में भी तो कोई दिखा दे। मुझसे कोई शर्त लगा ले। यदि मिल जाय तो मैं अपनी जाति छोड़ दूँगा। वेश्या होने से भी क्या हुआ? बतलाओ तो, नारणप्पा के साथ किसी पत्नी से भी अच्छा व्यवहार उसने नहीं किया? यदि वह कभी ज़्यादा पीकर उल्टी कर देता था तो वह तुरन्त सफ़ाई कर देती थी। उसने हमारी उल्टियाँ भी साफ़ करने में कभी हिचकिचाहट नहीं की...कौन ब्राह्मण-स्त्री इतना करती है? सब बेकार, सर-मुण्डी, थू![२]

आचार्य धर्म और ग्रन्थों को प्रश्न करते हैं। अगर आधुनिकता प्रश्नाकुलता सिखाती है तो वे आधुनिक होने की राह पर भी हैं। लेकिन जिस तरह उपन्यास उनके भीतर आये परिवर्तन का और ब्राह्मण स्त्रियों के बरक्स चन्द्री का चित्रण करता है वह उपन्यास को पथरीली राह पर ढकेल देता है। इस उपन्यास के अन्तर्विरोधों को परखने से पहले उन प्रवृत्तियों को लक्ष्य किया

१. वही, पृ. ९९-१००
२. वही, पृ. ८७

जाय जो आचार्य और गोरा साझा करते हैं। दोनों नायक अपनी मान्यताओं के सुरक्षित दायरे में जीते आये हैं, देवी माँ के अलावा स्त्री को किसी और स्वरूप में नहीं देखा है। दोनों ने एक आदर्श ब्राह्मण की छवि गढ़ रखी है, उसी जीवन को जीना चाहते हैं। गोरा के लिए आदर्श ब्राह्मण वह है जो

> ज्ञान के शिखर पर बैठकर इस भक्ति के रस को सर्वसाधारण के उपयोग के लिए, शुद्ध रखने के लिए तपस्या करता है।[१]

गोरा आचार्य से कहीं अधिक वाचाल और आक्रामक है लेकिन उनसे बीसेक बरस उम्र में कम भी है, राष्ट्रीय आन्दोलन के बीच में खड़ा है। दोनों उपन्यास की स्त्री किरदार पुरुष के लिए अन्य हैं, उनकी मान्यताओं को चुनौती दे उनके आदर्श और विचार की वेध्यता का बीज उनके भीतर रोप देती हैं, पुरुष के जीवन को बदल देती हैं। लेकिन पुरुष स्त्री को किस तरह स्पर्श करते हैं? चन्द्री एकदम अप्रभावित रही आती है, सुचरिता गोरा से संवाद कर 'भारतवर्ष' के आध्यात्मिक सत्य को तो समझने लगती है, लेकिन कोई बड़ा परिवर्तन उसके भीतर दर्ज नहीं होता। *संस्कार* किस ऊँचाई पर जाकर फूटता अगर चन्द्री बीच कथा में ग़ायब नहीं हुई होती, झंझावात दोनों ओर घटित हुआ होता? चन्द्री की अनुपस्थिति *संस्कार* को किस तरह समस्याग्रस्त बनाती है? इस प्रश्न से पहले आख़िरी उपन्यास पर आते हैं।

***

कृष्ण बलदेव वैद के गल्प में, ख़ासकर *दूसरा न कोई* (१९७८)[२] में हम एक ऐसी स्त्री को पाते हैं जो भारतीय उपन्यास में अमूमन दिखायी नहीं देती। *दूसरा न कोई* स्त्री को नायक की चेतना में बिठा देता है जो उसके इर्द-गिर्द एक हमज़ाद, उसके हमसाये की तरह मण्डराती है। एक बूढ़ा लेखक एक ढहते हुए मकान में अकेला मर रहा है, एक महान् कृति रच देने की ख़्वाहिश लिये। एक एकाकी कर्म जो वैद की प्रिय कहानियों द *मडोना ऑफ़ द फ्यूचर* (हेनरी जेम्स) और द *अननोन मास्टरपीस* (बाल्ज़ाक) की याद दिलाता है। वह एक सच्चे शब्द की तलाश में है, एक ऐसा शब्द जो उसके सत्य को सम्पूर्णता में अभिव्यक्त कर सके। वह लेखक रूपक और अनुप्रास का शैदाई है, उसकी छटपटाती कल्पना अक्सर बग़ल के

१. *गोरा,* पृ. ३८४-८५.

२. कृष्ण बलदेव वैद, *दूसरा न कोई,* वाग्देवी प्रकाशन, बीकानेर, १९९६

मकान में रहती एक बूढ़ी औरत पर आकर ठहर जाती है जो उसके मानस की ही उपज लगती है।

> पसरे हुए पिशाच-सा यह मकान। इसमें मेरा अकेला मर रहा होना यहाँ के दस्तूर के हिसाब से कोई अजीब बात नहीं। यहाँ इस उम्र के सभी लोग अकेले ही मरते हैं। मिसाल के तौर पर साथ वाले मकान वाली बुढ़िया। बढ़िया बुढ़िया। मुझसे उम्र में बड़ी है और क़द में छोटी...मैं जब कुछ और नहीं कर पा रहा होता तो उन तीन खिड़कियों में से बुढ़िया की रोज़ की ज़िन्दगी या मौत में झाँक रहा होता हूँ...हमने कभी एक-दूसरे को ताकते झाँकते पकड़ा नहीं...वह उम्र में मुझे बहुत बड़ी नज़र आती है। शायद दुगुनी या तिगुनी। या कम-अज़-कम इतनी बड़ी कि यक़ीनन मेरी माँ हो सके और शायद मेरी नानी या दादी। यह बात दूसरी है कि देखने में शायद मैं अगर उसका बाप नहीं तो कम-अज़-कम बड़ा भाई या बूढ़ा पति या प्रेमी ही नज़र आता हूँ...पूछना चाहिए बुढ़िया का ज़िक्र क्यों ज़रूरी है। पूछ रहा हूँ। जवाब मिलता है कि ज़रूरी कुछ भी नहीं। मुझे मालूम था यही जवाब मिलेगा। मुझे अब अपने किसी सवाल या जवाब पर कोई हैरानी नहीं होती। इस उम्र में हैरानियों की हवस हरामियों को ही होती है। बस अब यहीं रुक जाना चाहिए। हर जुमले की जान निकाल लेने की पुरानी लत में अब कोई लुत्फ़ नहीं रहा। वह कभी भी नहीं था।[१]

यह उपन्यास संशय और प्रश्नाकुलता का उत्कर्ष है, जो आधुनिकता के बुनियादी मूल्य माने जाते हैं। वैद प्रश्न को उस जगह ले जाते हैं जहाँ ख़ुद प्रश्न प्रश्नांकित हो जाता है, काग़ज़ पर उतरते ही शब्द संशय के घेरे में आ जाता है। बूढ़ी औरत लेखक-आख्यायक की चेतना पर काबिज एक प्रेत है जिससे वह मुक्त नहीं हो पा रहा। वह अपने अन्तिम क्षण में एकदम अकेला हो जाना चाहता है—दूसरा न कोई, वह लगातार जपता है।

स्त्री वैद के गल्प संसार की एक प्रमुख थीम है। पुरुष किरदार अक्सर इन अनाम और चेहराविहीन स्त्रियों को डीकोड करते नज़र आते हैं। आत्म-कथात्मक प्रतीत होती वैद की किताब *उसके बयान* (१९७४)[२] का एक अध्याय 'उसकी औरतें' वह आईना है जिससे हम इस रचनाकार की स्त्री

---

१. वही, पृ. १०-११

२. कृष्ण बलदेव वैद, *उसके बयान*, राजपाल एण्ड सन्स, नयी दिल्ली, २००२

को देख सकते हैं :

> कुछ औरतों को मुझसे इतना तेज़ प्यार और मेरे काम से इतनी तुन्द अदावत रही है कि हैरान होता हूँ कि उनके साथ मैं कैसे इतनी-इतनी देर के लिए निभा ले गया। यह बात नहीं कि किसी ताज़ा तन्दुरुस्त लड़की को देख उसे अपनी औरत में बदल देने की कभी-कभी काम से उकता जाने पर अपने तमाम बुतों की बाज़ी किसी बेनज़ीर औरत के लिए न लगा देने की ललक अब बिलकुल न उठती हो या यह पश्चात्ताप न होता हो कि अगर मैंने अपनी तमाम औरतों को किसी न किसी तरीक़े से अपने काम में इस्तेमाल कर उनसे किसी न किसी हद तक निजात न हासिल कर ली होती तो इस वक़्त ऐसी तन्हाई और तुर्शी न होती।
>
> कई बार किसी एक ही औरत में दुनिया भर की औरतों को और दुनिया भर की औरतों में एक ही औरत को पा लेने की कोशिश में कट-फट चुका हूँ और इस नतीजे पर पहुँचा हूँ कि ये दोनों कोशिशें भी दूसरी बेशुमार कोशिशों की मानिन्द बेकार हैं।[१]

***

उपर्युक्त तीनों उपन्यासों की एक साझा धुरी है—स्त्री पुरुष के समक्ष एक रहस्यमयी आभा में रोशन होती है, वे उसे अपना अन्य मानते हैं, लेकिन स्त्री के भीतर पुरुष के प्रति रहस्य या अन्य का भाव नहीं है। स्त्री-पुरुष के बीच यह लगभग एकतरफ़ा कारोबार आख्यान को विकट संकट में डाल देता है।

आचार्य आत्मचिन्तन करते हैं, लेकिन उनका मोनोलॉग पूरी तरह आत्म-केन्द्रित है। उनके भीतर इस घटना पर चन्द्री के दृष्टिकोण को जानने की कोई इच्छा नहीं है। वे धर्म और नैतिकता पर प्रश्न करते हैं, लेकिन उनकी सुई ऐन्द्रिक अनुभव पर ही आ अटकती है, और वे मानते हैं कि उनके संकट का समाधान एक बार फिर से चन्द्री के साथ सम्बन्ध बनाने में है। उपन्यास का आरम्भ नारणप्पा के अन्तिम संस्कार से उपजे संकट से होता है, लेकिन जल्द ही स्त्री की छवि आचार्य पर हावी हो जाती है, उपन्यास को एक सरल-सा फ्रायडियन समाधान मिल जाता है।

---

१. वही, पृ. ५७

चन्द्री आचार्य के लिए एक विराट दैहिक अनुभव है जो उनकी 'पाशविक वासना' को बाहर ले आती है। अगर चन्द्री आचार्य की अन्य है, तो उसका अस्तित्व सिर्फ़ देह तक ही सीमित है। आचार्य को नहीं सूझता कि वह इससे कहीं अधिक भी हो सकती है, उनके जीवन को कई आयाम दे सकती है।

इस प्रक्रिया में उपन्यास एक औचित्यहीन और आपत्तिजनक सरलीकरण करता है। उपन्यास की सभी ब्राह्मण स्त्रियाँ 'दुर्गन्धभरी, उबाऊ, अपाहिज़' हैं, जबकि छोटी जाति की स्त्रियाँ सम्मोहिनी नायिकाएँ हैं जिनकी तुलना मेनका इत्यादि से होती है। उपन्यास के ब्राह्मण चन्द्री की कल्पना कर लार टपकाते हैं, अपनी लालची और रसहीन पत्नियों को कोसते हैं। किरदारों का ऐसा ध्रुवीकरण कर उपन्यास क्या प्रस्तावित करना चाहता है? क्या स्त्री की मादकता इतने निश्चित तौर पर जातिगत होती है या विभिन्न जातियों के स्वभाव कहीं अनिश्चित और जटिल हैं? इसके अँग्रेज़ी अनुवादक ए.के. रामानुजन उपन्यास पर लिखते वक़्त किरदारों के 'बेहिसाब ध्रुवीकरण' को तो स्वीकारते हैं लेकिन इससे उपजे कथा पर मण्डराते संकट को नहीं देख पाते।

एक अछूत सम्मोहिनी स्त्री और लार टपकाते ब्राह्मणों को विपरीत धुरियों पर रख यह उपन्यास भले ही कर्मकाण्डों को चुनौती देता दिखायी देता हो, विरोधी युग्मों के प्रयोग से आख्यान में भले थोड़ी नाटकीयता आ जाय, लेकिन कथा समस्याग्रस्त हो जाती है।

चन्द्री निश्चय ही किसी संवेदनात्मक या बौद्धिक हिंसा की शिकार नहीं है। उन्हें बड़ी संवेदनशीलता से बरता गया है। उन्हें अपनी जीवन शैली के लिए कभी दोषी नहीं ठहराया जाता, उल्टे स्वतन्त्र जीवन जीने के लिए ब्राह्मणों की सराहना ही मिलती है। लेकिन इसके बावजूद चन्द्री ही नहीं किसी ब्राह्मण स्त्री के पास भी अपना कोई स्वर नहीं है, स्त्रियाँ पुरुष द्वारा ही परिभाषित होती हैं, स्त्री के लिए सदियों से सींचे जाते रहे पुरुष के आईने से ही दिखायी देती हैं।

रूढ़ियों की भरमार और एक लिबिडिनल लम्हे को आख्यान की धुरी बना देने से उपन्यास ठीक उन जगहों पर चपटा हो जाता है जो इसके सबसे सम्भावनाशील क्षण हो सकते थे।

आलोचकों ने आचार्य को एक आधुनिक नायक माना है। धर्म पर प्रश्न आधुनिकता में उनके प्रवेश का क्षण है, लेकिन आधुनिक चेतना की परख उस अवकाश से भी हो सकती है जो यह अपने अन्य को देती है। चन्द्री का प्रवेश नायक के अन्य बतौर होता है लेकिन जैसे ही उसका एकमात्र कार्य यानी आचार्य के साथ संसर्ग पूरा हो जाता है, वह कथा से ग़ायब हो जाती है, एक उत्प्रेरक बनकर रह जाती है जिसका शायद एकमात्र उद्देश्य आचार्य को आत्मचिन्तन की ओर धकेलना था। क्या आचार्य और उनके रचयिता उपन्यासकार को बोध था कि वे चन्द्री के साथ संवाद सिर्फ़ अपनी कल्पना में ही कर सकते थे, चन्द्री की अनुपस्थिति में जहाँ वे उसे मनचाही छवि दे सकते थे, जो चन्द्री की अन्य सभी सम्भावनाओं को नकार देती थी? क्या उन्हें बोध था कि अगर चन्द्री को उपन्यास के पन्नों में पर्याप्त स्थान मिला तो वह जाति और कामेच्छा के मध्य इस प्रस्तावित खाई पर प्रश्न उठायेगी, इसलिए चन्द्री आचार्य के लिए सिर्फ़ अनुपस्थिति में ही स्त्री हो सकती थी?

शुरुआत में हमने अनुपस्थिति के साहित्य का ज़िक्र किया था, वे किरदार जो किसी आगामी किताब में इस आरोप के साथ लौटते हैं कि रचनाकार ने पिछली मर्तबा उनके साथ न्याय नहीं किया। अगर चन्द्री अपनी पूर्वज उमराव जान की तरह अपना दस्तावेज़ लिखती तो आचार्य और उपन्यासकार को किस तरह चित्रित करती?[१]

स्त्री किरदार का किसी परवर्ती किताब में लौटने का एक हालिया उदाहरण मार्ग्रेट ऐटवुड का द *पेनेलोपियड* (२००५)[२] है। वे बारह सहायिकाएँ जिनकी हत्या यूलिसीज़ के आदेश पर टेलेमचस ने होमर के महाकाव्य द

१. *जुनून-ए-इन्तज़ार* के अलावा किसी किरदार द्वारा आगामी उपन्यास में हिसाब बराबर करने का एक बेहतरीन उदाहरण अल्जीरियन-अरब लेखक कमेल दाऊद का उपन्यास द *मरसाऊ इन्वेस्टिगेशन* (२०१३) है। अल्बेयर काम्यू के द *स्ट्रेंजर* (१९४२) को औपन्यासिक जवाब देती इस रचना में पिछले उपन्यास में मारे गये अरब युवक का भाई हत्या के बाद परिवार पर आये दुःख की कथा सुनाता है, जिस पर फ्रेंच उपन्यास के तमाम आलोचकों और प्रशंसकों का ध्यान ही नहीं गया था। तमाम संस्कृतियों में अनेक कथाएँ पिछली कथा को जवाब देते हुए विकसित हुई हैं।

२. *मार्ग्रेट ऐटवुड, द पेनेलोपियड,* पेंग्विन, २००५

ऑडिसी में यह आरोप लगाकर दी थी कि उन्होंने उन युवकों से सम्बन्ध बनाये थे जो पेनेलोप को हासिल करना चाहते थे, वे ऐटवुड के उपन्यास में अपनी कथा सुनाने आती हैं और यूलिसीज़ पर 'ऑनर किलिंग' का आरोप लगाती हैं। जब यूलिसीज़ पर मुक़दमा चलता है तो उसका वकील यह तो स्वीकारता है कि उन युवकों ने इन सहायिकाओं का दरअसल बलात्कार किया था, लेकिन तर्क देता है कि "उनका बलात्कार बग़ैर अनुमति के हुआ था।" जब मुस्कुराता हुआ न्यायाधीश पूछता है कि "लेकिन यही तो बलात्कार है न, बग़ैर अनुमति के?" तब वकील जवाब देता है कि उनका बलात्कार "अपने स्वामी (यूलिसीज़) की अनुमति के बग़ैर हुआ था।"[१]

पश्चिम के एक महान् ग्रन्थ का नायक बीस बरस देश में नहीं था, लेकिन इसके बावजूद अपनी अनुपस्थिति में भी वह अपनी पत्नी की सहायिकाओं पर सम्पूर्ण स्वामित्व चाहता था।

***

अब हम उस प्रश्न पर लौट सकते हैं जो पूछा था— किरदारों को किसी राजनैतिक विचार के रूपक की तरह चित्रित करने से आख्यान पर क्या प्रभाव पड़ता है? क्या *संस्कार* एक राजनैतिक वक्तव्य बनना चाहता है, एक आकांक्षा जो इसे किरदारों को बतौर रूपक बरतने को प्रेरित करती है? स्त्री का मसला *घरे बैयरे* के लिए महत्त्वपूर्ण था, *संस्कार* के लिए भी है। जैसे ही उपन्यास किसी दायित्व के तहत स्त्री को बरतता है, उपन्यास की चेतना में स्त्री एक किरदार नहीं बल्कि एक मुद्दा, मसला बनकर उभरती है। रचनाकार की चेतना पर क़ाबिज़ होता कोई मुद्दा कई बार रचना में एक ऐसी व्याकुलता पिरो देता है जो आख्यान की सतह पर एक दुखता हुआ छाला छोड़ जाती है।

शायद यही व्याकुल चेतना थी जिसने *संस्कार* के लेखक को लिंग और जाति के ध्रुव रचने को प्रेरित किया, जिसकी वजह से स्त्री का एकायामी चित्रण सम्भव हुआ था। किरदारों के अन्तर को व्यक्त करने के लिए ध्रुवीकरण राजनेता के लिए उपयोगी तकनीक हो सकती है लेकिन किसी साहित्यिक कृति के लिए नहीं क्योंकि यह किरदारों के जीवन को सींचती

---

१. वही, पृ. १४६

हुई उन विडम्बनाओं और व्यसनों को अनदेखा कर देती है जिनसे कोई किरदार बड़े फलक पर पहुँचता है, और इस तरह यह तकनीक आख्यान में वे विषाणु पिछले दरवाज़े से चुपचाप धकेल देती है जिन्हें शायद रचनाकार ख़ुद ही हटाना चाह रहा था। एक कृति अपने रचनाकार के साथ अनोखे खेल खेलती है, अद्भुत द्वन्द्व रचती है। उपन्यासकार रूढ़ियों का प्रतिकार करना चाहता था लेकिन उपन्यास के भीतर चल रही लीला ने रचनाकार को मात दे दी।

***

इसके बरक्स वैद और निर्मल के गल्प में स्त्री कोई ऐसी सामाजिक प्राणी नहीं है जिसे मुक्त कराना है या सशक्त करना है। इसका यह अर्थ नहीं कि उनके स्त्री किरदार की आवाज़ दबी हुई है, बल्कि उनके गल्प की चेतना स्त्री को स्वर देने की राजनैतिक आकांक्षा से मुक्त है। अगर यह उस राह का सूचक है जो भारतीय उपन्यास ने तय की है, तो यह ख़ुद भारत पर भी एक महत्त्वपूर्ण वक्तव्य है। दोनों कथाकारों का जन्म स्वतन्त्रता से दो दशक पहले हुआ, आज़ादी की लड़ाई के दौरान उन्होंने लिखना शुरू किया, एक ऐसा काल जब स्त्री का मसला राजनैतिक–सांस्कृतिक परिदृश्य में प्रमुख जगह लिए था, जो उपन्यासकार को भी प्रेरित करता था। जिन स्त्री किरदारों को वैद और वर्मा लिखने वाले थे उन्हें अपने समकालीन ही नहीं अपने पूर्वजों की रचना में भी खोज पाना मुश्किल रहा होगा। इन दोनों के जन्म के दौरान स्त्री लेखन ने भारत में आकार लेना शुरू कर दिया था, गाँधी के नेतृत्व में चल रहे आन्दोलन में स्त्री की प्रमुख भूमिका थी। जिस भाषा में ये दोनों लिख रहे थे उसके तत्कालीन कई प्रमुख रचनाकारों के उपन्यासों में स्त्री एक प्रमुख सामाजिक मुद्दा बनी हुई थी। इस परिदृश्य में वे उन चन्द लेखकों में थे जिनके स्त्री किरदार, और पुरुष किरदार भी, किसी सामाजिक या पारिवारिक मसले से नहीं जूझ रहे थे, बल्कि आन्तरिक संघर्ष को दर्ज कर रहे थे। उनके उपन्यास की स्त्री जिस प्रश्न को पुरुष किरदार के समक्ष खड़ा करती थी वह अन्य लेखकों की रचनाओं से बुनियादी तौर पर भिन्न था। उनके प्रश्न राजनैतिक नहीं, वे मूलभूत प्रश्न हैं जिन्हें एक पुरुष स्त्री से, स्त्री पुरुष से मानव सम्बन्धों के सबसे नाज़ुक और अन्तरंग क्षण में पूछती है, प्रश्न जो तात्कालिकता से परे निकल जाते हैं। रायना का प्रश्न—क्या तुम उस पर

विश्वास करते हो, वह जो है लेकिन हमारे लिए नहीं है—न जाने कितनी संस्कृतियों में अपनी गूँज सुन सकता है। *दूसरा न कोई* के बूढ़े का स्त्री के प्रति जुनून शताब्दियों को पार कर जाता है।

संस्कार के आचार्य के भीतर स्त्री के प्रति अन्य का भाव उसकी अन्तर्निहित ऐन्द्रिकता में केन्द्रित है, जिससे वह अचम्भित और चमत्कृत है। *दूसरा न कोई* के बूढ़े के उन्माद की क्या वजह है? अगर बूढ़ी स्त्री उसका अन्य है तो इसका स्वरूप क्या है? उपन्यास स्पष्ट करता चलता है कि स्त्री बूढ़े लेखक का ही विस्तार है, और नायक उससे अनभिज्ञ नहीं है। वह उसे तब तक ही अन्य मानता है जब तक वह अपने स्व का अतिक्रमण कर उसे अपने में समाहित नहीं कर लेता। पूरे उपन्यास के दौरान उसका एकमात्र लक्ष्य है एक ऐसी अवस्था में पहुँचना जहाँ 'दूसरा न कोई' हो, जहाँ अन्य का एहसास उसकी और उसके रचना-कर्म की चेतना में मिट जाता हो। उसके लिए अन्य 'नर्क' नहीं है (हेल इज़ अदर)।

वैद के उपन्यासों की आलोचना करते हुए जयदेव मानते हैं कि वैद 'भारतीय संस्कृति' के प्रति 'बैर भाव' रखते हैं, उनका गल्प 'भारत की प्रत्येक सामाजिक रीति पर तीख़ा प्रहार है'।[१] जयदेव वैद और निर्मल दोनों की तीख़ी आलोचना यह कह करते हैं कि उनका रचना-कर्म अनेक पश्चिमी लेखकों की नक़ल है। वैद का कर्म "पेस्टीच हासिल करने के फेर में हुआ कलात्मक ऊर्जा के ज़बरदस्त अपव्यय का उदाहरण है।"[२]

हालाँकि 'भारतीय संस्कृति' के स्वरूप को इतने सरलीकृत ढंग से नहीं परिभाषित कर सकते जैसा जयदेव प्रस्तावित करते हैं, लेकिन अगर भारतीय दर्शन के किसी सिद्धान्त को किसी उपन्यास में देखना ही हो तो *दूसरा न कोई* एक बेहतरीन उदाहरण है। बूढ़े लेखक की स्व-केन्द्रित क्रियायें अस्तित्व की आप्तकाम अवस्था की तलाश का संकेत करती हैं, एक ऐसी अवस्था जहाँ बाह्य आन्तरिक में समाहित हो जाता है। वह स्त्री को तमाम रंगों में लिखता ज़रूर है, लेकिन वह संसर्ग की निस्सारता से अपरिचित नहीं है, उसकी चेतना एक अद्वैत अनुभव (दूसरा न कोई) की तलाश में है,

---

१. *जयदेव, द कल्चर आव पेस्टीच,* भारतीय उच्च अध्ययन संस्थान, शिमला, १९९३, पृ. १३२

२. वही, पृ. १२९

जहाँ सभी अन्य मिट जाते हैं। आख़िरी अध्याय में जब आख्यायक-नायक दुनिया छोड़ रहा है और उसके पास सिवाय अपने कुछ प्रिय शब्दों के कुछ भी नहीं है, उस क्षण उसकी समूची तलाश एक साधक-लेखक की आध्यात्मिक साधना का रूप ले लेती है।

भर्तृहरि ने *वाक्यपदीय* में शब्द ब्रह्म प्रस्तावित किया था। उनसे पहले याज्ञवल्क्य *बृहदारण्यक उपनिषद्* में कह चुके थे कि अक्षर, जिसका क्षय न हो, ही अन्तिम सत्ता है। *दूसरा न कोई* अद्वैत सत्ता तक शब्द के ज़रिये पहुँच जाना चाहता है। अगर जयदेव इसी भारतीयता को उपन्यासों में खोज रहे हैं, तो यह निस्सन्देह एक भारतीय उपन्यास कहा जा सकता है।

***

एक बार फिर उस प्रश्न पर लौटते हैं जो हमने शुरू में पूछा था। अनुपस्थित स्त्री। इन तीनों में से कोई भी उपन्यास स्त्री का तिरस्कार करना नहीं चाहता, गद्य उन्हें बड़ी नज़ाकत से थामता है, लेकिन इसके बावजूद तीनों उपन्यास पुरुष किरदार पर समाप्त होते हैं। किसी उपन्यास की राजनैतिक आकांक्षाएँ हैं, कोई आध्यात्मिक तलाश द्वारा संचालित होता है, कोई काल की सीमाओं से दूर चले जाना चाहता है, लेकिन इन तीनों में ही पुरुष का स्वर ही प्रधान रहता है। एक प्रश्न अक्सर पूछा जाता है—परिन्दे मरने के लिए आख़िर किस जगह जाते हैं? एक दूसरा प्रश्न हो सकता है—साहित्य की अनुपस्थिति में स्त्रियाँ कौन सा ठौर खोजती हैं?

एक उत्तर हो सकता है कि वे अपने एकान्त में सिमट जाती हैं, उन्हें पुरुष से किसी सहारे की आकांक्षा नहीं, उम्मीद भी नहीं। अगर उन स्त्रियों की संवेदात्मक और मनोवैज्ञानिक स्थिति की कल्पना की जाय जिन्हें उनके आख्यायकों ने अधूरा और अलिखित छोड़ दिया, जिनकी कथा अविकसित-अबोली रही आयी, जिनके प्रश्न अनकहे, इसलिए अनुत्तरित रहे आये, एक प्रमुख छवि एकान्त की उमड़ेगी। जिस स्त्री ने उपन्यास पढ़ने के लिए एकान्त को चुनकर उन्नीसवीं सदी के अन्त में भारतीय समाज को विचलित कर दिया था, उसे यह भाव जीवन में अन्यत्र भी चुनना ही था। उपन्यास में एकान्त शायद स्त्री का अगला पड़ाव होना ही था।

स्त्री का एकान्त : अपूर्णता का विधान*

पिछली सदी की शुरुआत में एक उपन्यासकार ने एक ऐसी लड़की के बारे में लिखा था जो ग्यारह की उम्र में ही "अपना दिमाग़ उपन्यास पढ़-पढ़ कर ख़राब कर चुकी थी।"[१] सात दशक बाद एक दूसरे उपन्यासकार ने इसी उम्र की लड़की काया को अपना किरदार बनाया जो उपन्यास तो नहीं पढ़ती थी, लेकिन अगर अनुपमा ने उपन्यास पाठ का एकाकी कर्म चुन अपनी सृष्टि को रचा था, काया ने एकान्त को अपने अस्तित्व का अभिन्न अंग बनाया। अनुपमा ने मान लिया था कि उपन्यास पढ़ उसने "मानव प्रेम, आकांक्षा और सौन्दर्य के बारे में सब कुछ जान लिया है," काया मानना चाहती है कि बग़ैर किसी सहारे के वह सम्पूर्ण हो सकती है।

लाल टीन की छत (१९७४) की काया अपनी बीमार गर्भवती माँ और छोटे भाई के साथ शिमले के पहाड़ पर रहती है। पिता अक्सर दौरे पर रहते हैं। यह स्पष्ट नहीं है कि माँ के पेट में किसका बच्चा है, माँ के बारे में दबी-छुपी बातें उड़ती रहती हैं। काया पूरा दिन चीड़ और ख़ुबानी के पेड़ों के बीच घूमती है, किसी अज्ञात अतीत के प्रेत उसके ऊपर मण्डराते हैं, वह रेल की सीटी सुनती है जो कालका जाती है जिसके परे मिथकीय मैदान शुरू होते हैं। पहाड़ की परछाइयाँ उसके भीतर इतनी विविध अनुभूतियों को जन्म देती हैं जिन्हें वह समझ तक नहीं पाती, किसी से कहने की बात तो दूर। यह भारतीय साहित्य का एक विरला क्षण है जब हम किसी बच्ची की

---

* इस अध्याय के शीर्षक के लिए लेखक बालचन्द्र राजन की किताब *द फ़ॉर्म आव द अनफ़िनिश्ड : इंग्लिश पोएटिक्स फ्राम स्पेन्सर टू पाउण्ड* का आभारी है।

१. शरत्चन्द्र चट्टोपाध्याय, *सम्पूर्ण कहानियाँ : खण्ड एक,* जनवाणी प्रकाशन, दिल्ली, १९९८, पृ. ९६

खनकती ख़ामोशियों को सुनते हैं। उसके अन्तर्लाप, निरी साधारण चीज़ों पर कौतूहल और भय में सना उसका अचम्भा।

***

एकान्त व्यक्तिवाद या अकेलापन नहीं है, निर्वासन या निष्कासन तो क़तई नहीं। यह अस्तित्व की एक सघन और निविड़ अवस्था है जहाँ मनुष्य किसी आन्तरिक तलाश, अन्वेषण या साधना के लिए स्वेच्छा से एकान्त चुनता है—तलाश और साधना का यह भाव एकान्त को ऐसी अन्य स्थितियों से अलग ले जाता है जहाँ मनुष्य अकेला या तन्हा दिखायी देता है। यह कोई शाश्वत अवस्था भी नहीं है, इसके अनेक रंग हैं—एक सन्त का एकान्त, कलाकार या खिलाड़ी का एकान्त।

पिछली सदियों में एकान्त समाज से सम्पर्क काट लेने के बाद हासिल किया जाता था, साधक वन में चले जाते थे। तकनीक की नींव पर टिका आधुनिक समाज इस तरह के अवकाश आसानी से नहीं देता। अपने स्व का एक बड़ा भाग अपने भीतर सहेज, वह भाग जो किसी अन्य को दिया नहीं जाता, एकान्त के आधुनिक गीतकार ने दूसरों की उपस्थिति में भी अपने साथ रहना सम्भव किया है। ज़ाहिर है यह 'भीड़ में अकेला' वाली एक अन्य आधुनिक स्थिति से एकदम अलग है।

यह कोई स्थायी भाव भी नहीं है जिसे जीवन के प्रत्येक पहर में हासिल किया जा सके। स्वेच्छा से एकान्त चुनता इनसान अक्सर इसके धोखादेय तीख़े किनारों पर फिसल जाता है। कई बार असहनीय अकेलेपन के क्षण भी आते हैं—भीषण अवसाद, क्रूर विचलन और कभी तो मनुष्य अचानक से ढह भी जाता है।

एकाकी मनुष्य किसी साथी के लिए तड़पाती चाह में नहीं रहेगा, अकेलेपन को लेकर शिकायत या शोक नहीं करेगा, लेकिन वह अपने स्व के साथ एक सतत द्वन्द्व में ज़रूर रह सकता है, बदलते भावों को साधने का संघर्ष करते हुए। यह संघर्ष मानवीय जिजीविषा का एक सम्मोहक अध्ययन है।

मीरा या अक्क महादेवी जैसे गिने-चुने उदाहरणों के सिवाय एकान्त पर मानव इतिहास में अमूमन पुरुष का ही विशेषाधिकार रहा है जो अक्सर स्त्री की क़ीमत पर ही हासिल हुआ है। बुद्ध ने आन्तरिक साधना के लिए

एकान्त चुना था, यशोधरा बाध्य थीं उस अनुपस्थिति को स्वीकार करने के लिए जो पुरुष के निर्णयस्वरूप उन पर आ ठहरी थी। घर के भीतर रहती अकेली स्त्री पुरुष द्वारा छोड़ दिये गये पारिवारिक दायित्व निभाती थी।

आधुनिक जीवन ने शायद पहली बार स्त्री को वह जगह दी जहाँ वह अपने एकान्त, अपने कमरे को चुन सकती थी। लेकिन यह कमरा आसानी से उपलब्ध नहीं था, घर और उपन्यास में भी नहीं। इस विधा के जन्म से ही यूरोप के उपन्यास किसी आन्तरिक या बाह्य यात्रा में निकले पुरुष को रॉबिंसन क्रूसो और डॉन कीहोते जैसे नायकों में चित्रित करते रहे हैं, एक लम्बी परम्परा जो जल्दी ही *नोट्स फ्रोम द अण्डरग्राउण्ड* तक पहुँच जाती है। लेकिन एकाकी स्त्रियाँ बहुत देर से और बहुत कम आती हैं। मदाम बोवारी और अन्ना करेनिना एकाकी नहीं अपने अकेलेपन से जूझती स्त्रियाँ थीं जो अपने उपन्यासों की तमाम कलात्मक शक्ति के बावजूद आख़िर में प्रेम ही खोज रही थीं, इसके अलावा उनकी आकांक्षा और कहीं नहीं पहुँचती थी। प्रेम निश्चय ही एक बड़ी साधना है, अपनी पूर्णता के लिए एकान्त माँगती है (रोलां बार्थ ने *अ लवर्स डिस्कोर्स* में कहा भी है—प्रेम का संवाद सघन एकान्त में घटित होता है), लेकिन यह प्रत्यय स्त्री के सन्दर्भ में इतना लहूलुहान हो चुका है कि सतर्कता स्वाभाविक है।

जैसाकि केलसे मैकिनी दर्ज करती हैं :

> पुरस्कृत और सिंहासन पर बिठायी गयीं स्त्री-केन्द्रित किताबें उन स्त्रियों के बारे में थीं जैसा मैं होना नहीं चाहती थी। जेन आयर रोचेस्टर के प्यार में अन्धी थी, जैसा *प्राइड एण्ड प्रेजुडिस* की बेनेट बहनें हैं। *द स्कारलेट लेटर* की हेस्टर प्रायिन अत्यधिक मातृत्व में डूबी है, और कोई भी अन्ना करेनिना की तरह बड़ा नहीं होना चाहता। ये स्त्रियाँ शादी करना और बच्चे पैदा करना चाहती थीं। वे तीन सौ पन्नों में एक ऐसे आदमी के लिए रिरियाती थीं जो उनके साथ रहना नहीं चाहता। ऐसा लगता था वे अपनी ही कथा में सहनायिका होना चाहती थीं...इन स्त्री किरदारों की कथा असफल प्रेम की कथा थी, एकान्त में स्व की तलाश की कोई कथा न थी... साहित्य की लड़कियाँ ख़ुद को हासिल करने के लिए लम्बी यात्राओं पर नहीं निकलतीं, वे पुरुष को पाने के लिए यात्रा करती हैं...मॉडर्न लाइब्रेरी द्वारा संकलित किये गये (दुनिया के) १०० महानतम उपन्यासों में सिर्फ़ नौ में ही स्त्री प्रमुख किरदार है, और इसमें से सिर्फ़

> एक किताब—मुरियल स्पार्क की *द प्राइम ऑफ़ मिस जियां ब्रोदी*—में ही स्त्री पति को पाने या बच्चे पालने के अलावा कोई और आकांक्षा रखती है। इस तरह महानतम उपन्यासों में से सिर्फ़ एक प्रतिशत उन स्त्रियों के बारे में है जो प्यार करने के अलावा भी कुछ करती हैं।[१]

भारतीय उपन्यास के केन्द्र में आरम्भ से ही स्त्रियाँ रही हैं, काफ़ी स्वतन्त्र भी हैं, लेकिन एकान्त शायद ही उनके अस्तित्व की ज़रूरत रही है। उमराव जान एक अपवाद हैं जो वेश्यालय के जीवन और कई प्रेम सम्बन्धों के बावजूद अपने अस्तित्व का बड़ा भाग अनछुआ रखे रहती हैं। उनका एकान्त भले ही विविध रंगों में उद्‌घाटित नहीं होता, लेकिन उनके भीतर एकाकी नायिका के चिह्न दिखते हैं। स्त्री किरदार विद्रोही और निर्भीक होते गये, लेकिन उनका विद्रोह अक्सर यौन मसलों पर ही एकाग्र रहा। स्त्री के लिए प्रेम और यौनिक स्वतन्त्रता का निश्चित ही महत्त्व है, स्त्री के द्वारा उपन्यास में हासिल की जाने वाली यह पहली आज़ादी रही है, लेकिन तुलना करें उन तमाम पुरुष किरदारों से जिनकी तड़प उन्हें स्त्री-प्रेम के अलावा भी कई दिशाओं में ले जाती थी। दिलचस्प है कि यह प्रवृत्ति सिर्फ़ पुरुष ही नहीं स्त्री उपन्यासकार के लेखन में भी दिखती है। *शेखर : एक जीवनी* और *मित्रो मरजानी* अपने शीर्ष किरदारों के विद्रोह की वजह से जाने जाते हैं। शेखर प्रेम में है लेकिन उसकी तलाश उसे कई राहों पर ले जाती है, वह एक बेचैन और बौद्धिक पीढ़ी का प्रतिनिधि है (शेखर के किरदार की अन्तर्निहित समस्याओं को इस लेखक ने इसी किताब में अन्यत्र रेखांकित किया है), जबकि रचे जाने के पचास साल बाद भी मित्रो अमूमन 'अपनी यौनिकता की स्वच्छन्द अभिव्यक्ति' के लिए याद की जाती है। कमला दास की आत्मकथा *माई स्टोरी* का एक ऐसी स्त्री की कहानी बतौर ज़िक्र होता है जो अपनी सेक्सुएलटी के अनेक आयाम खोज और हासिल कर रही है।

क्या इसकी वजह यह है कि उपन्यास के पन्नों और शायद उसके बाहर भी स्त्री के लिए पहली स्वतन्त्रता उसकी देह ही होनी थी, एक ऐसी स्वतन्त्रता जो अनेक लेखकों के अनुसार आज भी पूरी तरह उपलब्ध नहीं हो पायी

---

१. https://www.theatlantic.com/sexes/archive/2013/07/its-frustratingly-rare-to-find-a-novel-about-women-thats-not-about-love/277621/

है? या किसी एकाकी स्त्री को किसी विराट यात्रा पर जाते देखना रचनाकार को अभी भी असहज बना देता है? चूँकि यात्रा, भले वह आन्तरिक हो या बाह्य, उल्लंघन की सम्भावना बनाती है, यात्री को समाज और परिवार के प्रभाव या चंगुल से दूर ले जाती है, क्या ऐसी यात्रा का स्पेस उपन्यास की स्त्री के पास आज भी सीमित है?

***

इस दृष्टि से *लाल टीन की छत* एक विरला उपन्यास है। एक बारह साल की लड़की शायद पहली बार किसी उपन्यास में एकान्त को चुनती और निभाती है।

> शाम के सन्नाटे में जब वह हिलते दरवाज़ों की खटखटाहट सुनती, तो अचानक यह भ्रम होता कि वह मकान बिलकुल ख़ाली है, उजाड़ और ख़ाली—शहर के और मकानों की तरह, जिनके मालिक सर्दियों में बाहर चले जाते थे। उसे भयानक-सा ख़याल आता कि अगर वह रात-भर अपने घर के सामने अँधेरे में खड़ी रहे, तो भी किसी को उसका अभाव नहीं अखरेगा। वह मकान उसके प्रति इतना ही उदासीन रहेगा, जितना चारों तरफ़ खड़े पहाड़, जो सब कुछ देखते हैं, लेकिन अपनी जगह से एक इंच भी डावाँडोल नहीं होते। उन दिनों काया ने पहली बार अपने अकेलेपन को देखा था—साफ़-साफ़ अँधेरे में।[१]

उसे डर नहीं लगा था। सिर्फ़ एक अजीब-सा कौतूहल था, जैसे अकेलापन कोई बीमारी है, जो भीतर पनपती है, और बाहर से जिसे कोई देख नहीं सकता—न छोटे, न माँ, न मिस जोसुआ—और उसे लगता जैसे माँ बड़ी हो रही हैं, वैसे वह भी, हालाँकि माँ को सब देख सकते थे, उसे कोई नहीं।

काया को माँ के दुलार या किसी भावात्मक सहारे की चाह नहीं, पहाड़ पर अकेले पड़ जाने पर कोई शिकायत नहीं। वह एकान्त की रंगतों को पूरी तरह समझ नहीं पाती, लेकिन उसने इसे सम्पूर्णता में स्वीकार कर लिया है, इससे बचकर नहीं भागती। वह सिर्फ़ अचम्भित है कि सृष्टि उससे इस क़दर बेख़बर है कि उसके गुम हो जाने का साक्षी कोई न होगा। उपरोक्त दृश्य के थोड़ी देर बाद वह माँ के पास जाती है और माँ उसे देख चौंक जाती है।

---

१. *लाल टीन की छत*, पृ. ५२-५३

> माँ उसकी ओर देखती रहीं, यह उनकी लड़की है, एक क्षण के लिए विश्वास न हो सका...जैसे वह कोई बाहर की लड़की है, इस घर में शरणार्थी की तरह रहती है—और वह उसकी कोई मदद नहीं कर सकतीं।
>
> कुछ लोग हमेशा मदद के परे होते हैं—काया शायद ऐसी ही थी।

एक माँ अपनी बारह साल की बेटी में एक अजनबी को देखती है, किसी मदद से परे। यह लड़की किस राह पर चल रही है? एक और वाक़या जब काया के पिता उसे हॉस्टल भेजने के बारे में बतलाते हैं, और फिर हिचकते हुए कहते हैं कि उसके चाचा का घर हॉस्टल के नज़दीक है—"तुम कभी भी उनके घर जा सकती हो।" इस पर काया की प्रतिक्रिया देखिये :

> क्या इसलिए उन्होंने मुझे बुलाया था, तसल्ली के दो टुकड़े मेरे आगे फेंके थे और मैं उन्हें उठा लूँगी? मैं समझ गयी। मैं चुप बैठी रही। कहीं भी जा सकती थी। उनके घर, अपने घर...मुझे कोई जल्दी नहीं थी, कोई डर नहीं था, कोई उम्मीद नहीं थी...उस साल की सर्दियों में मैंने ये तीनों चीज़ें खो दी थीं, और यह बात मैं उनसे कहना चाहती थी।[१]

एक लड़की डर, उम्मीद और किसी तसल्ली के बग़ैर एकान्त को अदम्य निष्ठा से जी रही है। निर्मल के एकाकी किरदारों को समझने के लिए निष्ठा महत्त्वपूर्ण कुँजी है। निर्मल के किरदार एकान्त को जतन और गरिमा से ओढ़ते हैं। उनकी कथाओं में टेबल लैम्प, नोटबुक और रेकॉर्ड प्लेयर सरीखी निर्जीव वस्तुएँ भी एकाकी दिखायी देती हैं। अवसाद का बादल उन पर उतर आता है, वे अपने भीतर स्पन्दित होती अनुपस्थिति को सुनते हैं, लेकिन उनकी वाणी तीख़ी नहीं होती। चूँकि वे इस अवस्था को अक्सर थाम नहीं पाते, यह उन्हें और उनके परिवेश को एक रहस्य भरी आभा में पिरो देता है।

***

मानो काया का जीवन शिमला के पहाड़ पर पूरा नहीं होता, वह और उसका छोटा भाई कुछ साल बाद *एक चिथड़ा सुख* की बिट्टी और मुन्नू में तब्दील हो जाते हैं। तेरह के आसपास काया अपना घर छोड़ हॉस्टल चली जाती है,

---

१. वही, पृ. १८७

बिट्टी क़रीब बीस की उम्र में इलाहाबाद का घर छोड़ देती है, लेकिन क्या घर छोड़ देने से तलाश मिट जाती है?

> बिट्टी की आँखें ख़ाली हवा पर ठिठक गयीं, फिर बहुत हल्के स्वर में बोली, "हिन्दुस्तान में कोई कुछ नहीं छोड़ता; मैंने कुछ नहीं छोड़ा...पहले मैं बाबू के घर में रहती थी, अब यहाँ बरसाती में...मैंने जब इलाहाबाद छोड़ा था तो सोचा था कि अब मैं छोटी-छोटी चीज़ों के घेरे से बाहर आ जाऊँगी..." वह धीरे से हँस पड़ी, "अब मैं बड़ी चीज़ों के बीच में हूँ...लेकिन मैं उतनी ही छोटी हूँ, जितनी पहले...मेरे भीतर कुछ नहीं बदला है!"[१]

> कुछ लोग अपने अकेलेपन में काफ़ी सम्पूर्ण दिखायी देते हैं—उन्हें किसी चीज़ की ज़रूरत महसूस नहीं होती। किन्तु बिट्टी में कोई ऐसा मुकम्मलपन नहीं दिखायी देता था—वह जैसे कहीं बीच रास्ते में 'ठिठकी-सी' दिखायी देती थी, जबकि दूसरे लोग आगे बढ़ गये हों।[२]

बिट्टी को लगता था थियेटर उसका अधूरापन भर देगा, लेकिन दिल्ली आ वह ख़ुद को कहीं बिखरा पाती है। इसी अधूरेपन को इरा भी जीती है। लेकिन इन किरदारों के स्वभाव में कुछ ऐसा है जो इन्हें कई अन्य स्त्री किरदारों से अलग कर देता है। इरा और बिट्टी प्रेम में हैं, लेकिन इस अनुभव ने उनकी एकान्त की आकांक्षा को कम नहीं किया है। बिट्टी और डैरी नियमित मिलते हैं लेकिन बिट्टी ने उस स्पेस को बचाये रखा है जहाँ डैरी की जगह नहीं है, डैरी वहाँ प्रवेश भी नहीं चाहते। प्रेम के क्षणों में भी बिट्टी को अपने भीतर के अलंघ्य कोटर-किनारों को सहेजने का बोध बना रहता है। इस उपन्यास के स्त्री किरदारों में एकान्त की तड़प और ख़ुद को पा लेने की आकांक्षा पुरुष की अपेक्षा कहीं अधिक है। जिस आकांक्षा की जगह उपन्यास की पिछली पीढ़ी की स्त्री के पास लगभग नहीं थी वह निर्मल की कथा में मुकम्मल होती है। जयदेव ने निर्मल की कथाओं को विदेशी कहा है लेकिन अगर आत्म-बोध भारतीय संस्कृति के बुनियादी मूल्यों में है, क्या इरा और बिट्टी तमाम जोख़िम उठाकर उस दिशा में चलती नहीं दिखायी देतीं?

***

१. वही, पृ. ९३
२. *एक चिथड़ा सुख*, पृ. २८

निर्मल के गल्प संसार की स्त्री को अरुंधति रॉय के *द गॉड अव स्मॉल थिंग्स* की अम्मू के बरक्स देख सकते हैं।[१] केरल में रहती एक तलाक़शुदा सीरियन ईसाई माँ जो एक अछूत के साथ सम्बन्ध बनाती है।

> जब कभी अम्मू रेडियो पर अपने पसन्दीदा गाने सुनती थी, उसके भीतर कुछ फिसलने लगता था। एक तरल दर्द उसकी त्वचा पर बह आता, और वह किसी जादूगरनी की तरह इस दुनिया से बाहर निकल किसी बेहतर और सुखी जगह चली जाती। ऐसे दिनों में उसके भीतर एक छटपटाहट, एक बनैलापन समा जाता, मानो उसने मातृत्व और तलाक़ की नैतिकता को कुछ समय के लिए परे कर दिया हो...वह बालों में गजरा लगाती, उसकी आँखों में जादुई रहस्य चमकने लगते। वह किसी से बात नहीं करती, अपने रेडियो के साथ नदी किनारे घण्टों बैठी रहती। वह सिगरेट पीती और आधी रात को नदी में तैरती...जिन दिनों रेडियो अम्मू के गाने बजाता था हर कोई उसे देख सशंकित हो जाता। उन्हें मालूम चल जाता था कि वह दो दुनिया के बीच ठहरे छायालोक में जी रही है, उनके अधिकार क्षेत्र से परे। कि जिस औरत को वे पहले ही तिरस्कृत कर चुके हैं, उसके पास अब खोने के लिए कुछ नहीं था, और इसलिए वह घातक हो सकती थी।[२]

अम्मू अपने एकान्त में जीती नज़र आती है, लेकिन क्या वाक़ई ऐसा है? उसके जीवन को दो सम्भावनाओं के ज़रिये देख सकते हैं। अम्मू ने अपने तलाक़ को स्वीकार कर लिया है लेकिन वह कहीं और भाग जाना चाहती है। अम्मू का अपने परिवार और सामाजिक नियमों के ख़िलाफ़ विद्रोह उपन्यास की बुनियाद है। लेकिन सतह को थोड़ा खुरचिये, उसका विद्रोह अपने भाई चाको और उसकी विदेश से लौटी पत्नी मार्ग्रेट कोचम्मा के बीच सहसा उमड़े प्रेम के ख़िलाफ़ नज़र आता है। उपन्यास का अन्त इस भाव पर होता है जो अम्मू के भीतर वेलुथा के साथ पहली बार सम्बन्ध बनाने के बाद उमड़ता है—*हाँ, मार्ग्रेट, अम्मू ने ख़ुद से कहा। हम भी ऐसा करते हैं!*

---

१. अरुंधति रॉय, *द गॉड ऑफ स्माल थिंग्स,* इण्डियाइंक, नयी दिल्ली, १९९७

२. वही, पृ. ४४

उपन्यास का यह अन्त अम्मू के विद्रोह को समझने की कुँजी है। अन्तरंगता के इस दुर्लभ क्षण, जो अम्मू को न मालूम कितने सालों बाद हासिल हुआ है, उसे अपने भाई की पत्नी एक ईर्ष्यालु विजय के साथ क्यों याद आ रही है? क्या अम्मू का विद्रोह ईर्ष्या से जन्मा है? क्या यह वाक़ई 'प्रेम के नियम' तोड़ने की आकांक्षा थी—''नियम जो तय करते थे किसे प्रेम किया जायेगा, कितना और किस तरह से''—जिसका यह उपन्यास बार-बार दावा करता है? अपने बच्चों की उपेक्षा देखती एक माँ घर में आयी दूसरी स्त्री और उसकी बच्ची पर उड़ेले जा रहे प्यार से झुलस जाती है। किसी कीड़े की तरह उसे कुरेदता यह घाव एक अछूत से सम्बन्ध बनाने के निर्णय में तब्दील होता है। एक पुरुष जो उसके पड़ोस में अर्से से रहता आया था लेकिन जिसके साथ उसका कभी कोई संवाद नहीं था। उन दोनों के बीच कोई जुड़ाव या लगाव नहीं था जिसका अवसर आने पर विस्फोट हुआ हो। क्या यहाँ 'प्रेम के नियम' नहीं थे जिन्हें चुनौती देनी थी, बल्कि सिर्फ़ प्रेम का आघात था जिसका बदला एक ऐसी स्त्री लेना चाह रही थी जिसे ''पहले ही तिरस्कृत किया जा चुका था, उसके पास अब खोने के लिए कुछ नहीं था, और इसलिए वह घातक हो सकती थी?''

क्या अम्मू का विद्रोह निहायत ही रूढ़िगत कर्म है जहाँ एक घायल स्त्री आवेश में आ सामाजिक पायदान में अपने से कहीं निचले पुरुष के साथ सम्बन्ध बनाती है?

उपन्यास अम्मू को इसके अलावा कोई और विकल्प नहीं देता। क्या ऐसा भी विद्रोह हो सकता था जो इस हिंसक और तात्कालिक चोट से कम अम्मू की सघन आकांक्षा से अधिक संचालित होता था? वह बेचैन है, लेकिन आन्तरिक साधना या तलाश उसका लक्ष्य नहीं है। अम्मू का किरदार उस निरीहता को चिह्नित करने में मदद करता है जो एकान्त से उपजी प्रतीत तो होती है, लेकिन उसका स्रोत शायद कहीं और भी है।

लेकिन इस उपन्यास को दूसरी तरह से भी पढ़ा जा सकता है। अगर अम्मू के विद्रोह के बीज ईर्ष्या में हैं तो उसका वेलुथा के साथ सम्बन्ध प्रश्नांकित हो जाता है। वेलुथा अम्मू के लिए महज़ एक औज़ार बन जाता है जिसके

ज़रिये वह अपनी बग़ावत को अंज़ाम देती है। उपन्यास दोनों के सम्बन्ध को इतनी नज़ाकत और ख़ूबसूरती के साथ चित्रित करता है कि यह एक ईर्ष्यालु स्त्री की सम्भावना से आसानी से मेल नहीं खाता। भले ही अम्मू का विद्रोह परिवार और समाज, और शायद उसके भूतपूर्व पति के भी ख़िलाफ़ था लेकिन यह सार्वजनिक कर्म नहीं था, सार्वजनिक करने की आकांक्षा लिए नहीं था। यह एक अत्यन्त निजी कर्म था, जो उसके द्वारा निर्मित स्पेस में घटित हुआ था, और इसने उसे सम्पूर्ण किया था। इस पर ईर्ष्या की बूँदें भले गिरी हों, लेकिन इसने अम्मू को ऐसे सुख में डुबो दिया था जो उसने शायद कभी अनुभूत न किया था। शायद यही उसकी तलाश थी—बेलौस सुकून के कुछ लम्हे जहाँ वह ख़ुद को मुक्त आकाश में पाती थी, अपने खोये स्व को हासिल करती थी।

इसे थोड़ा और जटिल बनाते हैं, दूसरी सम्भावना को *एक चिथड़ा सुख* के बरक्स रखते हैं। इरा का प्रेम भी कथित सामाजिक नियमों के विरुद्ध है। वह अपनी आकांक्षा की असम्भाव्यता से वाक़िफ़ है, लेकिन उसकी प्रतिक्रिया आन्तरिक है। अम्मू मार्ग्रेट कोचम्मा को सामने पा ईर्ष्या से सुलग जाती है, इरा नित्ती भाई की पत्नी को देख घनघोर ग्लानि से भर उठती है, पीछे हट जाना चाहती है। इन दोनों उपन्यासों की स्त्रियों का प्रेम के आघात के प्रति दृष्टिकोण बुनियादी तौर पर भिन्न है। अम्मू का विद्रोह 'मातृत्व और तलाक़ की नैतिकता' के ख़िलाफ़ है। उपन्यास मानता है कि प्रेम-नियमों को तोड़े बग़ैर अम्मू अपने जीवन में सार्थक हस्तक्षेप नहीं कर सकती।

इरा और बिट्टी भी प्रेम के नियमों को तोड़ती हैं, लेकिन वे अपने निर्णयों की कड़ी आलोचक हैं, उन्हें निरन्तर परखती हैं। वे कोई कमतर विद्रोही नहीं हैं, वे परिवार को बहुत कम उम्र में छोड़ अपने सपनों की तलाश में निकल पड़ी हैं। लेकिन उनके कर्म का मानदण्ड सामाजिक नियम नहीं, उनका अपना स्व है जो सही और ग़लत का भेद करता है। वे ख़ुद को कठघरे में खड़ा करती हैं, अपने ख़िलाफ़ सुबूत पेश करती हैं, गवाह भी बनती हैं, और ख़ुद पर बिना हिचक फ़ैसला सुनाती हैं।

दोनों उपन्यासों में पुरुष की मृत्यु हो जाती है। नित्ती भाई आत्महत्या कर लेते हैं, वेलुथा की मौत पुलिस टॉर्चर से होती है। दोनों उपन्यास इस मृत्यु और स्त्री की भूमिका को कैसे देखते हैं? भिन्न परिस्थितियों में हुई

दोनों मृत्यु एक साझा धुरी पर टिकी हैं—यह मृत्यु प्रेम की वजह से, 'प्रेम के नियमों' के उल्लंघन की वजह से हुई है। अरुंधति के उपन्यास में मृत्यु की वजह सामाजिक-राजनैतिक अन्याय है, जो यह निस्सन्देह है। निर्मल के उपन्यास में यह मनुष्य के चुनावों का अनिवार्य परिणाम है। पाठक को शुरू में ही आभास हो जाता है कि इरा और नित्ती भाई की राह मृत्यु-आकांक्षा में डूबी हुई है, उसे यहीं ख़त्म होना था। यह उपन्यास समाज को ज़िम्मेदार नहीं ठहराता, हालाँकि सामाजिक नियमों को दोषी ठहराते बिन्दु कथा में आराम से पिरोये जा सकते थे, लेकिन निर्मल अपने किरदारों के लिए कोई रहम, सहानुभूति नहीं चाहते। चूँकि इरा प्रेम के नियमों का उल्लंघन कर रही है इसलिए अपने प्रेमी की मृत्यु की ज़िम्मेदारी भी उसकी ही होगी। "एक अच्छा उपन्यासकार अपनी सहानुभूति को बराबर-बराबर मात्रा में सब पात्रों को देता है, एक महान् उपन्यासकार अपनी सहानुभूति के विरुद्ध संघर्ष करता है," निर्मल ने अन्यत्र कहीं लिखा है।

आधुनिक जीवन में स्वतन्त्रता का अर्थ है अनेक उपलब्ध विकल्पों में किसी एक को चुन लेने का अधिकार। अम्मू अपने निर्णय लेने में कितनी स्वतन्त्र है?

यहाँ स्त्री द्वारा किये गये भिन्न क़िस्म के चुनावों के बीच कोई श्रेणी पैदा करने का उद्देश्य नहीं, बल्कि आख्यान की अनेक सम्भावनाओं को परखने का प्रयास है।

****

इस लेख में जिन उपन्यासों का ज़िक्र हो पाया है वे, ज़ाहिर है, समूचे भारतीय उपन्यास और उसकी स्त्री का सम्पूर्ण प्रतिनिधित्व नहीं कर सकते। अम्मू और चन्द्री के अलावा भी इरा जैसे अनेक स्त्री किरदार हैं जिनके पास कहीं अधिक विकल्प हैं। लेकिन इसके बावजूद यह कहने में कोई समस्या नहीं कि क़रीब सवा सौ वर्षों के दौरान अनेक भाषाओं में लिखे गये जिन उपन्यासों को यह लेख केन्द्र में रखता है वे निस्सन्देह भारत के प्रतिनिधि उपन्यास कहे जा सकते हैं। कई और प्रतिनिधि स्त्री किरदार भी होंगी, लेकिन *विष वृक्ष* की कुन्द से लेकर इन्दुलेखा, सुचरिता, तारा, चन्द्री और अम्मू इतिहास और साहित्य के एक ऐसे लम्बे धागे में पिरोयी हुई हैं

जहाँ उनकी संगति में तमाम और स्त्रियाँ भी हैं। उपन्यास में, उसके बाहर भी।

इसलिए यह कहा जा सकता है कि भारतीय उपन्यास ने स्त्री को यह सहूलियत तो बहुत जल्द दे दी थी जहाँ वह अपने एकान्त में इस विधा से संवाद कर सकती थी, लेकिन ऐसा एकान्त जहाँ वह ख़ुद को बग़ैर किसी सहारे के तलाश सकती अभी भी हासिल नहीं हुआ है।

एक सच्चाई और भी है। अपूर्णता का विधान। अपने अस्तित्व की तलाश में निकली एकाकी स्त्री मानव इतिहास और साहित्य में चूँकि हाल ही आयी है, तमाम रचनाकार उसके सामने असहज महसूस करते हैं। प्रख्यात स्त्री रचनाकारों की स्त्री किरदार के पास भी अपेक्षाकृत सीमित विकल्प हैं। पीछे मुड़कर देखने पर कोई इन किरदारों को अनेक सम्भावनाएँ दे सकता है, वे सभी राह उकेर सकता है जिनमें से वे सबसे समृद्ध को चुन सकती थीं, लेकिन अतीत को मनचाहे रंग देने से भले ही उनका जीवन कहीं अधिक परिपूर्ण और संतृप्त लगने लगे, उनकी इतिहास और उपन्यास में स्थिति के प्रति शायद यह न्याय नहीं होगा। उन्हें ऐसा ही जीवन जीना था जो भविष्य को अधूरा नज़र आता। उनका सौन्दर्यशास्त्र अभाव का सरोवर है, भाषा हिचकियों का रेखाचित्र, साधना अपूर्णता का प्रतिबिम्ब।

उपन्यास की स्त्री अपूर्णता का विधान है—लेकिन इस अपूर्णता में भी वह कहीं मुकम्मल है।

दो : स्मृति

निर्मल आये थे

छब्बीस अक्टूबर दो हज़ार पाँच की इस शाम चुप बैठा देखता हूँ...सामने टीन शेड के नीचे लकड़ियों को। सभी लोग बाहर अहाते में चले गये हैं, लौटने लगे हैं। पण्डित बोला था कपाल क्रिया के बाद आप जा सकते हैं। लेकिन मैं नहीं जाना चाहता। अकेला हूँ धधकती लकड़ियों के सामने...जहाँ कुछ देर पहले निर्मल को बाहों में ले आहिस्ते से लिटा दिया था। निर्मल शान्त सोये थे, सफ़ेद चादर से बाहर चेहरा झाँकता था दायीं ओर सिर ढुलक आता था मैं काँप जाता कहीं खुरखुरी लकड़ियों से उनके सिर में खरौंच न आये।

लकड़ियाँ ढहने लगीं हैं और दरकता है मेरे भीतर का वह जीव जो अर्सा पहले एक दोपहर जन्मा था। निर्मल से वह पहला परिचय था, इक्कीस सितम्बर सत्तानबे को चर्नी रोड, बम्बई, की महात्मा गाँधी लाइब्रेरी में *वे दिन* पढ़ी थी। आज़ादी के पचासवें वर्ष पर अँग्रेज़ी साप्ताहिक आउटलुक के विशेषांक में पिछले पचास सालों की दस चुनिन्दा किताबों की सूची में *वे दिन* हिन्दी की अकेली किताब थी। निर्मल की सृष्टि में पहला क़दम कौतूहल व संयोग का था, जब पहली बार आकांक्षा की स्निग्धता और पीड़ा का उन्माद महसूस किया था। रायना के छोटे सुख को जाना था, *एक चिथड़ा सुख* की बिट्टी के चेहरे को दुख का पर्याय बनते देखा था।

एक अनजानी सृष्टि खुलती गयी थी, आँसू की हिचकी ऊपर आते में कहीं रास्ते में खो जाती थी, रात भर यूनिवर्सिटी हॉस्टल के बाहर मैरीन ड्राइव पर बैठा समन्दर को देखता, स्ट्रीट लैम्प की नारंगी झरी में धुन्ध से उठती धुन को अन्तर में उतरता महसूस करता।

वही धुँधलाया सा लम्हा रहा होगा शायद जब कोई हूक सी उठी थी,किसी ने पुकारा था कहीं से जो अपनी अनुभूतियाँ गल्प नैरेटिव में ढालने को कहता था। कौन था वह?

उस पहले दिन—इक्कीस सितम्बर—*वे दिन* में ही पढ़ा था—

> तुम बहुत से दरवाज़ों को खटखटाते हो, खोलते हो-और उनके परे कुछ नहीं होता—ज़िन्दगी भर। फिर अकस्मात् कोई तुम्हारा हाथ खींच लेता है...उस दरवाज़े के भीतर..जिसे तुमने नहीं खटखटाया था।

किसने मेरा हाथ थाम खींच लिया था?

साल भर बाद दस नवम्बर अट्ठानवे, मंगलवार, अपनी पहली कहानी *हंस* में देने दिल्ली आया तो सबसे पहले निर्मल से ही मिला। करोल बागी घर का ऊपर जाता वह जीना, जहाँ से शायद नारंगी सलवार सूट में एक महिला निकलीं थीं। निर्मल से मिलने का निवेदन किया, पहले उन्होंने मना किया कि वे सो रहे हैं लेकिन आग्रह पर मेरे कि बम्बई से आया हूँ,उन्होंने ऊपर आने को कह दिया था।

सीढ़ियों के सामने खुलते कमरे से निर्मल बाहर आये थे। ब्राउन स्वेटर और जींस। छुटकू से, जापानी गुड्डा कोई...लाफिंग बुद्धा। मेरे कंधे तक भी नहीं। विस्मित सा देखता रहा..। क्या यह वही थे...। *लाल टीन की छत, अन्तराल* और *अँधेरे* में वाले निर्मल। क्या इन्होंने ही लिखा था—*साहित्य हमें पानी नहीं देता, सिर्फ़ प्यास का बोध कराता है और अधिक तृषाकुल बनाता है।*

अपने जीवन में पहली बार किसी लेखक को देख रहा था...ड्रॉइंग रूम में चारों ओर ऊपर तक अटी हुई किताबें,जिनके शीर्षक पढ़ने का मैं सफल-असफल प्रयास करता था। टीवी के केबिन में रिकॉर्ड प्लेयर जिस पर शायद बिट्टी, डैरी और नित्ती भाई ने कभी जैज के रिकॉर्ड सुने थे। और निर्मल...वे दोनों हाथ आपस में बाँधे, सिमटे सकुचाये बैठे थे। कभी बात खुलती तो भी वे कुछ शब्द बोल चुप हो जाते। गहन औदात्य।

—मैं कभी अपने प्रिय लेखकों से मिलने नहीं गया।

—आपका कभी मन नहीं हुआ?

—क्या फायदा, दोनों ही सकुचाते बैठे रहते।

लेकिन थोड़ी देर बाद वे खुलने लगे थे। शायद उन्हें मेरे बचपने का एहसास हो गया था क्योंकि जब उन्होंने मुझसे मेरे आने का प्रयोजन पूछा तो धड़ से कहा आपको देखना चाहता था। यह भी कह सकता था *एक चिथड़ा सुख* के लेखक से मिलना चाहता था। देखने की इच्छा कितनी बचकानी थी।

लेकिन मेरा यही बचपना शायद उन्हें सहज बना रहा था। *दूसरी दुनिया* के नायक की तरह जो बच्ची के समक्ष खुलता जाता है।

आप यहाँ आये कैसे ?

जी।

आपको यहाँ का पता कैसे मालूम हुआ ?

आपके एक कहानी–संग्रह से लिया है।

मैं बताने को हुआ *मेरी कहानियाँ* संग्रह जो आपने माँ की स्मृति को समर्पित किया है, जिसकी भूमिका में आपने लिखा है कि *कलाकृति आत्मा की स्वप्न भाषा का अनुवाद करने का स्वप्न देखती है,* वहाँ अन्त में आपका पता लिखा है। लेकिन मेरे बोलने से पहले ही निर्मल ने पूछा— कौन से संग्रह में पता लिखा है ?

हम पिछले दस–पन्द्रह मिनट से बात कर रहे थे और अक्सर मैं ही आगे बढ़ कुछ बोला करता था। निर्मल कुछ कह चुप हो जाते थे और देर तक हम चुप बैठे रहते थे लेकिन इस बार वे अचानक उत्कण्ठित हो उठे थे। मैं न जाने क्यों झूठ बोल गया। मुझे लगा, हालाँकि नहीं मालूम क्यों, उस किताब का नाम नहीं बताना चाहिये।

किसी किताब में तो पढ़ा था।

निर्मल कुछ देर सोचते रहे...मैं तो अपनी किताबों में पता नहीं देता। न जाने किस किताब में चला गया। वे शायद अपने से ही कह रहे थे।

मैं ढूँढ़ कर इस किताब से भी हटा दूँगा,पता नहीं देना चाहिये न।

क्यों नहीं देना चाहिये ?

बिना पते के ही ठीक रहता है...ला–पता लेखक।

ला–पता क्यों हो जाना चाहते हैं आप ?

अब तक हमारी बातचीत अँग्रेज़ी में हो रही थी। तभी मैंने बतलाया कि मैं हंस में कहानी देना चाहता हूँ, सहसा उनका स्वर बदल गया, आप लिखते हैं ?

चुप सर हिलाया।

आप हिन्दी में लिखते हैं और अँग्रेज़ी में बोलते हैं ? निर्मल झटके से हिन्दी के घर में आ गये थे, मुझे लगा आप बम्बई से आये हैं शायद हिन्दी नहीं बोल पाते हैं।

करारी झेंप।

इस बीच वही महिला चाय के बड़े मग और प्लेट में बीकानेरी भुजिया रख गयी थी। जाते में निर्मल ने आवाज़ दी ...गगन।

सहसा ठिठका था। कहीं सुना, पढ़ा था यह नाम। कहाँ ? हाँ.. *धुन्ध से उठती धुन* के आवरण आकल्पन में...गगन गिल। निर्मल की किताबों के आवरण क्या यही तैयार करतीं हैं ? लेकिन किसी और किताब में तो शायद नहीं यह नाम। कौन होंगी यह ?

आप आगे क्या करना चाहते हैं ?

बाउजी, अभी तय नहीं कर पा रहा हूँ।

लेखक बनना चाहते हैं शायद।

शायद हाँ कहना चाहता था लेकिन तभी याद आया कि कहीं निर्मल ने रिल्के को किसी युवा पर हँसते हुए दिखाया है कि उसने रिल्के से यह कहने के बजाय कि वह लिखना चाहता है, कहा कि वह लेखक बनना चाहता है।

मैंने धीमे से कहा, पता नहीं।

शायद निर्मल को यह संशय अच्छा लगा हो लेकिन तुरन्त मैंने कुछ ऐसा पूछा था जो निहायत ही ऊलजलूल था—आप लेखन के लिए कितना समय निकाल लेते हैं ?

लेखन ! वह तो दिन भर ही चलता रहता है। इस बार निर्मल तुरन्त बोले थे।

अनोखा विस्मय। तब तक मैं लेखन को एक हॉबी, ख़ाली समय में किया गया काम माना करता था जब दिन भर की ज़िन्दगी के बाद रात टेबिल लैम्प में कुछ लिखने बैठ जाया जाता था। लेखन सतत् साधना है, यह एहसास पहली मर्तबा उन्हें देख हो रहा था। उस जीवन को नज़दीक से जानने की, शायद उसे जीने और उससे भी अधिक उनका स्टडी रूम निहारने की आकांक्षा उमड़ी थी। जिस तरह वे मुझसे खुल रहे थे मुझे लगा था कुछ देर बाद पूछ लूँगा कि क्या मैं आपकी डैस्क देख सकता हूँ।

फिर उन्होंने पूछा, आपने किन लेखकों को पढ़ा है अब तक। मैं इस लम्हे का इन्तज़ार सा कर रहा था, सबसे अधिक तो आपको ही पढ़ा है। धड़ से उनकी कहानी,उपन्यास और निबन्धों के नाम गिनाने शुरू कर दिये।

इस बार निर्मल सकुचाये नहीं। हँस रहे थे। हँसते में ही बोले—हमारे यहाँ एक कहावत है...ऊँची दुकान, फीके पकवान...बड़ी अच्छी कहावत है यह। फिर खिलकने लगे। मैं भी हँसने लगा। बड़ी नादान हँसी उनकी...लाफिंग बुद्धा...होंठ खुलते थे, गरदन के नीचे लटकता माँस गुल–गुल करता था।

कुछ लम्हा बाद मैंने अरसे से भीतर खुदकता सवाल पूछा था—जब भी कोई मुझसे पूछता है मैं कौन हूँ तो कुछ नहीं सूझता। मैं आख़िर कौन हूँ ?

निर्मल फिर हँसे—आप कौन हैं, यह मैं कैसे बता सकता हूँ।

मेरा मतलब...हम कौन हैं। आप कौन हैं ?

निर्मल के चेहरे पर संजीदगी गहरायी,वाणी बदली थी। कुछ देर चुप रह बोले थे, हम कौन हैं इसे जानने से अधिक ज़रूरी है निरन्तर अपने से यह प्रश्न पूछते रहना। ख़ुद को जानना एक प्रक्रिया है जिसका महत्त्व उसकी पूर्णता में नहीं सतत् निर्वाह में है।

कुछ देर उनके कहे को गुनता रहा।

सत्य क्या है फिर ?

सत्य वह जो आपकी चेतना का विस्तार करता है।

चेतना !

हाँ...एक दृष्टि से आप दुनिया को देखते हैं, परन्तु एक बोध आपके भीतर

भी है जिससे आप ख़ुद अपने को भी कहीं देखता देख पा रहे हैं। यही बोध आपकी चेतना है।

पता नहीं मैं उनके कहे को कितना उस शाम समझ पा रहा था लेकिन मैंने फिर पूछा—जो किताबें पहले बहुत अच्छी लगा करतीं थीं, उनमें से कई अब बिलकुल भी पसन्द नहीं आतीं....अपना पिछला जीवन, बचपन भी...। क्या मैं अब तक झूठा था?

निर्मल मुस्कुराने लगे, झूठे थोड़े...वे आपके अनुभव थे। सच्चे अनुभव। इन्हीं से होकर सत्य को जाना जाता है।

मैं समझ कम रहा था, उनके कहे को याद अधिक करता जा रहा था, मानस में नोट्स बना रहा था कि रात को डायरी लिखते में उनका एक शब्द भी न गड़बड़ाये।

मेरे साथ ऐसा भी होता है अपना लिखा बहुत जल्दी ही ख़राब लगने लगता है। क्या मेरे अनुभव सच्चे नहीं हैं?

निर्मल देर तक मुस्कुराते रहे। वे या तो होंठ भींचे, बाँहें बाँधे, टाँगें सिकोड़े एकदम चुप बैठे रहते थे या हौले से मुस्कुराने लगते थे। इसके लिए आप यह करिये कि कहीं भी कुछ छपवाने भेजने से पहले उसे अपने पास रखे रहिये, बार-बार पढ़िये...हालाँकि यह आपका निर्णय है लेकिन चाहें तो किसी से पढ़वा लीजिये। निर्मल फिर से चुप हुए लेकिन सहसा बोले, मानो कोई बात अधूरी रह गयी हो, ज़्यादा मित्रों से बचियेगा...यारी दोस्ती में समय ही जाता है।

नवम्बर अट्ठानबे का वह दिल्ली आना तीर्थयात्रा था मेरे लिए।

सहसा उनकी आँखें चमकने लगीं जब मैंने पूछा मुझे किन लेखकों को पढ़ लेना चाहिये। बिना पल भर रुके जवाब दिया, विनोद कुमार शुक्ल का *नौकर की कमीज़* ख़रीद कर पढ़िये।

नौकर की कमीज़?

हाँ। अलका सरावगी का *कलि कथा वाया बायपास* भी ख़रीद कर पढ़िये।

किताबों का ज़िक्र ठीक था, लेखकों के नाम बताये बग़ैर भी काम चल सकता था और अगर बतलाया जा भी रहा था तो ख़रीदने का अतिरिक्त

आग्रह ज़रूरी नहीं था। लेकिन निर्मल यहीं नहीं रुके—श्री राम सेंटर मण्डी हाउस पर किताबें मिलती हैं। आप वहाँ से ख़रीद सकते हैं।

एक सर्जक अपनी सृजन परम्परा को कितने ही धरातल पर सींचता-समृद्ध करता है। वह अपनी आगामी पीढ़ियों से संवादरत होता है। एक लेखक का महज़ पाठक से वह सम्बन्ध नहीं होता जो आगामी शब्दकार पीढ़ी से होता है। एक महान् लेखक जहाँ किसी पाठक की दृष्टि व सृष्टि का विस्तार करता है, किसी नवजात शब्दकार के कोश में वह अनुभूतियों की अनन्त सम्भावनायें भी दे जाता है। उसकी ऊँगली थाम उसे उन रस्तों, पगडण्डियों पर ले जाता है जो नवजात से अनजान रहीं आयीं थीं। एक रिले रेस जहाँ दूर से चलता आता पूर्ववर्ती लेखक अपना बैटन परवर्ती को थमा देता है बाक़ी बचा रास्ता पूरा करने के लिये। लेकिन महज़ रिले रेस भी नहीं क्योंकि बैटन थमाने के बाद भी वह पूर्वज अपनी यात्रा समाप्त नहीं करता, उसकी रूह आगामी शब्दकार के भीतर धड़कती रहती है जिसकी उँगलियों में अब बैटन है जो वही रेस दौड़ रहा है जिसकी कमान उसके पूर्वज ने उसे दी थी। क्या सृजन परम्परा एक रिले रेस नहीं—आप दूर से चलती आती किसी दूसरे द्वारा दी गयी बागडोर सँभालते हैं लेकिन वह और उसके भी पूर्ववर्ती आपके भीतर मौजूद रहते हैं, आपको निरन्तर बोध रहा आता है यह महज़ आप की कमान नहीं, आपके क़दम उन्हीं रास्तों पर हैं जिन पर आपसे पहले अनगिन आये थे, आपके उपरान्त भी आयेंगे। बहुत सम्भव यह भी कि आपको भले ही कमान दे दी गयी हो आपके पूर्वज ही आपके क़दम संचालित कर रहे हों।

एक नवजात शब्दकार की आरम्भिक कथायें उसके व्यक्तिगत जीवन से भले उपजें क्योंकि वह अपने से परे नहीं देख पाता, उनके नैरिटिव के महीन सूत्र वह अपने परवर्ती लेखक के किरदारों में ही खोजता है। शब्द संसर्ग का अनछुआ रोमांच...जब वह पहली मर्तबा शब्दों के पास सहमता सकुचाता जाता है अपना कौमार्य अपने किरदारों को सौंपने...सहसा पाता है, वह राह जिससे होकर वह यहाँ तक पहुँचा था उस पूर्वज की कहानी से जन्मी थी जिसे उसने समय बीते लाइब्रेरी के शीशे से आती धूप में या बिस्तर पर औंधे पड़े टेबिल लैम्प तले पढ़ा था।

निर्मल ऐसे ही लेखक थे। पाठकों के नहीं लेखकों के लेखक। बर्सों पहले जब शब्द छुअन महसूस की थी, अक्सर मेरी शुरुआती कहानियों के

किरदार बीच में ठिठक जाते, मुझसे निगाहें चुरा दूर छुप जाते फिर कुछ दिन बाद उनका कोई उपन्यास पढ़ते में कुछ अनायास कौंधता,कहानी आगे बढ़ जाती।

धुन्ध से उठती धुन बाइबिल बन चुकी थी। लेखन कर्म ही नहीं सम्पूर्ण जीवन का एक अनिवार्य संविधान...एक अक्षत सरोवर, जहाँ गल्प ही नहीं मेरा धुँधलाया-कुम्हालाया जीवन भी अपनी तृषा शान्त करने या शायद और अधिक तृषाकुल होने जब तब आया करता था। मैं यह निर्मल के समक्ष कन्फैस करना भी चाहता था जब मई दो हज़ार एक की एक शाम अपनी कहानियों पर उनकी राय जानने पटपड़गंज गया था। लेकिन चुप रह गया। कैसे कहता मेरे पात्र अपने नैरेटिव चिह्नों के लिए बार-बार रायना, बिट्टी और नित्ती भाई के पास जाते हैं। काया को पता भी नहीं चलता किसी शाम शिमला की छत पर फिसली उसकी परछाईं मेरी नायिका में उतर आती है, भले ही वह कई सौ मील दूर बम्बई के समुद्र पर उड़ते फ्लैमिंगो देखती रहती है।

लेकिन निर्मल इसे पहचान गये थे। चाय का मग उनके एक हाथ में था, दूसरे से ब्रिटानिया मैरीगोल्ड बिस्किट कुतर रहे थे। आपके पास इतनी सेंसिटिव भाषा है लेकिन आप अपने किरदारों को रास्ते में क्यों छोड़ देते हो?

रास्ते में छोड़ देता हूँ?

हाँ। निर्मल ने मग मेज़ पर रख दिया था,मैंने दो बार पढ़ा लेकिन नहीं समझ पाया आख़िर आपकी रेशल इस स्थिति में कैसे आती है।

मुझे लगता है अगर कुछ चीज़ें अनकही रह जायें तो शायद अधिक प्रभाव पड़ेगा।

शायद यह मेरी कच्ची और आयातित समझ थी जब अपने पात्रों को उनके स्वभाव के बजाय किसी विचार से संचालित होने दे रहा था, भले उस शाम मैं इससे अनजान था।

लेकिन निर्मल न थे। हँस रहे थे।

आप किसी के साथ सोते हैं, सम्बन्ध बनाते हैं तो क्या चीज़ें उतनी आसान रह जातीं हैं जैसा आपके किरदार दिखाते हैं?

मैंने किन्हीं फ़िल्मों और किसी फ़िल्म निर्देशक के बारे में बताया था—एक्शन टेक्स प्लेस ऑफ़ स्क्रीन। शैडो ऑफ़ द एक्शन इज़ ऑन स्क्रीन।

निर्मल फिर मुस्कुराये,ये तो आसान रास्ता हुआ!

आसान रास्ता?

हाँ। निर्मल दीवान पर आगे सरक आये, आप ने कहीं कुछ पढ़ लिया और तय किया कहानी कैसे आगे बढ़ेगी। पात्रों को अपने आप विकसित होने दीजिये। कौन होते हैं आप उनकी राह निर्धारित करने वाले। इस उम्र में आपको सिर्फ़ अपने किरदारों की आवाज़ सुननी चाहिये। सब कुछ भूल कर चुपचाप सुनिये वे आपसे क्या कहते हैं।

निर्मल मुझे उस रास्ते पर ले जा रहे थे जहाँ रचनाकार और उसके पात्रों के बीच का द्वैध मिट जाता था। ड्रॉइंग रूम की खिड़की से हल्की रोशनी भीतर आ रही थी, चारों ओर अटी किताबों के बीच से निर्मल मुझे देख रहे थे—वैसे तो कहानी में कुछ भी सम्भव है, वह अपनी सृष्टि आप ही रचती है लेकिन हर कहानी का एक परिवेश होता है,भौगोलिक से कहीं अधिक सांस्कृतिक बोधभूमि...यही आपके पात्रों को उनकी ज़मीन से जोड़ती है...। एक अँग्रेज़ पिता का अपनी बेटी से वह सम्बन्ध थोड़े ही होता है जो भारतीय पिता का होता है।

इल्हाम के लम्हे थे। निर्मल पर्वत शिखर पर बैठे पैगम्बर। और चार वर्षों का अन्तराल।

इन चार वर्षों के प्रयास को अप्रैल दो हज़ार पाँच यानी निर्मल के जन्मदिन के महीने से उन्हें अवगत कराना चाहता रहा था, हर बीस पच्चीस दिन बाद फ़ोन करता और हर बार यह सुनता—मुझे आपकी कहानियाँ पढ़ने पर बड़ी ख़ुशी होती लेकिन मैं बीमार पड़ा हूँ। थोड़ा ठीक हो जाऊँ फिर आपसे मिलूँगा।

कहाँ पता था निर्मल से मुलाकात छब्बीस अक्टूबर की शाम होगी। निर्मल का सिर दाँयीं ओर ढुलक आया था। गोरे गालों पर कुछ दिनों की दाढ़ी। गरदन तक ढकी सफ़ेद चादर में लिपटे सोये थे, अपनी किसी अनलिखी कथा के पात्रों की आहट सुन रहे थे। मन हुआ उनके चारों ओर जमा भीड़ को हटा दूँ उनकी शब्द साधना में व्यवधान न पड़े। आगे बढ़ उनके माथे

पर फिसल आये बाल पीछे समेट दिये...ठण्डे माथे का स्पर्श...। किसी मृत परिन्दो की सिहरन पोरों में लिहरी थी।

मैं निर्मल से कुछ कहना चाहता था—ठीक नहीं किया यह आपने। मुझे आसान रास्ता छोड़ने को कहा था, कम-अज़-कम एक बार तो देखना चाहिये था कठिन राह छू पाया या नहीं।

निर्मल की उपस्थिति आश्वस्ति सी बनी रहती थी, कई सालों से कुछ भी सार्थक लिख नहीं पाया था, शायद कभी न लिख पाऊँ, लेकिन कोई था जो मुझे भटकावों से, आसान रस्तों से खींचे जाता था, शब्द सन्धान के अँधियारे तिलिस्म में ले जाता था।

शायद इस बार भी वे मेरा लिखा पढ़ते तो कहते, आप अभी भी उसी आसान राह पर हैं।

सहसा मुझे एक रास्ता सूझता है, आसान कठिन तो पता नहीं, संगम का रास्ता। *अन्तिम अरण्य* का अन्त जो निरा दकियानूसी और आरोपित लगता रहा है लकड़ियों से उठते धुएँ से गुज़र अचानक मेरे अन्तरतम में उतरता है। कल फिर यहाँ आऊँगा निर्मल को समेटूँगा, रात की गाड़ी है प्रयागराज एक्सप्रेस, सीधी संगम जाती है।

दो दिन बाद फिर आऊँगा...। सुनसान होगा यहाँ ...आगे बढ़ता जाऊँगा। पीछे से कोई टोकेगा, चौकीदार शायद, लेकिन अनसुना करता चलता रहूँगा...वहीं आ ठहर जाऊँगा जहाँ परसों निर्मल लेटे थे। छत पर बैठा एक मोर विशाल पंख फड़फड़ाता उठेगा, उड़ेगा, दूर चला जायेगा। वही शाम, टिन शेड की छाया..लेकिन आज लकड़ियाँ और आग नहीं होगी..। सिर्फ़ कोरी भूमि और राख और अवशेष। हल्का सा झुकूँगा..जहाँ निर्मल थे।

दो आदमी दौड़ते आयेंगे—क्या कर रहा है?

कुछ ले जाना चाहता था।

क्या ले जाओगे?

आपको याद हो...। परसों यहाँ निर्मल वर्मा आये थे...

आये थे मतलब?

हाँ, यहीं थे इसी जगह...याद कीजिये आप भी थे यहाँ...परसों शाम। वह

बार–बार कहेगा क्या है...क्या है आख़िर जिसे ले जाओगे; मैं उससे संगम का कहूँगा। ठीक है लेकिन आप हो कौन और उनके घर से कुछ लोग आये तो थे ले तो गये वो उन्हें।

मैं उन्हें जानता था।

क्या करें हम तेरे इस जानने का जाकर थाने से या उनके घरवालों से लिखवा कर ला...ऐसे कुछ नहीं मिलता।

तभी कोई पीछे से आयेगा, कोई मन्तर वाला है ये लोग यहाँ भी नहीं छोड़ते

ख़ैर कर...तुझसे बात कर रहे हैं। इन मन्तरिये तान्त्रिकों को तो हम पीट कर भगा देते हैं।

घर लौट आया था कमरे की दीवार पर निर्मल की तस्वीर लगी थी किसी अँग्रेज़ी पत्रिका से निकाली अपनी भूरी गहरी आँखों से निर्मल कहते थे आप अभी भी आसान रस्ता चाह रहे थे बाहरी आवाज़ें सुन रहे थे विश्वास मानो निर्मल अगर *अन्तिम अरण्य* न पढ़ा होता तो भी आज अट्ठाईस अक्टूबर को वहाँ गया होता कई साल पहले अपने बाबा को लेने इसी तरह गया था और तब तक इसे पढ़ा भी नहीं था अपनी कहानियों का तो पता नहीं निर्मल लेकिन आज यह आसान रास्ता नहीं था।

वह आवाज़ और कुछ पेंसिलें

एक आवाज़...एक शरारा...ज़मीन को फोड़ता, हरहराता, ऊपर उठता। अदम्य आवेग, अभीप्सा में गुँथी, बिंधी एक आवाज़। जादूगर अपने जादूपाश में बाँधे हो...। कुछ भी न रहे शेष...न जादू न जादूगर न श्रोता सिर्फ़ आवाज़ की रगों से टपकता उन्मादा जुनून।

सिर्फ़ कुछेक मर्तबा बोलते सुना था उन्हें—सुना नहीं, देखा भी था उन्हें। न जाने कौन सम्बन्ध था उस आवाज़ से, आवाज़ की उस शख़्सयित से,जो बींधती थी, बाँधती थी। उन्हें मंच पर हाथ झटकते, माथे पर आ बाल बिखरते, बोलते देख लगता...कोई साधक भरी सभा में, साधनारत, बेख़बर कि वह लोगों के बीच है। अपने में डूबा, पगलाये मन्त्रोच्चार में लीन, हरेक अक्षर एक स्तबक। असाध्य वीणा का केशकम्बली—नीरव पद रखता जालिक मायावी, डाल रहा हो जाल अपनी आवाज़ के तारों का।

इसलिए जब सोलह जून दो हज़ार सात,उनकी स्मृति सभा में सभी को कहते सुना कि रामचन्द्र गाँधी अत्यन्त सार्वजनिक स्थलों पर भी नितान्त निजी स्थान बचाये रखते थे आश्चर्य नहीं हुआ। आख़िर बाह्य संवाद करती उनकी आवाज़ मूलत: व अन्तत: आत्मसम्बोधित ही होती थी। शायद अद्वैत का अध्येता ही ऐसा कर सकता था, जिसका प्रत्येक बाह्य कर्म आत्म-लक्षित ही होता था।

परन्तु मेरे लिए न तो वे वेदान्त के दार्शनिक थे, लेखक न ही चिन्तक। उनकी आवाज़ अपने किसी पूर्वज की सी लगती थी जिसकी ध्वनि शाखों से उतरती मेरी समूची वंशावली मुझे सम्बोधित करती, मेरे पितृ ऋण याद दिलाती थी, वे अधूरी शपथ जिन्हें मैं अब तक नहीं निभा पाया था।

क्या ऐसा सिर्फ़ मेरे ही साथ है या सभी यह महसूस करते हैं—शब्द की सृष्टि में सहमते सकुचाते प्रवेश करते एक नवजात शब्दकार को बुज़ुर्ग की उपस्थिति—संगति नहीं महज़ दृश्य पर उपस्थिति—अत्यन्त आश्वस्तिदायक लगती है। पीठ पर आहिस्ते से आ ठहरी हथेली,सिर पर कोमल छाँह, निरन्तर चलता जाता एहसास कि हमारे पुरखे हमारे साथ हैं। निर्मल वर्मा के बाद मेरे समय के वह ऐसे दूसरे इनसान थे जिनसे मैं—उनके जाने बग़ैर, या क्या पता वह जालिक मायावी जानता रहा हो—यह सम्बन्ध महसूस करता था,इसके सहारे गहन शान्ति पाता था।

लेकिन ऐसा क्यों महसूस करता था ? यह शुरुआत में जब तक उन्हें अपना पूर्वज नहीं मान लिया था बड़ा ही रहस्यमय-सा लगता था। निर्मल को तो उनके लिखे से जानता था लेकिन रामू के साथ यह नहीं था। उन्हें तो सिर्फ़ सुना था, संयोगवश सबसे पहले निर्मल की ही स्मृति में बोलते सुना था—पाँच नवम्बर दो हज़ार पाँच। वे अन्तिम वक्ता थे उस दिन। हाथ झटकते माथे पर बिखर आते सफ़ेद बालों के बीच कह रहे थे....तुम नहीं गये हो निर्मल तुम अभी नहीं गये हो। मुझे याद है शिमला की वे बहसें। तुम इस तरह बीच बहस में बहस अधूरी छोड़कर नहीं जा सकते निर्मल।

इण्डिया इण्टरनेशनल सेंटर की वह शाम, निर्मल की माला जड़ी तस्वीर और पगलाये फकीर उस अन्तिम वक्ता की वह झनझनाती आवाज़। कबीर की उलटबाँसियाँ...बरसे कम्बल, भीगे पानी।

उस लम्हे को याद करने के लिए अपनी डायरी के पन्ने टटोलने की ज़रूरत नहीं है मुझे,वह क्षण ज्यों का त्यों स्मरण है क्योंकि उसके बाद मैंने उस आवाज़ तक पहुँचने की कोशिश शुरू कर दी थी। सबसे पहले गूगल पर गया, पता चला वे बंगाली मार्केट में रहते हैं—पता नहीं रहते हैं या रहते थे, वह पता काफ़ी पुराना लग रहा था। जून दो हज़ार सात में उन पर श्रद्धांजलि लेखों को पढ़ पुष्टि हुई वे वाकई वहीं रहते थे। उन्होंने *मुनिया:ए नैरेटिव इन ट्रुथ एण्ड मिथ* लिखी है—इसकी समीक्षा *द हिन्दू* में हरीश त्रिवेदी ने की थी। एक-आध जगह उनकी तस्वीर भी मिलीं और सहसा लगा थॉमस फ्रीडमैन से भले ही कई जगह असहमति हो लेकिन कई और जगह मसलन यहाँ वे एकदम ठीक ही कहते हैं—ऐवरीथिंग इज गूगलेबिल।

नेट पर तलाश के साथ ही याद आया उन्होंने *कव्वे और काला पानी* पर

भोपाल में कुछ बोला था जिसे अर्सा हुए कहीं, न जाने कहाँ, पढ़ा था जहाँ उन्होंने पहली ही पंक्ति में अपने बातूनी होने का बताते हुए बात शुरू की थी। फिर साहित्य अकादेमी लाइब्रेरी में खोजबीन शुरू हुई—*सीता किचिन,* व्हाइटहैड पर दो लम्बे निबन्ध और सेमिनारों में पढ़े गये कुछ प्रपत्र। कुल मिलाकर कुछ भी ऐसा ठोस नहीं मिला था उनका लिखा या उनके बारे में ही सही जो मेरे सहसा उनसे बँधते जाने को कोई वजह दे।

लेकिन। किसी बुज़ुर्ग से आरम्भिक लेखक का सम्बन्ध किन्हीं किताबों को पढ़ने या उनको समझ लेने के आधार पर थोड़े ही जुड़ता है। कोई अनचीन्ही डोर होती है...एक अदृश्य नस, रक्त सनी एक गर्भनाल जिसके एक सिरे पर हमारे पूर्वज होते हैं, दूसरे पर हम व बीच में दीर्घ संस्कार। गर्भनाल जो हमें प्राणवायु देती है, हमारा सम्बन्ध उस असीम परम्परा से जोड़ती है जिसे हमारे पितामह ने ताउम्र बड़ी शिद्दत से अपने भीतर से गुज़र हम तक पहुँचने दिया था। हमें पता भी न चला था, लम्बी नींद के बाद सोकर उठे तो अपने को बहती आती नदी के किनारे पाया था।

परन्तु भले ही अनजाने सही मैंने उन्हें पहली बार कब जाना था? फ़रवरी उन्नीस सौ अट्ठानबे जब *धुन्ध से उठती धुन* में—क्या यह फकत संयोग है निर्मल व रामचन्द्र गाँधी दोनों ही एक साथ कम-अज़-कम मेरे सामने तो एक संग ही आते रहे हैं, एक-दूसरे को आलोकित करते, एक-दूसरे से आलोकित होते—यह पढ़ा था,

> २८ सितम्बर १९८७। आज शाम पार्टी है। रामू अमेरिका जा रहे हैं—एक साल के लिए। वह दिल्ली में उन कम, बहुत कम मित्रों में से हैं, जिनसे खुल कर वार्तालाप होता था। उनके न होने से ख़ाली शामों का सिलसिला शुरू होगा...।

कौन थे ये रामू जिनके चले जाने पर निर्मल की शामें अकेली पड़ जाने वालीं थीं? उन्हें अधपढ़ी किताबों, अधलिखी कहानियों की ओर लौटना पढ़ रहा था। क्या रामकुमार? लेकिन उनका ज़िक्र तो राम करके आया ही है *धुँध से उठती धुन* में। फिर ये कौन हैं निर्मल के इतने क़रीबी?

सोचता रहा, नहीं सूझा। भूल-भाल गया। फिर पाँच नवम्बर दो हज़ार पाँच की निर्मल स्मृति में उन्हें बोलते सुना तो चौंका—क्या यही वे अमरीका जाने वाले रामू हैं? परन्तु नहीं पता चला। अर्सा बाद मई दो हज़ार सात में

अशोक वाजपेयी को उन्हें रामू सम्बोधित करते सुन एक गहरी सांत्वना मिली—फिर संयोग, उनके जाने से महज़ पखवाड़ा पहले ही पता चला था वे ही रामू थे।

किसी महावृक्ष की उपस्थिति अगर छोटी कोंपल की न्यूनता को बारम्बार रेखांकित करती है, उसके अस्तित्व की निरर्थकता को उघाड़ उसे कुछ करने को प्रेरित करती है तो उसे कहीं गहरे भीतर आश्वस्ति भी देती, मुक्त भी करती चलती है कि भले ही अपनी वासनाओं में फँसा, ऐबों में धँसा छुटकल्ला युवक कुछ न कर पाये लेकिन कोई है कहीं जो उसके हिस्से के ही नहीं उसकी समूची पीढ़ी के दायित्व अकेला निभा रहा है, वे सभी किताबें पढ़ रहा है जो वह न पढ़ पाया, वह सब लिख रहा है जो वह न लिख सका, उस जगह पहुँच रहा है,जहाँ के दुर्गम रस्ते का ख़याल कर ही उसके क़दम घबराने लगते हैं। कितना सन्तोषजनक ख़याल है यह एक कच्चे कमज़ोर सिपाही के लिए कि उसका सेनापति काल की मचान पर मोर्चा बाँधे डटा हुआ है,भले ही सिपाही को नींद आ जाये वह दुश्मन की शक्ति से घबड़ाकर पीछे हट जाये लेकिन उसका सेनानायक बिना शत्रु को ध्वस्त किये चैन नहीं लेगा,रणभूमि से नहीं हटेगा।

इसलिए जब सोलह जून दो हज़ार सात इण्डिया इण्टरनेशनल सेंटर के लॉन में प्रभाष जोशी ने उन्हें भेड़ू महाराज कहा तो मेरी धारणा ही पुष्ट की। जोशीजी बोले वे अपने क्रिकेट खेलने वाले बेटे के क्रिकेट खेलने वाले बेटे को पहली बार खादी पहना कर उनसे मिलवाने लाये और पोते से कहा कि चल पैर पड़ इनके और जब लौटते में पोते ने पूछा कि आख़िर आपने इनके पैर क्यों पड़वाये तो जोशीजी ने कहा कि वे हमारे भेड़ू महाराज हैं। मालवा में कालभैरव को भेड़ू महाराज कहते हैं जो पूरे कुटुम्ब की रक्षा करता है। जोशीजी दोनों हाथ उठाकर सबसे आह्वान करते थे सभी उन्हें अपना भेड़ू महाराज मान लें जो मैं बहुत पहले ही माने बैठा था और लॉन में खड़ा उन जगहों को देख रहा था जहाँ अब तक उन्हें दूर से देखा करता था। इण्डिया इण्टरनेशल सेंटर के कर्मियों ने हरी प्लास्टिक की उनकी कुर्सी पुष्पार्पित कर रखी थी जहाँ वे बैठे रहा करते थे और अब न थे। जहाँ मैं उन्हें चोरी छुपे देखा करता था। लम्बी-लम्बी शामें वे उसी कुर्सी पर बैठे बिता देते थे। इण्डिया इण्टरनेशनल सेंटर किसी को सुनने या कुछ देखने वहाँ आया मैं भूल जाया करता आख़िर क्यों आया था बस उन्हें देख वापस

चला जाया करता। आश्चर्य होता मंच पर इतना बतरसी प्रतीत होता व्यक्ति इतनी देर अकेले कैसे बैठे रह सकता है। कुछेक मर्तबा उनके सामने से चलते हुए गुज़रा भी, शायद वे एक आध बार देख लें, आवाज़ दे बुला लें—अरे भाई कौन हो तुम जो यहाँ टुकुर-टुकुर खड़े रहते हो। यह मासूम कल्पना ही थी, ख़ुद को बहलाना ही था। कोई वजह नहीं थी उन्होंने बूँद भर भी ग़ौर किया हो।

चौदह जून दो हज़ार सात सुबह *द इण्डियन एक्सप्रेस* के पहले पन्ने पर नीचे एकदम दायें उनकी तस्वीर देख सहसा चौंक गया। सोकर उठ बालकनी में आ अभी आँखें मीढ़ ही रहा था उगती धूप में कि अख़बारवाले का फेंका अख़बार गमले से आ टकराया। रबड़बैण्ड में बँधे, बेलन की तरह मुड़े अख़बार पर भूरा कुर्ता व मफ़लर पहने उनकी तस्वीर मुझे देख रही थी। उन्होंने आख़िर ऐसा क्या कर दिया कि वे एक्सप्रेस के मुख्य पृष्ठ पर हैं? अपने में खोया व्यक्ति अख़बार में अपनी तस्वीर भला क्यों आने देगा? कोई अवार्ड, पद्मश्री वग़ैरा मिला क्या? लेकिन पद्मभूषण तो शायद छब्बीस जनवरी से कुछ दिन पहले घोषित किये जाते हैं और इस साल तो बँट भी चुके हैं—जन हित याचिका वाले जस्टिस भगवती को पद्मविभूषण, कोनेरु हम्पी को पद्मश्री मिला ही था। कोई सद्‌भावना या सांस्कृतिक सम्मान हाल फ़िलहाल में उन्हें मिला है क्या?

अधखुली आँखों से अख़बार उठाया, रबरबैण्ड हटाया। अभी भी मन में कोई आशंका नहीं थी। अवार्ड नहीं तो शायद उन्होंने कोई किताब लिखी होगी। रबरबैण्ड हटाकर अख़बार झटककर काग़ज़ की अकड़न निकाली। सबसे नीचे उनकी तस्वीर के साथ हैडिंग थी—*ए फ्रैण्ड रिमेम्बर्स...*। फ्रैण्ड रिमेम्बर्स!! आख़िर कौन सा दोस्त है जो उन्हें याद कर रहा है? और फिर याद कर ही क्यों रहा है? ये क्या ख़बर हुई फ्रंट पेज पर आने लायक! दोस्त की याद पहले पन्ने पर क्यों आयेगी? मृणाल मिरि अपनी याद को इस तरह क्यों अख़बार में छपवा रहे हैं?

अब तक कुछ न समझता या शायद न समझने का बहाना करता मैं सहसा अटक गया था। डेढ़-दो साल पहले इसी एक्सप्रेस के पहले पन्ने पर सबसे नीचे ठीक इसी जगह प्रतीक कंजिलाल का स्मृति लेख था निर्मल पर जब वे गये थे। हड़बड़ाती घबड़ाती निगाह पूरी ख़बर पर सरसरायी

थी,आलस के बजाय आँखें एकदम चौकन्नी थीं। उनकी तस्वीर के नीचे हाइफन से विभाजित दो तारीख़ें दर्ज थीं। हाइफन के बायीं ओर की तारीख़ नौ जून उन्नीस सौ सैंतीस, दायीं तारीख़ तेरह जून दो हज़ार सात। कल। पिछला कल। बीता हुआ कल।

परन्तु नहीं। वे अभी भी हैं। यहीं कहीं, बहुत नज़दीक। आज भी। इसी वक़्त। मेरी उँगलियाँ लैपटॉप के की बोर्ड पर टकटका रही हैं, यह पंक्तियाँ स्क्रीन पर उभर रहीं हैं और मुझे कुछ सूझता है मैं लिखना छोड़ फ़ाइल मिनिमाइज़ करता हूँ...डैस्कटॉप पर हाथ बाँधे खड़े उनकी ब्लैक एण्ड व्हाइट तस्वीर, गूगल से ही कभी उतारी तस्वीर। अख़बार की तस्वीर से कहीं युवा तस्वीर। कुर्ता, बास्केट, मफ़लर। ऊँचा, बहुत ऊँचा माथा, बीच की माँग, नहीं, एकदम बीच की नहीं, तस्वीर में तनिक भर दाहिने दीखती माँग जो असलियत में बायीं ओर रही होगी। दोनों ओर गिरते चाँदी सफ़ेद बाल। उनकी बायीं कलाई पर बँधी कुर्ते की आस्तीन छूती काले पट्टे की घड़ी पट्टे का निचला सिरा लुप्पी से इंच भर बाहर निकला हुआ। चमकता डायल। किसी वृक्ष के नीचे खड़े हैं वे, पीछे पानी का कुण्ड और कोई पुरानी सी इमारत धुँधलायी सी। शायद कोई मकबरा है शायद लोधी के ही बग़ीचे हैं इण्डिया इण्टरनेशनल सेंटर गोद में बैठा है जिनकी।

उस तस्वीर में उनकी घड़ी को देखते हुए याद आया कि सर्दी की एक शाम उन्होंने इण्डिया इण्टरनेशल सेंटर, एनैक्सी में श्याम बेनेगल से कहा था भारतीय सिनेमा को अपने रूह में एपिक रियेलिटी समाविष्ट करने का प्रयास करना चाहिये।

एपिक रियेलिटी। मुझे नहीं मालूम उनका इससे क्या अभिप्राय था लेकिन उन्होंने रियेलिटी के प्रचलित अर्थ यानी यथार्थ को इंगित नहीं किया होगा, ज्ञानमीमांसीय नहीं बल्कि तत्त्वमीमांसीय संकेत उनका ध्येय रहा होगा।

एपिक रियेलटी—महाकाव्यात्मक यथार्थ नहीं बल्कि महत् सत्ता। ऐसी सत्ता जो स्वतः प्रमाण्य है,अपनी वैधता के लिए परतः प्रमाण्य नहीं है, किसी बाह्य प्रमाण पर निर्भर नहीं है। भारतीय सिनेमा या कलाकृति के सन्दर्भ में यह महत् सत्ता एक ऐसी चेतना प्रस्तावित करती है जो अपनी प्राण ऊर्जा भारतीय सत् से ग्रहण करती है, जिसकी धमनियों में भारतीय चेतना का अनन्त व्योम समाहित रहता है, जो मनुष्य के चेतस् को काल के

तात्कालिक दबाव से मुक्त कर त्रिकाल में स्थानान्तरित करती है। ऐसी सत्ता का अनुभव ही एपिक अनुभव है।

परन्तु एपिक अनुभव ज़रूरी नहीं किसी कलाकृति से सम्बद्ध हो कर ही आये, आवश्यक नहीं उसमें असीम विस्तार हो, प्रत्येक वह अनुभूति जो संकुचित काल चेतना से मनुष्य को मुक्त करती है, एपिक हो जाने की सम्भावना रखती है।

व्यक्ति के चले जाने के बाद उसकी आवाज़ सुनना भी एपिक अनुभव ही है। अठारह जुलाई दो हज़ार सात महर्षि रमण पर रामचन्द्र गाँधी का आख्यान। फिर से इण्डिया इण्टरनेशनल सेंटर का सभागार और रिकार्डर पर चलती वही आवाज़। कार्यक्रम शुरू होने से पहले उद्घोषिका ने बताया था रामू इस आख्यान को ले अत्यन्त उत्साहित थे। उनके न रहने पर उनकी कोई पुरानी रिकॉर्डिंग सुनायी जा रही थी। सहसा मुझे याद आया था, उन्होंने साहित्य अकादेमी की किसी सेमिनार में प्रपत्र पढ़ा था—''टी एच से ख़त्म होने वाले अँग्रेज़ी शब्द बड़े ही सारगर्भित होते हैं। डैथ, ट्रुथ,मिथ। मिथ व ट्रुथ में तो बड़ा गहरा सम्बन्ध है। मिथ याने माई ट्रुथ।''

जो व्यक्ति नहीं रहा था उसकी आवाज़ रिकार्डर पर चलती सिर्फ़ आवाज़ सुनने के लिए सभागार भरा हुआ था। वह आवाज़ उनका अपना सत्य थी जो सभागार में उपस्थित श्रोताओं का मिथक बन रही थी।

एपिक व मिथक में गहरा साम्य है। मिथक जातीय स्मृति व सामूहिक संस्कार का एक अंग है, एपिक इस स्मृति और संस्कार के किसी ख़ास अंग को नहीं उन्हें उसकी सम्पूर्णता में अभिव्यक्त करने की आकांक्षा लिए जीता है। दोनों ही अपनी स्वतन्त्र सत्ता रचते हैं। एपिक की भाँति मिथक भी स्वतः प्रमाण्य है, अपना सत्व आप ही निर्धारित, प्रमाणित करता है। मिथक की काया में महाकाव्य सरीखा विस्तार अन्तर्निहित भले न हो, परन्तु वह भी मनुष्य को उसकी जातीय स्मृति से सम्पृक्त करता है, इतिहास के तात्कालिक आवेश से मुक्त करता है।

और मैं...इस मिथक यानी माई ट्रुथ का साक्षी हूँ। कुछ स्मृति प्रतीकों के साथ। सोलह जून दो हज़ार सात को समेटे कुछ चिह्नों के साथ। सोलह जून की शाम इण्डिया इण्टरनेशनल सेंटर के लॉन में किताबों व निजी वस्तुओं की प्रदर्शनी सी सजी हुई है। गर्मी व उमस है। सेंटर की दीवार से

परे लोधी गार्डन के पेड़ों के पीछे ग़ायब होती धूप है। विस्मित सा खड़ा मेज़ पर सजी चीज़ें देखता रहता हूँ। यह रामचन्द्र गाँधी की निजी चीज़ें हैं। हम अपनी पसन्द की किताब या वस्तु उनकी स्मृति बतौर ले जा सकते हैं। निर्मल, कृष्ण बलदेव वैद की अनेक किताबें हैं—*अन्तिम अरण्य, ख़्वाब है दीवाने का, काला कोलाज।* निर्मल के जाने के बाद उन पर केन्द्रित कई पत्रिकाओं के अंक।

पूर्वग्रह का पुराना अंक, संस्कृत कैसे सीखें, सीता किचिन, तैयब मेहता पर लिखी स्वराज्य। उपनिषद्। कुछ कुर्ते। मफ़लर। पेंसिल। सफ़ेद लिफ़ाफ़े। और भी बहुत कुछ। इण्डिया इण्टरनेशनल सेंटर के स्टाफ विनती करते हैं एक व्यक्ति को सिर्फ़ एक किताब लेनी चाहिये ताकि सबको किताबें मिल सकें। हिन्दी की एक बड़ी कवयित्री ने पेट भर किताबें उठा अपने झोले में भर ली हैं।

मैं देर तक देखता रहता हूँ। मेज़ धीमे-धीमे ख़ाली होती जा रही है। पेंसिल लेकिन अभी भी बची हैं। किसी का शायद ध्यान तक नहीं गया है उन पर। आहिस्ते से कुछ पेंसिल उठाता हूँ। नीले रंग की STAEDTLER Marsh Lumograph Made in Germany 4B पेंसिल। १.२ डॉलर की एक पेंसिल। वही Friedrich Staedtler जिसने न्यूरैंमबर्ग में पेंसिल बनाने का दुनिया का सबसे पहला कारखाना १६६२ में स्थापित किया था। क्या ये सृष्टि की पहली पेंसिल है?

दो पेंसिल बिन छिली हैं। दो पेंसिल छिली हुई हैं—नोंक बहुत ही तीख़ी है। बचपन में हम पेंसिल छील नोंक का नुकीलापन नापने के लिए अपने गाल पर चुभाते थे। नोंक पैनी करने के लिए बार-बार छीलते थे, पेंसिल दो दिन में ही ख़त्म हो जाती थी, पेंसिल जल्दी ख़र्च कर देने के लिए माँ की डाँट पड़ती थी। रामू की नीली पेंसिल अपने गाल पर चुभोई...महीन सी चुभन। क्या वे भी हमारी ही तरह बार-बार पेंसिल छीलते नुकीली करते थे, बचपन में अपनी माँ की डाँट खाते थे। कुछ दिन पहले तक इन्हीं पेंसिलों से उन्होंने अपने रफ नोट्स बनाये होंगे, किताबों के हाशिये पर लिखा होगा। आज ये पेंसिल मेरी उँगलियों में सरसराती हैं। नीली-नीली लम्बी पेंसिल। रघुवीर सहाय ने लिखा है शायद नीले रंग के बारे में। एक रंग जो नीला होता है। एक जो तेरे कन्धे पर आकर नीला होता है। एक रंग जो इस पेंसिल पर आ ठहरा नीला हुआ है। मिथ। ट्रुथ। माई ट्रुथ। नीला

मिथक। नीला सत्य। मेरा सत्य।

नीली ये पेंसिल उँगलियों में सिहरती हैं। न जाने कहाँ से उमड़ती आतीं,न जाने क्यों घुमड़ती आतीं, दो पंक्तियाँ याद आती हैं। पहली, स्टीफन डैडलस की *द पोर्ट्रेट ऑफ़ एन आर्टिस्ट एज अ यंग मैन* में अन्तिम अभिलाषा—*अपनी रुह की भट्टी में अपनी प्रजाति की अजन्मी चेतना गढ़ देना चाहता हूँ।*

दूसरी, अनन्तमूर्ति के आग्रह पर, क़ीमती मो-ब्लांक पैन ख़रीदने पर निर्मल वर्मा की झिझकती, सिमटती हुई सी आकांक्षा—

> पहली बार मो-ब्लांक से अपनी डायरी शुरू कर रहा हूँ...इस क़लम को ख़रीदने की सज़ा यही है कि इससे कोई झूठा शब्द न लिखा जाना चाहिये—इच्छा होने पर भी नहीं।

जब भी अपनी अलमारी में सहेज रखी इन नीली पेंसिलों को छूता हूँ लगता है वे शायद इन्हें मेरे लिए ही छोड़कर गये थे। उन्हें शायद मालूम था जो इनसान जिस जगह उन्हें चोरी छिपे देखा करता था वह सोलह जून को उसी जगह आयेगा जहाँ ये नीली पेंसिलें रखी होंगीं। लोधी के बाग़ों की धूप होगी, मेज़ पर अटी किताबों के बीच नीली पेंसिलें चुपचाप रही आयेंगीं। सिर्फ़ उस इनसान की प्रतीक्षा में।

क्या यह एक तुतलाई कल्पना है।

कभी-कभार नितान्त अतर्कित कल्पनायें भी कितना सुकून देती हैं। फिर से जी उठने का मन हो आता है। वासनायें घुल-घुल कर बहने लगती हैं। क्या यही मिथकीय अनुभव है? एक स्वत: प्रमाणित सत्ता,जो अपनी वैधता के लिए किसी ऐतिहासिक साक्ष्य पर निर्भर नहीं है। मिथ यानी माई ट्रुथ। किसी के चले जाने के बाद उसकी STAEDTLER Marsh Lumograph 4B नीली पेंसिल छूना, काग़ज़ पर उससे कहानी का पहला वाक्य लिखना एक मिथकीय अनुभव ही तो है। एक ऐसा अनुभव जो अपने मिथकीय व्योम में महाकाव्य हो जाना चाहता है।

तीन : संवाद

कृष्ण बलदेव वैद से संवाद

यह आसान रास्ता है। किसी ने बोला, आपने लिख लिया। किसी लेखक को समझने के लिए उससे मिलना ज़रूरी थोड़े है।

हार्वर्ड में लिखी आपकी आलोचना किताब *टैक्नीक इन द टेल्स ऑफ़ हेनरी जेम्स*। शीर्षक में भी अनुप्रास। यह अनायास नहीं होगा।

यह शीर्षक शुरू में तो नहीं था लेकिन बाद में आ गया। अनुप्रास का यह आग्रह मेरे भीतर है। अँग्रेज़ी में भी जो मैंने अनुवाद किये हैं या थोड़ा बहुत लिखा है, उसमें भी अनुप्रास, एसोनैंस, एलीटरेशन मेरे स्टाइल में अनायास ही आ जाता है। गद्य में मुझे लय देखने की लत है। जेम्स का गद्य, वहाँ एक लय है। आप उसे ऊँचा पढ़ें। जॉयस के गद्य में तो संगीत है। जॉयस तो गाता है। *फिनिगंस वेक* भले न समझ आये आपको, अभी भी नहीं समझ आता मुझे। कई कीज़ के साथ भी पढ़ा है, कई चीज़ें छूट जाती हैं। उसे ऊँचा पढ़िये। अगर मैं आयरिश होता (तो शायद)...। आयरिश उसे पढ़ें तो उसका संगीत सुनायी देगा भले समझ न आये। मेरी समझ में गद्य में भी लय हो सकती है बग़ैर उसे क्षुद्र अर्थों में काव्यात्मक या पर्पल प्रोज बनाये। रूखे गद्य में भी। मसलन, निर्मल के मुक़ाबले मेरा गद्य रूखा है, जानबूझकर है। मैं उस तरह का सौन्दर्य अपने गद्य में नहीं लाना चाहता लेकिन लय तो बनी रहती है। शब्दों की आपसी रगड़ से संगीत पैदा होता है, वह निर्मलीय हो सकता है, वैदीय भी।

लिखते में ही मैं सुनता रहता हूँ इसकी आवाज़ क्या होगी। बोलकर तो नहीं लिखता लेकिन जब भी पाठ का कहीं मौक़ा मिला है पढ़ने में बड़ा मज़ा आया है।

अनुप्रास मेरे गद्य के संगीत का एक स्रोत है, और भी होंगे।

> टैक्नीक इन द टेल्स। तकनीक आपका बुनियादी सराकोर तभी से रहा है। दूसरे, स्टोरी नहीं टेल्स, कहानी नहीं कथा।

उससे भी पहले से। हेनरी जेम्स अपने छोटे आकार के गल्प को टेल्स कहते हैं। मृत्यु से पहले उन्होंने अपनी चुनिन्दा रचनाओं को संकलित किया था—द *न्यूयॉर्क एडिशन*। उसका शीर्षक ही था द *नोवेल्स एण्ड टेल्स ऑफ़ हेनरी जेम्स*। छोटी कहानियों का उनका प्रत्यय टेल का था, फ्रेंच में जिसे Conte कहते हैं।

हिन्दी में 'लम्बी' कहानियाँ अमूमन दस-बारह हज़ार शब्दों से अधिक नहीं होतीं। जेम्स की सबसे छोटी कहानी *द रियल थिंग* सात-आठ हज़ार शब्द। अपनी बहुत सी कहानियों को वे नॉवलेट भी कह सकते थे मसलन *टर्न ऑफ़ द स्क्रू, द बीस्ट इन द जेगल*। एक तो इस वजह से वे 'शार्ट स्टोरी' नहीं इस्तेमाल करना चाहते थे। कहानी की परिभाषा जो एडगर एलन पो ने दी, कहानी वो जो एक बैठक में ख़त्म हो सके, तो जेम्स जानबूझकर पो की प्रतिक्रिया में, जो उन दिनों चलन भी था पत्रिका में आदर्श कहानी पाँच-छः हज़ार शब्दों की मानी जाती थी जैसा हमारे यहाँ अभी भी है, उसे तोड़ रहे थे। शब्दों के लिहाज़ से।

दूसरा, उनकी स्टाइल इतनी डिमांडिंग है कि आप एक बैठक में उनकी कोई कहानी नहीं ख़त्म कर सकते।

'टेल्स' को चुनने में मेरा कोई इनोवेशन नहीं था। उन्होंने ख़ुद ही इसे परिभाषित करते लम्बे निबन्ध लिखे थे। पहली बार अँग्रेज़ी में किसी बड़े लेखक ने कहानी और उपन्यास पर आलोचना लिखी, सिद्ध किया लघु गल्प या टेल में भी किसी उपन्यास जैसी संश्लिष्टता पैदा की जा सकती है। कहानी के लिए उनका प्रत्यय हमारे गल्प के नज़दीक ठहरता है।

यह दस्तूर कि कहानी एक ही फर्राटे में लिख दी या पढ़ ली जाये, ऐसी

कहानियों को वे ऐनकडोट कहते थे। मैंने अपनी किताब में भी पैराबेल्स और ऐनकडोट्स का ज़िक्र किया है जो आकार में छोटी और संश्लिष्ट भी नहीं हैं, एकरेखीय कहानियाँ ओ हेनरी, पो सरीखी कहानियाँ। जेम्स ने ऐनकडोटिक कहानियाँ भी लिखीं लेकिन उनकी महानतम कहानियों— *द फिगर इन द कारपेट, द बीस्ट इन द जंगल, द जॉली कार्नर*—में उपन्यास सरीखी संश्लिष्टता है। कई चीज़ों को उन्होंने कहानी से शुरू किया, उपन्यास पर ख़त्म किया।

मैं आपके सवाल का जवाब नहीं दे पा रहा पहले फॉर्म बदलती है या दृष्टि। मैं अनुभूत करता ही रूपक और उपमाओं में हूँ।

> आप उस किताब में लिखते हैं कि जेम्स का गल्प कहानी की संकीर्ण विधानावली का अतिक्रमण कर जाता है। आपकी ख़ुद की कहानियों में फेबल सरीखा तत्त्व वहीं से उभरा?

कहानी में मैंने थोड़ी देर से प्रयोग किये लेकिन उपन्यास में शुरू से ही सचेत था। *उसका बचपन* के दो ड्राफ्ट लिखे, पहला निरा यथार्थवादी जिसमें परिप्रेक्ष्य का बड़ा चित्रण था, उस क़स्बे, वर्ग का। फिर लगा मैं तो वही लिख रहा हूँ जो नहीं लिखना चाहता था, मैं जेम्स की तरह भी नहीं लिखना चाहता था। जेम्स से मैंने ग्रहण किया कि उपन्यास भी कला है। उसमें कुछ भी भूसे की तरह नहीं डाला जा सकता, हालाँकि उस तरह भी महान् उपन्यास लिखे गये हैं। मैंने उनसे स्टाइल, संश्लिष्टता, भाषा, रूपक, मैटाफर्स और फैबूलेशन की गुंजाइश तो सीखी लेकिन उन जैसा फैलाव मेरे लेखक के स्वभाव के अनुकूल नहीं था।

मैंने नैरेटिव को तोड़ने की कोशिश की। ढाँचे को ले सचेत तो हूँ लेकिन निरा नियन्त्रित ढाँचा नहीं देना चाहता। संगीत की लय और चित्रकला के विन्यास पर मेरा आग्रह निरन्तर रहा। *काला कोलाज* मसलन।

मेरी कहानियों में फेबुलिस्टक या पैराबेल सरीखे तत्त्व तो हैं। *मेरा दुश्मन* और उसी थीम पर तीन कहानियाँ मैंने लिखीं। डॉपलगैंगर या आल्टर इगो जिसे मनोहर श्याम जोशी ने हमज़ाद कहा है कई स्थलों पर आता है— मेरा कोई दूसरा घूम रहा है। लेकिन मेरी टेल्स जेम्स सी नहीं।

शुरुआत में तो मैंने ऐनकडोट मसलन *उड़ान, बीच का दरवाज़ा* लिखीं। बाद की कहानियाँ *लीला, प्रवास गंगा* जिनमें दस्तूरनुमा ढाँचा नहीं हैं, इनके किरदार भी खण्डित हैं, नैरेटिव भी। पाठक ख़ुद ही पढ़ *लीला* को बाँधेगा कहाँ से ख़त्म करे कहाँ शुरू। *नर नारी* में भी नैरेटिव की निरन्तरता को तोड़ा है। *बिमल* में फिर भी एक ख़ास क़िस्म का आख्यान है जो उसके दिन के साथ चलता है—समाधि, स्थिति। *काला कोलाज, माया लोक, नर नारी* में खण्डित है। *दूसरा न कोई, दर्द ला दवा* में लम्बा मोनोलॉग है।

मेरी कहानियाँ एकदम संयमित होती है, निर्मम इकॉनमी। ऐसा नहीं कि थोड़ा डायलाग भी हो, माहौल हो, चुस्की चाय की भी चलें। उसमें सांकेतिकता होती है। मेटाफोरिकल ढाँचा।

आपका सवाल क्या था? यह बातचीत काफ़ी बिखरी हुई होगी। टूटी हुई बिखरी हुई।

> फॉर्म के साथ प्रयोग शायद आपके बोध में आये परिवर्तन को भी लक्षित करते हैं। *उसका बचपन* के बहते हुए नैरेटिव के बाद जब आप *काला कोलाज* में ढाँचे को तोड़ते हैं तो सृष्टि के प्रति आपकी दृष्टि बदल चुकी होती है।

वेस्टेज तो अभी भी मेरे काम में बहुत कम है। रैटॉरिक तो है लेकिन उसका ख़ास मकसद है। कोई वाक्य कहना, उसका क्षिद्रान्वेषण करना, उसे कई तरह से कहना, उसका ही खण्डन करना। कई चीज़ें जो उस वाक्य में नहीं आ सकतीं, वे और उनका उलट भी आ जाये।

लेकिन ऐसा नहीं कि प्रत्यय पहले बन गया हो, लिखते-सोचते ही फॉर्म बनती है। ऐसा नहीं मैं स्पांटेनिटी का ख़याल नहीं करता, लेकिन फिर जो मन में आये ज़रूरी नहीं उसका कोई स्वरूप भी बने...। रूप लिखने की प्रक्रिया में ही अर्जित होता है। ऐसा नहीं कि ये ख़याल करूँ कोई बड़ा तीर मारना है फॉर्म में लेकिन पचास साल से ज़्यादा हुआ काम करते और कोशिश यही रहती है अपने को दोहराऊँ नहीं। ये कोशिश दोहरावों को रोकती है लेकिन पूरी तरह ख़त्म नहीं कर पाती। आख़िर लिख तो मैं ही रहा हूँ। *उसका बचपन* के कई तत्त्व मसलन बीरू, कुछ लोगों का कहना

है बीरू ही बिमल है, वही *मेरा दुश्मन* का नैरेटर है। या सिमिलीज और मैटाफर। हैमिंग्वे के काम में उपमायें होती ही नहीं। न कोई विशेषण न उपमायें। मेरे यहाँ विशेषण भी हैं, रूपक भी, तुलनायें भी। जिन्हें आप होमॅरिक या एपिक सिमिलीज भी कह सकते हैं। इकॉनमी के साथ यह भी है।

रूपक महज़ लेखन के दौरान नहीं हैं, किसी की शक्ल मसलन देखूँ तो तुलना करता रहता हूँ इसकी नाक इस तरह की है। कोई दृश्य मुझे किसी और दृश्य की याद दिलाता है। मैं दृश्य को अनुभूत करता ही सिमिलीज और मैटाफर्स में हूँ।

निरन्तरता तो है। स्टायलिस्टिक और थीमेटिक निरन्तरता तो है। भूख, ग़रीबी, भौतिक अभाव बार-बार आते हैं। *काला कोलाज* में ऐसे कई दृश्य हैं जिन्हें बहुत कम लोग देख-बर्दाश्त कर पाते हैं। इनका चित्रण यथार्थवादी तरीक़े से नहीं होता लेकिन इनका यथार्थ मारक है क्योंकि प्रगतिवादी तो सेंसर कर देते हैं, पाँयचे पकड़ चलते हैं। दूसरे, बीरू की तड़प और तलाश कई रूप लेती है। कॉमिक और ट्रैजिकॉमिक रूप भी। समाधि लगाने की कोशिश भी करता है लेकिन लगती नहीं। या ऐसे सवाल कि हम कहाँ से आये, कहाँ जा रहे हैं।

मैं आपके सवाल का जवाब नहीं दे पा रहा कि पहले फॉर्म बदलती है या दृष्टि।

मेरे लिए फॉर्म अपने विषय को तलाशने-तराशने का साधन है।

फॉर्म के ज़रिये ही मैं अपने विषय तक पहुँचता हूँ। कच्चा विषय तो बतौर अनुभव या किसी और रूप में मेरे अन्दर होगा ही लेकिन जब तक फॉर्म न मिले तो कुछ नहीं। मसलन *नर नारी* जिसका एक तत्त्व स्त्रीवाद है कि मैं स्त्रीवादी चेतना को विकसित करने का प्रयास कर रहा हूँ। एक सचेत और असचेत नायिका है। लेकिन मैं यह उस तरह नहीं लिख सकता जिस तरह हिन्दी में नब्बे फीसद उपन्यास लिखे जाते हैं, एक फार्म जो अब घिस चुकी है। जब तक मुझे नहीं सूझता अपने किरदार के भीतर कैसे जाऊँ कुछ नहीं होने पाता। मसलन, स्ट्रीम ऑफ़ कांशसनैस बार-बार इस्तेमाल करता हूँ। अगर मुझे ऐसी फ्रैगमैंटिड फार्म न मिलती तो उस तरह का उपन्यास इतना अच्छा न लिख पाता।

ये खेल का तत्त्व मेरी फॉर्म में है। स्टाइल में भी, शिल्प में भी। खिलवाड़ नहीं, जो हल्का शब्द है। खेल। लीला। शाब्दिक व शैल्पिक लीला।

फॉर्म अगर ज़रिया है भी तो कोई प्रस्थान बिन्दु तो होगा ही जहाँ से शुरू करते हैं आप।

मोनोलॉग शायद ज़रिया है एक। *उसका बचपन* में भी कई ऐसे बिन्दु हैं जहाँ बीरू अकेला है, स्ट्रीम ऑफ़ कांशसनैस नहीं वहाँ लेकिन बीरू अपने ख्यालों में है। *गुज़रा हुआ ज़माना* में भी लम्बा ड्रीम सीक्वेंस है, स्ट्रीम ऑफ़ कांशसनैस का तत्त्व है। प्रथम पुरुष नैरेटिव या एक ख़ास प्वांइट ऑफ़ व्यू से देखने की मैंने कोशिश की है। प्वांइट ऑफ़ व्यू पर जेम्स ने बहुत अधिक बल दिया है; वे प्रथम पुरुष नैरेटिव के ख़िलाफ़ थे। जबकि मुझे लगता है प्रथम पुरुष नैरेशन में भी वही संयम हासिल किया जा सकता है जो जेम्स चाहते थे। *गुज़रा हुआ ज़माना* में वैसा संयम है भी।

तो दो–तीन युक्तियाँ हैं जो मैं बार–बार इस्तेमाल करता हूँ, भले ही ऊपर से लगे एकदम नया प्रयोग हो रहा है। मोनोलॉग, स्ट्रीम ऑफ़ कांशसनैस, प्रथम पुरुष नैरेटिव। आख्यान खण्डित करने का प्रयास। *नर नारी, मायालोक* और *काला कोलाज*। *एक नौकरानी की डायरी* में फिर से वापस गया हूँ, डायरी कई लोगों ने लिखीं हैं। लेकिन मैंने डायलॉग से परहेज़ किया। प्रयास यह रहा है कि चेतना का जन्म हो, नायिका डायरी लिखती है और उसे रस आने लगता है। वह डायरी में अपने को पाना चाह रही है। यह भी था कि शायद मैं एक सरल सा उपन्यास लिखना चाहता था। *अन्त का उजाला* और इस डायरी को लिखने में अजीब सी आसानी रही।

प्रथम पुरुष नैरेटिव आपको अपने किरदारों से कहीं गहरे जोड़ देता है शायद। एक आत्मीयता।

प्रथम पुरुष नैरेटिव की सीमायें भी हैं। उसमें टॉलस्टाय जैसा विस्तार, कैनवास नहीं आ सकता। लेकिन *यूलिसिस* प्रथम पुरुष नैरेटर का ही रूप है। उसमें तीन नैरेटर हैं और प्रमुख स्टीफन डैडलस ही है। आत्मीयता तो रहती है लेकिन इंटैंसिटी भी आती है। उसमें बिखराव की गुंजाइश कम है। जेम्स हालाँकि इसके विपरीत थे, कहते थे *फर्स्ट पर्सन इज़ कंडैम्ड टू द*

फ्लूयिडिटी ऑफ़ सैल्फ रैविलेशन।

उनकी मान्यता को मैंने हार्वर्ड में चुनौती दी। द *अंबैसेडर्स* के एक सफ़े का विश्लेषण कर बताया कि अगर जेम्स उसे प्रथम पुरुष में लिखते तो भी कोई फ़र्क़ नहीं पड़ता। 'वह' के बजाय 'मैं' कर दो। *काम्यू का आउटसाइडर* भी प्रथम पुरुष में है और बड़ा ही सघन है। जेम्स ने पहले ही समूची वेस्टेज हटा दी है। प्वांइट ऑफ़ व्यू और उसकी पकड़ इतनी ज़बरदस्त हो कि आप एक ही नायक की आँख से सब कुछ घटित होता देख रहे हैं तो फिर प्रथम पुरुष में क्यों नहीं।

मैंने प्रथम पुरुष क्यों चुना? *उसका बचपन* में प्रथम पुरुष नहीं लेकिन आँख वही है। प्रथम पुरुष सघनता के अलावा मैंने इसलिए भी चुना कि उसमें एक सैल्फ-कांशस नायक या प्रतिनायक जो आत्मसजग है, अपनी हर हरकत देख-परख रहा है, हर वाक्य छान रहा है। दूसरा, यथार्थवादी रूढ़ियों के प्रति मेरा विद्रोह—कि थोड़ा माहौल हो ही। उसका संकेत करना काफ़ी है। मसलन, *एक नौकरानी की डायरी*। उसमें उसके जीवन का संकेत पूरा मिलता है।

टू बी ऑर नॉट टू बी लिखते समय शैक्सपिअर भूल गया कोई इसे समझेगा या नहीं। अगर रचना अनफिनिश्ड लगती है तो भी ठीक। उसकी भी अपनी एक फॉर्म होती है।

> *उसका बचपन* के बाद लम्बे अरसे तक कथा लगभग न्यून रही आती है आपके यहाँ। न्यून गल्प दो-तीन दशकों तक चलता है फिर सहसा गल्प का विस्फोट। *बदचलन बीवियों का द्वीप*।

कथा तो रही लेकिन घटना पर आधारित नहीं। *मायालोक* में कई कहानियाँ हैं। *काला कोलाज* में दृश्य। *बिमल* में भी कहानी है। कहानी को तोड़ने की कोशिश है, खण्डित करने की। दूसरे, *बदचलन बीवियों का दीप* कथासरित्सागर की कहानियों पर प्रयोग ही था, कथा के रस को हासिल करने के लिए। तथाकथित पोस्टमॉडर्न तत्त्व भी लाये। वो विस्फोट तो संयोग से ही हो गया। मन में था शायद अर्से से। लेकिन आप इन्हें मूल से तुलना करें ये एकदम नयी कहानियाँ हैं। मैंने *कथासरित्सागर* से खेला भर है।

ये खेल का तत्त्व मेरी फॉर्म में है। स्टाइल में, शिल्प में भी। खिलवाड़

नहीं, जो हल्का शब्द है। खेल। लीला। शाब्दिक व शैल्पिक लीला।

> खेल के साथ शरारत भी शायद। फॉर्म ही नहीं मिज़ाज में भी। दो किरदारों वाले नाटक *अन्त का उजाला* का पाठ मसलन। आप उसे पढ़ रहे थे और शुरू में ही कह गये थे, शायद किसी शरारत के ही तहत, बजाय किरदारों का नाम लेने के पहले पात्र पर दायें हाथ की तर्जनी ऊपर उठायेंगे, दूसरे पर बायें की। मैं दर्शकों के बीच था, पूरा समय मेरा यही ध्यान रहा कौन सी ऊँगली अब उठी है, कौन सी उठने जा रही है। तुर्रा यह बीच-बीच में ग़लत ऊँगली भी उठ जाया करती थी। शायद शरारत ही। (वैद ने इस नाटक का पाठ दिल्ली में किया था। यहाँ उसी पाठ का उल्लेख है।)

हाँ। शरारत। हमारे यहाँ बहुत है। कृष्ण की लीला। माखन चोर। चीर हरण।

नैरेटिव की जड़ता कि कोई आरम्भ, मध्य, अन्त हो, इसे तो तोड़ना चाहिये। ये आशंका कि खेल से उसकी गम्भीरता ख़त्म हो जाती है ग़लत है। भूख के साथ खेलना मसलन, भूखकुमारी का दर्द उस कहानी में उतना ही शायद उससे कहीं अधिक सशक्त है। उसे एक स्वप्न में पिरो दिया गया है।

काला कोलाज में दोहरी माई का किरदार। जिन उपन्यासों में भूख ठस तरीक़े से चित्रित की जाती है मैं तो ज़रा भी प्रभावित नहीं होता। इतना शोषण होता दीखता है जनवादी लेखन में लेकिन कोई असर नहीं होता उसका। वो जड़ फार्म है, इतना फूहड़ तरीक़ा है।

> *भूख कुमारी के साथ एक शाम*। यह एक रोमानी सी कहानी नहीं है? मध्यमवर्गीय नायक अपने अपराध-बोध को छुपाने के लिए एक काल्पनिक किरदार गढ़ देता है, एक फितूर।

इसमें फंतासी है, रोमानियत नहीं। मैंने उस लड़की को रोमान्टिसाइज नहीं किया है, उसे एक ऐसी चेतना ज़रूर दी है जो आम लेखकों की दृष्टि में अयथार्थवादी होगी। मेरा यह मानना है कि बच्चे किसी भी वर्ग के हों, बड़े ही संवेदनशील हो सकते हैं। बीरू, एक नौकरानी की डायरी की नायिका,

भूख कुमारी। इनमें यह क्षमता है कि वह किसी चीज़ को समझें और उस पर संवेदनशील प्रतिक्रिया करें। संवेदनशील होना और अतिभावुक होना दो अलग चीज़ें हैं। अगर मैं उसे अधिक सैंटीमैंटल बनाता या उसकी झोंपड़ी या उसके कचरा बीनने को ख़ूबसूरत तौर पर पेश करता तो वह रोमानी लगती। नायक-लेखक और लड़की का रिश्ता सांकेतिक ही रहा आता है। वह रोज़ सैर को जाता है लेकिन एक ख़ास जगह से लौट आता है। उस जगह से आगे जाने का मतलब किसी दूसरे प्रदेश में प्रवेश है। आज उसने हिम्मत की है और वह वहाँ चला गया है। इसमें फंतासी का तत्त्व तो है लेकिन यह एक अच्छी बात ही कही जायेगी, अगर सिद्ध हो जाये तो, कि नायक और लड़की के संवाद को एक दूसरे स्तर पर ले जाना जो स्वप्नलोक भी हो सकता है। मसलन *एलिस इन वण्डरलैण्ड* की फंतासी जो यथार्थ से उलट नहीं, यथार्थ तक पहुँचने का ही एक तरीक़ा है।

> वह पहुँचता तो है यथार्थ तक लेकिन यह बोध बना रहता है कि वह लड़की उसका ही ख़याल है, उसका ही अपराध-बोध है जिससे मुक्ति के लिए उसने उसे गढ़ दिया है।

अगर इस तरीक़े से पढ़ें कहानी को तो भी कोई फ़र्क़ नहीं पड़ेगा, तो भी वह फंतासी रहेगी। अपराध-बोध कि वह भूख के अनुभव से दूर हो गया है, या भूख के यथार्थ का सामना नहीं कर रहा, यह पाठ भी उस कहानी में निहित है, तो भी उस नायक की रूमानियत नहीं झलकती, अपने अपराध-बोध से साक्षात्कार का एक नया तरीक़ा झलकता है कि उसने इस लड़की को रच दिया है, ख़ुद को चेतावनी-चुनौती देने के लिए इस लड़की को ईजाद कर लिया है। यह कहानी पूरी तरह तो यह इज़ाज़त नहीं देती कि आप इसे सिर्फ़ एक फंतासी के तौर पर पढ़ें कि वो लड़की है ही नहीं, उसके दिमाग़ का ही प्रोजेक्शन है। नहीं। उस लड़की में ऐसी ख़ूबियाँ हैं, ऐसे फीचर्स हैं जो उसे एक ठोस लड़की भी बनाते हैं और एक प्रतीक भी। उसके अपराध-बोध का एक प्रतीक।

> जब आप इसे लिख रहे थे तो आपके ज़ेहन में यह दोनों सम्भावित व्याख्या थीं?

लिखते वक़्त तो बहुत कुछ नहीं भी होगा, बहुत कुछ और भी होगा। लेकिन लिख चुकने के बाद जो उसमें आ सका है, आ चुका है, उसकी मल्टीप्लिसिटी इसलिए ही कायम रहती है क्योंकि वह यथार्थवादी रूढ़ियों से हटती है। इसी वजह से उसमें यह संश्लिष्टता या सम्भावना आती है कि आप उसे एक से अधिक तरीक़े से पढ़ सकें।

हैंमिग्वे में बड़े ऊँचे दर्ज़े की सादगी है। अनुपस्थिति की नहीं उपस्थिति की सादगी। कई चीज़ों को बड़ी मेहनत से नकारने के बाद एक ख़ास क़िस्म की उपस्थिति पैदा की उन्होंने अपने साहित्य में।

> आप यथार्थवादी फॉर्म का विरोध करते हैं कि यह ठस, घिस चुकी है। आप भी तो लेकिन वही गिनती के तकनीकी औज़ार प्रयोग कर रहे हैं—मोनोलॉग, स्ट्रीम ऑफ़ कांशसनैस, प्रथम पुरुष नैरेटिव।

यथार्थवादी रूढ़ियाँ जिन बातों पर ज़ोर देती हैं कि सन्दर्भ विस्तृत हो, किरदार का पूरा नक़्शा विस्तार किया जाये। मुझे लगता है कि इन रूढ़ियों की अब ज़रूरत नहीं, इनकी अनुपस्थिति कोई दोष नहीं उपन्यास में। इनके माध्यम से जो चीज़ें स्थापित-प्रस्तावित की जाती थीं वो किसी और तरीक़े से भी हो सकती हैं। ये बन्धन अगर टूट जायें तो आप ऐसी कोशिश नहीं करेंगे। टॉलस्टाय, प्रेमचन्द या बाल्जाक सरीखे महान् उपन्यासकार—हालाँकि प्रेमचन्द उनके पाये के नहीं हैं, गाल्सवर्दी तक ही पहुँचते हैं, दरअसल यथार्थवाद की महान् परम्परा उन्नीसवीं के अन्त तक घिस चुकी थी। उसमें कोई सम्भावना नहीं बची थी। सोवियत के ज़माने में लिखे गये उपन्यास उस पाये के नहीं थे। शालाखोव का *क्वाइट फ्लोज़ द डॉन, हाउ द स्टील वाज टैंपर्ड*—सोवियत सोशलिस्ट रियलिज़्म के उपन्यास जिन्हें स्टालिन पीस प्राइज, लेनिन पीस प्राइज मिलते थे उस पाये के नहीं थे। जिस परम्परा की बात जॉर्ज लूकाच ने की है स्टडीज इन यूरोपियन रियलिज्म वो परम्परा अब घिस चुकी हैं। वे बैस्ट सैलर टाइप के लोग ही लिख रहे हैं।

कई लोग अभी भी यथार्थ को चित्रित कर रहे हैं लेकिन उसकी अभिव्यक्ति के लिए उन्होंने और युक्तियाँ प्रयुक्त की हैं, कुछ उन्होंने सिनेमा से लिया

है, कुछ खण्डित नैरेटिव, कुछ उत्तर आधुनिक डिवाइस भी ली हैं।

मुझे कोई रुचि नहीं कि मैं अपने किरदार को बाल्जाक या टॉलस्टाय की तरह चित्रित करूँ।

जो आपका सवाल कि मैं बार-बार वही करता हूँ, तो उसमें अदल-बदल होती रहती है। खण्डित नैरेटिव में कई गुंजाइश हैं, सिनेमा के मोंताज में भी, मोंताज हालाँकि बहुत पुरानी चीज़ हो चुकी है। संगीत से तुलना करें तो उससे फॉर्म में लय आ जाती है। सही है, अगर ये चीज़ें भी सौ-दो सौ साल तक चलती रहीं तो कुछ और ढूँढ़ना पड़ेगा। लेकिन इन चीज़ों के बदलने से आपकी शैली एकदम बदल जाती है।

निर्मल या वात्सयायनजी का ज़िक्र करें तो उनके उपन्यासों में कुछ और चीज़ें आयीं हैं, भाषा और शैली के स्तर। लेकिन संरचना के स्तर पर वे रोमांटिक रियलिज़्म तक ही पहुँचते हैं। उससे आगे नहीं बढ़ते। मसलन, *सूखा तथा अन्य कहानियाँ* और *कव्वे और काला पानी*। निर्मल की गति इसलिए ही मन्थर होती है कि उन्हें हर चीज़ ज़रूरी दिखती है—मौसम, चढ़ाई चढ़ता नायक...क्योंकि वे जाने-अनजाने वही विधियाँ इस्तेमाल कर रहे हैं।

ये दावा नहीं है कि जो यथार्थवाद को नकार रहा है वह पूरी तरह से नकारता है। नाम देने पड़ते हैं, हालाँकि मेरे किरदारों के कई बार नाम नहीं होते। न ही ये दावा है कि जो दूसरा रास्ता अख़्तियार किया मैंने वह हमेशा तरोताज़ा ही रहेगा। दरअसल, अभी तक हम जॉयस से आगे नहीं बढ़ सके। वे एक ऐसे चरम बिन्दु तक ले गये गद्य और ढाँचे को, ख़ासतौर पर *फिनिगंस वेक* में, कि उससे आगे अँग्रेज़ी का कोई उपन्यासकार नहीं जा पाया है।

ये भी मानना पड़ेगा कि अगर आप जॉयस के बाद के महान् उपन्यास गिनें तो वे लोग उन्नीसवीं सदी के महान् यथार्थवादी उपन्यासों से भिन्न हैं। रश्दी को लें, भले ही महान् न सही वे उल्लेखनीय तो हैं, एलियास कनेटी एकदम अलग हैं। फॉकनर ने स्ट्रीम ऑफ़ कांशसनैस का अपने तरीक़े से इस्तेमाल किया।

यानी आप मान रहे हैं कि रियलिज़्म में भी सम्भावनायें हो सकती हैं।

हाँ, लेकिन वे सम्भावनायें कमज़ोर ही होंगी जब तक आप उनमें कुछ नया नहीं तलाशेंगे। मसलन, वर्जीनिया वुल्फ़ अपने पितामह गाल्स्वर्दी इत्यादि को नकारती हैं, अपनी राह बनाती हैं। उन्होंने कहा *ऑन ऑर अबाउट डिसेंबर १९१० ह्यूमन कैरेक्टर चेंज्ड* और द *एक्सैन्ट फाल्स हियर एण्ड नॉट देयर*।

एक ओर तो निर्मल वुल्फ़ का बार-बार गुणगान करते हैं, लेकिन उनके और वुल्फ़ के उपन्यासों में फ़र्क़ यह है कि यथार्थवादी ढाँचे को उन्होंने तोड़ा— *मिसेज डैलोवे* में भी, टू द *लाइटहाउस* में भी। उनके शुरुआती उपन्यास भले ही यथार्थवादी थे लेकिन वे उस ढाँचे को छोड़ती गयीं। स्वप्न का ढाँचा ले सकते हैं। मैंने *मायालोक* में प्रयास किया कि स्वप्न सरीखा ढाँचा बुन दूँ। मैं ये नहीं कह रहा कि कोई बहुत क्रान्तिकारी परिवर्तन कर दिये लेकिन हमारे सन्दर्भ में देखें तो बहुत कुछ भिन्न किया मैंने।

यथार्थवादी तरीक़े से भी उत्कृष्ट काम किया जा सकता है लेकिन मैं उस उत्कृष्ट को कोष्ठक/इनवर्टड कोमा में रखूँगा क्योंकि वहाँ वही बैस्टसैलर सरीखा काम हो रहा है जो कहानी, प्लाट की रट लगाते हैं। इसके साथ अतिभावुक, रुलाने वाला आर्द्र काम भी हो रहा है, भीगा-भीगा है समां वाला।

इस बहस को कितना ही खींच लें लेकिन जिन लोगों के मन में यह बस जाता है कि जो यथार्थवाद का विरोध कर रहा है वह यथार्थ का भी विरोध करता है कि यथार्थ को पकड़ने कि लिए यथार्थवाद बहुत ज़रूरी है। मैं समझता हूँ कि यथार्थ की कोई भी परिभाषा हो, बाहरी या आन्तरिक, उसे पकड़ने के लिए भी फ़िलहाल तो यह ज़रूरी है ही कि उसे पकड़ने के लिए हम यथार्थवादी रूढ़ियों से दूर जायें। फिर परखिये पचास सौ साल बाद।

साहित्य और कला में प्रगति नाम की कोई चीज़ नहीं होती। आप पिछले को नहीं नकारते। कोई बेवकूफ़ ही माइकिल एंजेलो को नकार सकता है, भले ही पिकासो माइकिल एंजेलो जैसा नहीं रचेंगे, उनसे जो लेना है ले लेंगे।

आत्मा के स्तर पर कुछ कलाकार अपने ही माध्यम से दूसरों तक पहुँचते हैं, दूसरों के माध्यम से अपने तक नहीं।

कहानी तो माना कि आप अपने लिए ही लिख रहे हैं, पाठक ध्येय या उद्देश्य नहीं। लेकिन नाटक तो अनिवार्यत: दर्शक और मंचन के लिए है। आपने नाटक भी लिखे हैं। इन दोनों की रचना में कोई फ़र्क़ कहीं ?

नाटक को भी उसी तरह लिख सकते हैं आप—लिखते समय अपने को न डरायें कि यह मंचित हो पायेगा या नहीं, दर्शक इसे समझेगा या नहीं। कई महान् नाटक भले शेक्सपियर के हों, चेखव या बैकेट के, उनमें कोई बन्दिश नहीं। क्या शेक्सपियर अपने ऑडियंस को ध्यान में रखता था, रखता होगा लेकिन महानतम रचनात्मक लम्हों में वह उन्हें भूल जाता था। यह नहीं सोचता था वो उसके साथ उड़ेंगे या नहीं, लेकिन वो उड़े। अपना महानतम काव्य वह *हैमलेट, किंग लियर* में नहीं लिख पाता अगर वह सोचता यह एलिजाबेथियन ऑडियंस को समझ आयेगा या नहीं। उसने अपने आपको पंगु नहीं बनाया होगा तभी वह इतना ऊँचा उड़ सका, *टैंपेस्ट* जैसा नाटक लिख सका, भाषा को मुक्त कर सका। सही है वह एक उत्कृष्ट अभिनेता भी था और यह समझ थी कि उसे दर्शकों को भी ख़ुश करना है लेकिन अपने महानतम लम्हों में उसने उन्हें ख़ुश नहीं किया। *टू बी ऑर नॉट टू बी* लिखते समय वह भूल गया कोई इसे समझेगा या नहीं।

फ़िल्म लें। फ़िल्म से ज़्यादा ऐसी कोई कला नहीं जो दूसरों पर निर्भर होती है। लेकिन जिन लोगों ने महान् फ़िल्म बनायी है, तारकोवस्की ने नहीं सोचा होगा *स्टॉकर* कोई देखेगा या नहीं। नाटक को कला के प्रतिमानों पर लेना है तो उसे इन्हीं शर्तों पर उतरना होगा। बैकेट ने नहीं सोचा होगा उसके नाटक सफल होंगे, दर्शक को समझ आयेंगे या नहीं। नाटक के लिए भी अनकम्प्रोमाइज़िंग दृष्टिकोण बहुत ज़रूरी है। उसके लिए जोख़िम उठाना ही चाहिये। *हमारी बुढ़िया,* जिसका मंचन नहीं हुआ अभी, *भूख आग है से* ज़्यादा मुश्किल और जोरदार है।

पाठक का हौआ, पाठक को हौए के तौर पर इस्तेमाल नहीं करना चाहिये। इस हौए को प्रगतिवादी लेखकों ने बनाया है, इससे साहित्य को बहुत नुकसान पहुँचा। भाषा ऐसी सबकी समझ आये—ये ग़लत है। यह व्यावसायिक और नीरस लेखन को जन्म देता है। वे सोचते हैं समाज का उत्थान कर रहे हैं। वही पुराने शोषण के दृश्य, जिनमें न कोई कँपकँपी

होती है न अनुभव की शिद्दत न ही सौन्दर्य। अख़बारी सी सूचनानुमा बात होती है।

> आप लिखते वक़्त कहीं अटके हों, किसी फ़िल्म को देखते या किताब पढ़ते या किसी दृश्य से गुज़रते आपको कुछ कौंध जाये और आपका अटका उपन्यास फिर चल पड़े भले ही उस किताब या दृश्य का आपके अधूरे उपन्यास से कोई सम्बन्ध न हो। ऐसा होता है आपके साथ?

यह तो क्रिएटिव प्रोसेस ही है। आप कई चीज़ों से उकसाये जाते हैं। अक्सर होता है मेरे साथ कुछ ऐसा जिसका कोई ताल्लुक नहीं है जो आपके मन में चल रहा है उससे। यह किसी याद से भी हो सकता है, दृश्य से भी। सड़क पर चलते हुए, कार चलाते हुए, किसी से बात करते हुए। कई ख़याल अकेले में ही आते हैं एकाग्रता बाँधने से। कई तरीक़ों से दस्तक देती है प्रेरणा।

जो चीज़ ऊपर से असम्बद्ध लगती है किन्हीं अन्य स्तरों पर उसका सम्बन्ध होगा। प्रुस्त का उपन्यास शुरू होता है नायक मैडलीन बिस्कुट चाय में डुबोता है तो उसे कई चीज़ें कौंध जाती हैं जिसका उस डुबोने से कोई सम्बन्ध नहीं है। जो चीज़ ट्रिगर करती है उसका कोई सम्बन्ध परोक्ष सही ज़रूर होगा। अवचतेन स्तर पर हो। फ्रायड ने कह तो दिया अवचेतन कार्यरत रहता है। ऐसे स्वप्न आते हैं जिनकी आपने कभी कल्पना ही नहीं की होगी। दिमाग़ बड़ा ही जटिल संयन्त्र है, चेतना का ताल्लुक बताते हैं दिमाग़ से है।

मैं इस बार कोशिश करूँगा जवाब प्रश्न से भटके नहीं। कुछ चीज़ें ख़त्म होने से ही इनकार कर देती हैं। हमें इसे स्वीकारना चाहिये।

> कुछ ऐसे बिन्दु होंगे जहाँ आपका उपन्यास अक्सर अटकता होगा।

जब लिखना शुरू किया था मुझे प्लाट कभी पसन्द नहीं आया। फिर मैंने प्लाट छोड़ ही दिया। प्लाट की जगह शुरू में किरदारों ने ली, फिर एम्बियेंस ने। एम्बियेंस जो परिवेश से भी सूक्ष्म है। अगर मैं प्लाट में फसूँ

तो भटक जाऊँगा। अन्त कभी मुझे तंग नहीं करता। ज़रूरी नहीं मैं कोशिश करूँ अन्त में सब कुछ समेट लिया जाये। अगर रचना अनफिनिश्ड लगती है तो भी ठीक, उसकी भी अपनी एक फॉर्म होती है। *काला कोलाज* को कह सकते हैं—मैंने यूँही ख़त्म कर दिया, छोड़ दिया। अगर नहीं रास्ता मिल रहा तो छोड़ दिया आगे कोई और चीज़ आ जायेगी जैसे *नर नारी* आ गया। उस तरह के अन्त का सुगठित आदर्श जो हेनरी जेम्सियन आदर्श था मैंने छोड़ा। फार्म को ले सजग रहो लेकिन ज़रूरी नहीं हर फार्म बिलकुल फिनिश्ड नज़र आये। ओपन एण्डेड उपन्यास भी हो सकता है उसे क्यों समेटा जाये। कविता में भी कुछ लोगों की आदत होती है कविता की आख़िरी पंक्ति उसमें सब कुछ आ जाये लेकिन आप क्यों ख़्वामख़्वाह उसकी सम्भावनाओं को सीमित कर रहे हैं। उसे खुला ही रहने दीजिये। कुछ चित्र, स्वामी के कई चित्र मुझे अनफिनिश्ड लगते हैं, रामकुमार के नहीं। अनफिनिश्ड चित्रों में वैसी ही कभी-कभी उससे ज़्यादा शक्ति नज़र आती है। बी राजन। बड़े भारी मिल्टन स्कॉलर। *फॉर्म ऑफ़ द अनफिनिश्ड* लिखी। बहुत प्यारी किताब। उन्होंने अँग्रेज़ी से उदाहरण लिये। मैंने उनसे कहा था काफ्का के भी उपन्यास लिए जायें, वे भी अनफिनिश्ड हैं। और वे महान् हैं। कुछ चीज़ें ख़त्म होने से ही इनकार कर देती हैं। हमें इसे स्वीकारना चाहिये।

> आप किसी दृश्य से गुज़रते, उद्वेलित होते हैं, क्या यह भी तय करते हैं कहीं प्रयोग करेंगे इसका और घर आ उसे डायरी में दर्ज कर लेते हैं?

अलग है मेरा तरीक़ा। अगर दर्ज भी होता है तो मन में ही। कई बड़े अच्छे लेखक तो जैसे ही कोई ख़याल आता है काग़ज़ पर भी नहीं अपनी कमीज़ के कफ पर ही लिख लेते हैं। नोट्स लेकिन कई किताबों, कहानियों के लिए हैं। बिमल को लिखते हुए कई दफ़ा नोट्स बनाये थे लेकिन ऐसा नहीं हुआ फौरन फ़ैसला कर लिया हो इसे इस्तेमाल करना है। कई बार शुरू करने से पहले डूडलिंग सी, अनकंट्रॉल्ड आउटपोर सा भी होता रहा है।

कभी ये भी हुआ है मसलन *काला कोलाज* जिसमें निरन्तरता नहीं है, जैसे कोई चित्रकार—कभी यहाँ ब्रश कभी वहाँ। खण्डों में ही लिखा, बाद में

फ़ैसला किया किसे कहाँ रखना है। मैं समझता हूँ इन दोनों उपन्यासों—*माया लोक, काला कोलाज*—को कहीं से भी पढ़ा जा सकता है। ज़रूरी नहीं आप आदि से शुरू करें और अन्त पर ख़त्म करें।

यह तत्त्व बाद की कई रचनाओं में है। *दूसरा न कोई, दर्द ला दवा*।

अपने पुराने किरदारों को ले नॉस्टैल्जिक होते हैं, बीरू या रानीखेत की वो दोपहर जब आपने उसे लिखा था।

हाँ। गया भी हूँ वहाँ। कुछ ही साल पहले मेरी नातिन आयी थी अमरीका से, उसे ले गया था रानीखेत। लेकिन सबसे पुरानी यादें सबसे ज़्यादा तीव्र होती हैं। कई लेखकों, मेरे जैसे लेखक के लिए, बचपन के साल ही बीज-वर्ष हैं। अक्सर सोचता हूँ जो कुछ घटना था घट गया उसी को खंगाल रहा हूँ। सबसे रोशन यादें, सबसे ज़्यादा नॉस्टैल्जिक यादें उस कस्बे की हैं—डिंगा। उसके बाद का मसलन दिल्ली काफ़ी धुँधला पड़ जाता है। किरदार तो याद आते हैं लेकिन कभी-कभी अपने लेखन को पढ़—जैसे अभी हाल ही में मैंने प्रयोग किया अपनी पिछली किताबों को कहीं से भी पढ़ना शुरू कर दिया। बड़ी सुखद सी हैरानी होती है ये मैंने लिखा था। गद्य लेखक को तो वैसे भी वाक्य याद कैसे रहेंगे। कवि को कवितायें, शायर को तो सारा दीवान याद होता है। अपने को पढ़कर हैरान होना अच्छा लगता है। अपने से लिहाज़ भी होता है, ईगो भी सन्तुष्ट होता है शायद। और ये मैंने हाल ही में शुरू किया। मैं भूलता जा रहा हूँ।

लीला।

फ़र्ज़ करो मैं *लीला* पढ़ूँ तो कुछ याद नहीं आता कब किस हालत में क्या गुल खिलाये हैं मैंने।

याद से मुझे याद आया, पता नहीं मेरे साथ ही है या सबके साथ, सुबह का लिखा शाम को पूरी तरह याद नहीं रहता।

इससे ईगो सन्तुष्ट होता है?

एक ख़ुशी कि बी योर ओन रीडर। पहले हिचक भी होती है अपने को

क्यों पढ़ूँ, अपने को पढ़ने का, अपनी तस्वीर देखने का क्या मतलब हुआ। लेकिन तस्वीर का उदाहरण ग़लत है। लिखा हुआ भूल जाते हैं ख़ासतौर पर जब किसी लेखक की तथाकथित ताक़त भाषा में हो और वह भाषा के तथाकथित चमत्कार भूल जाये। तो मैंने सोचा इसे करके देखूँ। *गुज़रा हुआ ज़माना* मैंने सिरहाने रख ली, उसकी वजह भी थी आनी मान्तो उसका फ्रैंच में अनुवाद कर रही हैं, तो मुझे लगा यह तो काफ़ी सुखद है, एक तो काफ़ी समय हुआ उसे लिखे। ईगो इस अर्थ में कि पढ़कर सुखद हैरानी हो जो मैंने लिखा था वो बुरा नहीं है।

ख़ुफ़िया ख़ुशी।

हाँ। ख़ुफ़िया ख़ुशी।

दूरियाँ थीं। लेकिन एक ख़ास क़िस्म की निकटता थी मेरे और निर्मल के बीच जो किसी और के साथ उसकी भी शायद न थी मेरी भी नहीं।

भारतीय लेखक जब यूरोप जाता है कहानी, कविता और नहीं तो दो–चार संस्मरण ही लिख लाता है। भरमार है यूरोप–केन्द्रित लेखन की, उस महाद्वीप से हमारे बौद्धिक संवाद की। निर्मल का *भारत और यूरोप : प्रतिश्रुति के क्षेत्र* में मसलन। इसके बरअक्स अमरीका हमारे सरोकारों से एकदम ग़ायब है। कोई दम्भ है यहाँ ? आपके लेखन से भी अमरीका ग़ायब है।

मुझे संस्मरण लिखने की ललक नहीं रही। डायरी जो मैं लिखता रहा उसमें भी जो कुछ पढ़ा उसके बारे में लेकिन वो भी विस्तार से नहीं। मसलन रमेशचन्द्र शाह लिखते हैं तो पूरा निबन्ध लिख देते हैं। सही है मैंने अमरीका पर ज़्यादा नहीं लिखा, एक कहानी है बस, क्यों नहीं लिखा मालूम नहीं। आपका जो सवाल है वो मुझ पर तो लागू नहीं होता। मेरे न लिखने का कारण मेरा टैंपरामेंट है। कभी–कभी ही मैं जहाँ भी जाता हूँ वहाँ के बारे में लिखता हूँ। मसलन, वेनिस न गया होता तो 'वेनिस में वैराग्य' न लिखता। लेकिन मैं अपने अतीत को ही खोदता हूँ ।

आपके प्रश्न को मैं इसी वक़्त ही सोच रहा हूँ। एक तो स्नॉबरी का तत्त्व

है। यूरोप में मसलन निर्मल, अशोक वाजपेयी की तो दिलचस्पी है लेकिन वे अमरीका को समझते हैं घटिया मुल्क है। है नहीं जबकि। साहित्य को ही लें। जिस तरह के उपन्यास उन्होंने पैदा किये—हेनरी जेम्स, मैलविल, फॉल्कनर, हैमिंग्वे। बौद्धिक स्तर पर उन्होंने कोई कम काम नहीं किया। शरण दी अनेक महान् लोगों को। उनकी उपलब्धियाँ कम नहीं हैं लेकिन एक पूर्वाग्रह जो उनके ख़िलाफ़ है कि निपट भौतिकवाद का, डॉलर नियन्त्रित देश है। कोई इतिहास नहीं है। हेनरी जेम्स ने ही पूरी सूची बना दी थी कोई कैसे अमरीका में उपन्यास लिख सकता है कि मैं इंग्लैण्ड में क्यों रहना चाहता हूँ। अमरीका में ऑक्सफ़ोर्ड नहीं है, कैम्ब्रिज नहीं है, कथीड्रल नहीं है, इतिहास नहीं है। कोई कैसे बिना इन चीज़ों के महान् उपन्यास लिख सकता है।

नहीं है यह सब। महान् उपन्यास फिर भी लिखे गये। *मोबी डिक* महान् कृति है। हाथ्रोन का द *हाउस ऑफ़ सेवन गेबल्स* भी महान् है। कई चीज़ों के बग़ैर भी महान् उपन्यास लिखे जा सकते हैं। लेकिन हम यूरोप से ज़्यादा अपने को जोड़ कर देखते हैं।

> *दूसरा न कोई* अमरीका के परिवेश को छूता था। कोई अबैण्डैंड/ उजाड़ क़स्बा।

हाँ। लेकिन *दूसरा न कोई* का कस्बा अमरीका के उन उजाड़ क़स्बों में से नहीं था जिन्हें लोग किसी महामारी या संसाधन ख़त्म हो जाने की वजह से छोड़ कहीं और बस जाते हैं। वह यूनिवर्सिटी टाउन था। बर्फ़ बहुत पड़ती थी। उजाड़ इसलिए कि जब लड़के लड़कियाँ छुट्टियों में चले जाते थे उजाड़ नज़र आता था। निर्मल, रामकुमार वहाँ रहे थे हमारे साथ। एक दरिया भी था वहाँ। बड़ा सुन्दर क़स्बा था।

> उपन्यास का, गल्प का कोई भारतीय स्वरूप हो भी सकता है? इसके ज़रिये हम गल्प को फिर से किसी तय ढाँचे में नहीं बन्द कर रहे?

हाँ। बिलकुल। सजातीय फॉर्म का सवाल और ख़ुद सजातीय फॉर्म ही अब नहीं रही। उठा था ये सवाल पहले भी। उसमें तो मैंने एक ही बात

कही है कि नॉवेल या तो किसी ख़याल के प्रति ऑब्सेशन से निकला या आउटरेज से। इसकी कमी है हमारे यहाँ।

हॉलैण्ड में आठ-नौ साल पहले एक सेमिनार हुआ था। इण्डियननेस ऑफ़ इण्डियन लिटरेचर। मैंने वहाँ पेपर पढ़ा था कि इस पर ज़ोर नहीं होना चाहिये इसमें सांस्कृतिक राष्ट्रवाद की बू आती है और फिर यह रास्ता सीधा फासिज्म की ओर जाता है। ठीक है कुछ बातें संस्कृति की ख़ुद ही आ जाती हैं लेकिन सायास अगर कोशिश करेंगे कि दृष्टिकोण, विषय शुद्ध देशी हो तो नहीं होने पाता। हम कई जगहों से चीज़ें ग्रहण करते हैं जिसमें भारतीयता अभारतीयता का भेद समझ नहीं आता। मेरी कहानी *बुढ़िया की गठरी* इसी सन्दर्भ में है, पढ़नी चाहिये। नाटक *हमारी बुढ़िया* उसी का एक रूप है। यह कि यह हमारी भारतीयता, थाती है ग़लत है। निर्मल उसका शिकार हुए। उदयन इसके शिकार होते जा रहे हैं। हमारे यहाँ सब कुछ था, शिक्षा पद्धति बहुत अच्छी थी। होगा सब कुछ, सब जगह था। बहुत सी सभ्यताओं का अतीत स्वर्णिम था।

> लेकिन कोई तो ऐसा तत्त्व होगा। यह भारतीय लेखक, यह अमरीकी और यह तुर्क।

कुछ चीज़ें होंगी, होती होंगी ऐसी। लेकिन वे भी पूरी तरह इतनी शुद्ध नहीं होंगी कि कहीं और न मिलें। आख़िर यह सवाल किसे नहीं तंग करते : विज्ञान, धर्म, कला हर कोई ये प्रश्न उठाता है। *दर्द ला दवा* में हस्ती और नेस्ती का सवाल है। होने का सवाल अस्तित्ववाद ने उठाया, हमारे यहाँ भी उठता रहा है। दानाई की चीज़ तो यही।

हक्सले ने एक एन्थोलोजी बनायी थी, पेरिनियल फ़िलॉसफ़ी। जिसमें उसने बहुत जगहों से हिन्दोस्तान, मिडिल ईस्ट वग़ैरा से उदाहरण ले यह साबित करने की कोशिश की कुछ मूलभूत प्रश्न-सरोकार आबोहवा, संस्कृति के भेद के बावजूद सारी दुनिया में समान हैं। बुद्ध, जीसस, महावीर, मोहम्मद ने भी यही सवाल उठाये।

भारतीयता पर इतना ज़ोर नहीं देना चाहिये कि आप यह कहने लगें हमसा कोई नहीं। कहीं कुछ पहले आया, कहीं कुछ बाद में। हम अपने पतन की बात नहीं करते, उसे दूसरों के मत्थे डाल देते हैं। भारतीयता की बात करते

वक़्त हम हिन्दू की ही बात करते हैं। मुसलमानों को लिए बग़ैर काम नहीं चलेगा। क्या पाँच हज़ार साल पहले जाना ही भारतीयता है? कितना भी हिन्दू की परिभाषा खुली कर दें, काम नहीं बनेगा।

आप चलते फिरते कहें कि इल्हाम आपको पकड़ लेगा तो नहीं, इल्हाम के लिए इबादत ज़रूरी है।

> जो रचनाकार एक विस्तृत प्लाट रचता है उसके लिए उस प्लाट को पूर्णता तलक पहुँचाना ही अन्त है। लेकिन आपके यहाँ तो प्लाट ग़ायब होता गया है फिर आप कहाँ अन्त करते हैं?

मैंने पहले भी कहा था कि *काला कोलाज* और *माया लोक* के अन्त बड़े आर्बिट्रैरी लग सकते हैं। यह सवाल उठाया जाये कि अन्त यहाँ क्यों हुआ, इससे दस मील बाद या पहले क्यों नहीं हुआ तो वह जायज़ सवाल होगा। इसलिए मैं इन्हें ओपन-एण्डेड उपन्यास कहूँगा। लेकिन मैंने इन्हें क्यों छोड़ दिया, मज़ाक़ में कहूँ तो इसलिए कि मैं तंग आ गया उससे। ख़ासतौर पर *काला कोलाज* से।

लेकिन नहीं। मैंने उसमें कुछ अन्त करने की कोशिश की तो है। लेकिन फिर यह भी कहा जा सकता है कि मैंने उसे यूँही छोड़ दिया।

कुछ उपन्यासकार अन्त करने के लिए बहुत सी मौत दिखा देते हैं। कट्टर यथार्थवादी तो बीमारी का भी हाल बतायेंगे। ई एम फोस्टर मसलन। वे अपने किरदार मार देते हैं या शादी कर देते हैं।

मेरे इन उपन्यासों को आप अनफिनिश्ड भी कह सकते हैं। आर्बिट्रैरी भी। लेखक को यह अधिकार हो सकता है कि अगर वह समझता है कि उसने इस उपन्यास की सम्भावनाओं को ख़त्म कर दिया है, इसमें और कुछ नहीं कहा जा सकता, क्योंकि इसमें नायक तो नहीं है महज़ एक चेतना है, उस चेतना की कोई और परत अगर वह नहीं खोल पा रहा तो वह वहाँ उसका अन्त कर दे।

आलोचक कह सकता है कि इसमें त्रुटि रह गयी है, इसका अन्त अपरिहार्य नहीं है। लेकिन मैं बतौर लेखक तो यही कहूँगा कि मैं तो किसी भी अन्त को इनएविटेबिल नहीं मानता। सभी अन्त आर्बिट्रैरी लग सकते हैं। आप

ऐसी फॉर्म में काम कर रहे हैं कि उसके कई अन्त हो सकते हैं। जिन्हें हम इनएविटेबिल अन्त कहते हैं वे भी नहीं होते। एक क्षण को लग सकते हैं महज़। लेकिन इतना ही काफ़ी है। कुछ लोगों को लगते हैं तो भी ठीक है। अगर मुझे अनफिनिश्ड लगते हैं तो वह भी मुझे सन्तुष्ट करता है। मैंने एक निबन्ध लिखा था—तथ्य, कथ्य, शिल्प। कहानीनुमा निबन्ध लिखने की कोशिश थी वह और जब मैंने वहाँ देखा कि मैं एक अन्धी गली में पड़ गया हूँ तो मैंने अन्त कर दिया, कोष्ठक में लिखा असमाप्य, भविष्य में समाप्य।

इसे मैं दोष नहीं मानता। इस फॉर्म में यह गुंजाइश है कि आप अन्त को ओपन-एण्डैड रखें।

लेकिन आपकी वो रचनायें जहाँ प्लाट है, घटनायें हैं? *गुज़रा हुआ ज़माना* मसलन। उनका अन्त?

वे कम ही हैं। कहानियाँ तो शुरू की ही होंगी, *बीच का दरवाज़ा* मेरी पहली कहानी। *गुज़रा हुआ ज़माना* में तो एपीसोड्स ही हैं। वहाँ प्लाट नहीं है। कॉज इफैक्ट नहीं है कि पिस्तौल रखी है तो उसका इस्तेमाल होना ही चाहिये। *तमस* में प्लाट है कि सूअर को मारा गया फिर सब कुछ हुआ। यहाँ कई कारण हैं, कई तत्त्व हैं। प्लाटनुमा अन्त नहीं है। दंगों की पराकाष्ठा दिखा दी गयी है। मेमने की आवाज़ आती है, एक प्रतीकित चीख़। क्राई ऑफ़ फ्यूटिलिटी। बस ख़त्म।

क्या यह तय था आपके ज़ेहन में कि यहीं अन्त करना है?

हाँ। यहाँ तो मुझे लिखते-लिखते दिशा दिखायी दी कि मैं मरते हुए बच्चे की आवाज़ चुनूँ। यह मेरे दिमाग़ में था कि इसे क्लाइमेक्स बनाऊँ लेकिन यह प्लाट की तरह का क्लाइमेक्स नहीं है।

काग़ज़ पर उतरते शब्द के साथ आपका क्या सम्बन्ध है? सुबह के बैठे जब आप दोपहर को उठते हैं तो सफ़ेद काग़ज़ पर उतर आयी इबारत को देख, कि जो आपने चाहा एकदम वही शब्द

मिल गया, कैसा महसूस करते हैं?

इस प्रक्रिया को शब्द देना आसान नहीं है क्योंकि यह एक ही प्रकार की नहीं होती। किसी भी लेखक की रचना प्रक्रिया हमेशा किन्हीं परिधियों में तो घूमती है लेकिन हरेक रचना के दौरान वही अमल नहीं होता जो कि पहले हो चुका है। परिवर्तन अपने आप होते रहते हैं।

दूसरे, शब्द के उतरने की प्रक्रिया भी अलग है। कई बार शब्द ढूँढ़ने में कोई दिक़्क़त नहीं होती। कई बार काँट-छाँट बहुत होती है। आप शब्द से सन्तुष्ट नहीं होते लेकिन उसे छोड़ देते हैं, बाद में कुछ और सूझ जाता है। मैं उन लेखकों में से हूँ जो एक ही ड्राफ्ट में सब कुछ नहीं लिख पाते। जिस ड्राफ्ट में रवानी भी होती है उससे भी पूरी तरह सन्तुष्ट नहीं हो पाता। बहुत से लोग, मसलन, अशोक वाजपेयी कवितायें भी एक ड्राफ्ट में लिखते हैं। जैनेन्द्र बोल कर लिखवा देते थे। मैं ऐसे लेखकों की सराहना तो कर सकता हूँ लेकिन जब उन्हें ग़ौर से पढ़ता हूँ तो लगता है कहीं कुछ अधूरा रह गया है।

जब काग़ज़ पर कोई शब्द उतरता है और जो मुझे ठीक भी लगता है तब भी ज़रूरी नहीं कि दस दिन बाद जब उसे देखूँ तो उसे बदलने की कोशिश न करूँ। कभी-कभी बदलने में बिगड़ भी जाता है, लेकिन यह ग़लती तो आप कर सकते हैं कि किसी लिखे को सँवारने की कोशिश में उसे बिगाड़ दें। लेकिन हाँ, अन्तिम वाक्य या अन्तिम शब्द जैसा कुछ नहीं होता। दूसरे या तीसरे ड्राफ्ट में कई बदलाव लाता हूँ। मैंने कोशिश की है कि दुबारा न लिखूँ, लेकिन अक्सर कहानियाँ पूरी फिर से लिखता हूँ। लिखते समय मुझे लगता है कि वो नर्वस इण्टैंसिटी आती है तो उससे भी आलोक फूटता है, उससे भी कोई शब्द झर जाता है क्योंकि एकाग्रता बहुत ज़रूरी होती है और अगर आप बिलकुल उसमें डूबे हुए हों तो इल्हाम की गुंजाइश ज़्यादा रहती है। ऐसा कोई शब्द या दिशा मिले, कोई किरदार फूट पड़े या रोशनी मिले।

फिर भी हो सकता है मैंने इस प्रश्न का जवाब नहीं दिया हो। टका सा जवाब नहीं दे सकता मैं। हैरानी, ख़ुशी होती है, झुँझलाहट भी होती है कभी कि पकड़ नहीं पा रहा हूँ सही शब्द। कभी सस्पैंड कर देते हैं उस शब्द को कि प्रश्नचिह्न लगा छोड़ दिया।

शब्द हमेशा ही अकेला नहीं आता, कई अन्य शब्दों के साथ भी आ सकता है, पूरा पैराग्राफ़ भी कभी।

मदाम बोवारी लिखते वक़्त फ्लाबेयर को कभी-कभी महज़ एक शब्द को ढूँढ़ने में कई दिन लग जाते थे। यह एक सत्य का मुबालगा भी हो सकता है लेकिन इसमें सत्य ज़रूर है। कुछ लोग सही शब्द की तलाश में घण्टों या दिनों तक तिलमिला सकते थे, फ्लाबेयर उन लोगों में थे। उस सीमा तक बहुत कम लेखक जाते हैं ख़ासतौर पर गद्य लेखक। कवि तो कभी-कभी एक शब्द के लिए बहुत छटपटाते हैं लेकिन गद्य तो लोग समझते हैं कि जो लिख दो ठीक है, महज़ जानकारी देनी है आपको।

इल्हाम कब, कहाँ होता है आपको।

इल्हाम के सन्दर्भ में बार-बार डायरी में ज़िक्र किया है। दो शब्दों का ज़िक्र करता हूँ जब लिखने का संकट सामने आता है कि इसमें आमद है या आवुर्द। आमद ज़्यादा है या आवुर्द। आवुर्द जो चीज़ लायी गयी हो, आमद जो ख़ुद आ जाये। आमदन। आवुर्दन। जिन्हें फ़ारसी में मसधर कहते हैं।

फ़ारसी का सौन्दर्य शास्त्र जो मैंने पढ़ा किसी ज़माने में वह यही था कि आमद पर ज़ोर होना चाहिये। आमद में इल्हाम की गुंजाइश है। आमद यानी जो उतर रहा है। शास्त्रीय संगीत में भी आमद का ज़िक्र है, ख़ासतौर पर कत्थक में क्योंकि उस पर मुसलमानों का असर था। फ़ारसी का असर था। दरबारी विधा थी वह।

आवुर्दन यानी जो कोशिश करके सायास लिखा जाये, आमुर्दन जो अनायास हो जाये। सम्पूर्ण आमद कभी-कभी ही उतरने पाता है किसी कृति में। मेरे भीतर बार-बार यह सवाल उठता रहता है कि किसी रचना में आमद है या आवुर्द। *नर नारी* लिखते समय मुझे हमेशा लगा कि इसमें आवुर्द पर ज़्यादा ज़ोर है। बिमल में आमद ज़्यादा थी, उसके कुछ हिस्सों में आमद ही आमद है, आवुर्द की बहुत कम गुंजाइश है।

उसका बचपन के पहले ड्राफ्ट में आवुर्द ज़्यादा थी इसलिए मुझे बहुत पसन्द नहीं आया था। और यहाँ मैं फुटनोट बतौर कह दूँ कि यथार्थवादी उपन्यासों में, बड़े से बड़े उपन्यासों में आवुर्द भी रहेगी काफ़ी। *वॉर एण्ड पीस* के कई खण्डों को हम उलट जाते हैं क्योंकि उनमें आवुर्द भरी हुई है।

उन्हें नहीं पढ़ा जा सकता। बेकार की डिटेल्स, इतिहास की भरमार जिसे टॉलस्टाय जिला नहीं पाते।

इल्हाम तक पहुँचने के लिए आमद का इन्तज़ार ज़रूरी है।

कुछ लोग कहते हैं कि किसी ने उनसे लिखवा दिया। आपको पता चल जाता है कि यह चीज़ लिखते समय मैं आमद के हवाले था। मुझे कोशिश ज़्यादा नहीं करनी पड़ी। ज़रूरी नहीं कि वह चीज़ ज़्यादा उत्कृष्ट हो ही। *एक नौकरानी की डायरी*। भले ही वह एक जगह तक ही पहुँचती है उससे आगे नहीं जाती, लेकिन उसमें ज़्यादा कोशिश नहीं करनी पड़ी। उसमें भाव तो है, सरलता भी है और आमद भी। उसमें घटनाओं, किरदार के चुनाव इत्यादि में मुझे ज़्यादा मेहनत नहीं करनी पड़ी।

आमद की भी कई क़िस्में हो सकती हैं।

इल्हाम वहीं होगा जब आप किसी ऐसी मनोस्थिति में हों कि आपको, जो आप लिख या सोच रहे हैं, उसमें ज़्यादा मीनमेख न निकालने पड़े। उस स्थिति तक पहुँचने के लिए समाधि ज़रूरी है। इसलिए बिमल में मैंने मॉक सी समाधि, समाधि की पैरोडी का ज़िक्र किया है। वह कोशिश करता है कि आज समाधि लगाऊँगा, कहीं नहीं जाऊँगा लेकिन फिर भी उस मॉक समाधि में वह व्यंग्य तक तो पहुँच जाता है—हिन्दी साहित्य की विषय सूची सी। एक ख़ास क़िस्म की एकाग्रता उसमें आ जाती है।

इल्हाम का इन्तज़ार घातक भी हो सकता है कि आप सारी उम्र इन्तज़ार ही करते रहें। हेनरी जेम्स की ज़बरदस्त कहानी है, एक बाल्जाक की है। जेम्स बाल्जाक को बहुत महान् मानते थे, उन्होंने बुढ़ापे में एक महान् लैक्चर भी दिया था द *लैसन ऑफ़ बाल्जाक*।

जेम्स की *मैडोना ऑफ़ द फ्यूचर*। इसमें इटली में रहता एक अमेरिकन कलाकार है। वह एक मास्टरपीस बना रहा है—मैडोना। बूढ़ा हो जाता है। किसी ने उसको देखा नहीं है लेकिन ये लेजेंड मशहूर है कि वह कुछ रच रहा है। एक युवा कलाकार उसके पीछे पड़ जाता है कि मैं तो देखूँगा ही। फिर वह उसे अपने स्टूडियो में ले जाता है लेकिन वहाँ कुछ नहीं है कैनवास पर। फिर वह बूढ़ा कलाकार उससे कहता है कि मैं सारी उम्र इल्हाम का इन्तज़ार करता रहा *मैडोना ऑफ़ द फ्यूचर* बना सकूँ। अब तुम मुझसे सबक सीखो कि मैडोना बनाने के लिए काम करना बहुत ज़रूरी

है। काम करते में ही मास्टरपीस की रचना सम्भव हो सकेगी।

इसी तरह बाल्जाक की एक कहानी है द *अननोन मास्टरपीस*। उसमें भी एक कलाकार है। बाल्जाक जेम्स से एक क़दम और आगे चले जाते हैं। वहाँ भी यही दृश्य है। कलाकार पागल सा हो गया है। ख़ुदकुशी कर लेता है। मरने के बाद उसके स्टूडियो से एक तस्वीर निकलती है—आड़ी तिरछी लकीरें, कुछ समझ नहीं आता क्या है यह। उस कहानी में यह भी गुंजायश है कि शायद यह मास्टरपीस ही है शायद इसलिए ही किसी की समझ नहीं आ रही है।

तो सार यह कि बैठना बहुत ज़रूरी है। आप चलते फिरते कहें कि इल्हाम आपको पकड़ लेगा तो नहीं, इल्हाम के लिए इबादत ज़रूरी है। रियाज़ ज़रूरी है। आमद के लिए आवुर्द ज़रूरी है।

किसी रचना में आमद की पहचान के क्या सूत्र हो सकते हैं?

लेखक के लिए तो ज़्यादा आसान है। उसे ख़ुद ही पता चल जाता है कि ये आमद है या आवुर्द। आवुर्द में जिस क़िस्म का प्रयास करना पड़ता है, जिस क़िस्म की सायासता लानी पड़ती है वह सुखद नहीं होती। आप कन्ट्राइव कर रहे हैं, ज़ोर दे रहे हैं, बाहरी चीज़ें भी आ जाती हैं, पाठक भी उसमें आ जायेगा कि उसे अच्छा लगेगा या नहीं। बेवजह ज़ोर आजमायश होती है। बौद्धिक स्तर पर आप कुछ रौब खाँटने की कोशिश कर सकते हैं। आप कृत्रिम हो जाते हैं और आपको पता भी चल जाता है कि आप कृत्रिम हैं।

पाठक और आलोचक, अगर उत्कृष्ट हैं तो, वे भी कभी-कभी जान जायेंगे। रचना में तरलता के स्तर को पहचान जायेंगे कि ये शब्द सायास नहीं आये अपने आप उतरे या बरसे हैं। कभी-कभी उनका ये अन्दाज़ा ग़लत भी हो सकता है क्योंकि आर्ट लाइज इन कंसीलिंग द आर्ट ऑल्सो। कलाकार कितनी मेहनत करता है, उसे छुपा भी ले जाता है।

क्या आप ख़ुद अपनी कला, अपने आवुर्द लम्हे छुपाने का प्रयास करते हैं।

छुपाने का तो नहीं बल्कि उसे बाहर लाने का ही प्रयास होता है। उसे किसी ख़ास तरीक़े से दिखाने का भी प्रयास नहीं होता। यह धारणा जो कुछ लोगों के मन में है कि जो भी कला या कलात्मकता पर ज़्यादा ज़ोर देता है वह चौंकाने की कोशिश भी करता है। चौंकाने या चमत्कार पैदा करने की कोशिश घटिया लेखक भी कर सकते हैं। कोशिश तो यही होती है कि रचना सहज दिखे। लेकिन सरलता या सहजता के भी कई पैमाने हो सकते हैं। हैंमिग्वे मसलन। उनकी महान् रचनाओं में बड़े ऊँचे दर्जे की सादगी है। वह अनुपस्थिति की नहीं उपस्थिति की सादगी है। कई चीज़ों को बड़ी मेहनत से नकारने के बाद एक ख़ास क़िस्म की उपस्थिति पैदा की उन्होंने अपने साहित्य में। उपमायें, विशेषण, रूपक जैसे तत्त्व जिनके बग़ैर मेरे जैसे लेखक नहीं चल पाते, वह चीज़ें उन्होंने हटायीं।

एक सादगी विपन्नता की होती है कि कुछ है ही नहीं आपके पास। यह इकहरी सादगी है आप घटिया तरीक़े से सादा बनते हैं।

सूत्र किसी भी चीज़ का ढूँढ़ना मुश्किल है।

अपने को पढ़कर हैरान होना अच्छा लगता है। अपने से लिहाज़ भी होता है, कब किस हालत में क्या गुल खिलाये हैं मैंने।

> आप उपन्यास, कहानियों का दूसरा-तीसरा ड्राफ्ट भी लिखते हैं। क्या कभी ऐसा भी हुआ है कि आपको पहला ड्राफ्ट कहीं बेहतर लगा हो।

हाँ। कभी-कभी। कुछ कहानियों के बारे में। उपन्यास के बारे में तो ऐसा कभी नहीं हुआ। मेरा तरीक़ा ही ऐसा है कि काँट-छाँट बड़ी ज़रूरी है। दूसरी बार भी ऐसी ही शिद्दत होती है। पहले से तो दूसरा लेखन बेहतर ही होता है। *एक नौकरानी की डायरी* में भी ऐसा हुआ।

> एक बार में एक ही कृति पर काम करते हैं या एकाधिक चीज़ें चलती रहती हैं?

शुरू-शुरू में तो होता था कि एक चीज़ को ख़त्म करने के बाद ही दूसरी शुरू करता था। कम से कम पहला ड्राफ्ट ख़त्म किया, फिर उसे वक़्त

दिया ताकि दुबारा जब देखें कुछ समय बाद तो ताज़ा नज़रों से देखें। यह चीज़ अब भी है। यह नहीं कि आज रात ख़त्म किया तो दूसरी रात फिर बैठ गये। उसके दौरान कोई और चीज़ शुरू कर लेते हैं जब आप तैयारी कर रहे होते हैं—मानसिक या ख़ुफ़िया तैयारी। लेकिन इधर यह भी हुआ है कि दो-तीन चीज़ें साथ शुरू कर दीं। थोड़ा समय यह लिखी फिर वह। *मायालोक* जब लिख रहा था तब *नर नारी* भी शुरू कर दिया था। शुरू में ऐसा कम होता था अब अधिक होने लगा है।

आपके जेहन में दोनों कृतियों के तार एक साथ घुमड़ते रहते हैं?

यह नहीं कहा जा सकता क्योंकि उन दोनों में से कोई तो बहुत गहरे, अचेतन, में घूम रही हो और चेतन में कोई दूसरी हो। लेकिन बिलकुल शायद न मिटती हों क्योंकि अगर आप दो चीज़ों पर काम कर रहे हैं तो दोनों ही किसी न किसी रूप में चेतना के किसी स्तर, कोने में ज़रूर कुलबुलाती रहती हैं।

जीवन जीते वक़्त क्या चीज़ों, घटनाओं में अपने लेखन के कुछ इम्प्रैशंस, सूत्र टटोलते चलते हैं?

सायास तो नहीं होता। मैं उन लोगों में से नहीं हूँ कि मुझे फौरन ही पता चल जाये इसका इस्तेमाल कैसे होगा, वैसे बहुत से लोग, हेनरी जेम्स ख़ुद एक मिसाल हैं, उन्होंने अपनी रचनात्मक प्रक्रिया, अपने सन्दर्भों का विस्तृत ज़िक्र किया कि कौन सा उपन्यास उन्हें कहाँ सूझा। बहुत सी नोटबुक्स तो वे नष्ट कर गये थे लेकिन कुछ बच गयीं थीं। वे इन्हें भी नष्ट करना चाहते थे लेकिन बच गयीं थीं उनके काग़ज़ात में निकलीं थीं। वे फिर बाद में हार्वर्ड के प्रोफ़ेसर मैट्यसन ने प्रकाशित करवायीं। उन्होंने हेनरी जेम्स पर बहुत बढ़िया किताब लिखी थी—*हेनरी जेम्स : द मेजर फेज़*। उन्होंने उन डायरियों को सम्पादित किया। उन नोटबुक्स में कई रचनाओं के अलावा द *अम्बेसैडर्स* का भी ज़िक्र था। उन्हें बहुत से आइडिया अपनी सामाजिक ज़िन्दगी से सूझते थे। वे बार जाने के शौक़ीन थे। अपने जीवनकाल में ही वे 'मास्टर' बन चुके थे। कई युवा लेखक उन्हें मास्टर बुलाते थे। वे हर क़िस्म की सोसायटी में, सिर्फ़ साहित्यिक

समाज ही नहीं, जाते थे। क्लब में भी। वहाँ कई बेवक़ूफ़ लोग भी होते थे जो उन्हें अपने बारे में कुछ न कुछ सुनाते रहते थे। उन चीज़ों का बीज उनके दिमाग़ में कभी-कभी पड़ जाता था। उसके लिए उन्होंने फ्रेंच लफ़्ज़ donne (उपहार) इस्तेमाल किया। यह उपहार उनको मिलते थे सामाजिक जीवन से। घर आकर कभी-कभी वे नोटबुक्स में उनको दर्ज कर लेते थे। बहुत सी कहानियाँ उन्होंने इस तरीक़े से भी लीं और उनमें जान डाल दी।

मुझे ऐसा सौभाग्य नहीं हुआ। एक तो शायद मेरा सामाजिक जीवन इतना ज़्यादा विस्तृत नहीं रहा या स्वभाव से मैं कान खुले नहीं रखता। कुछ लोग करते हैं लेकिन मैं नहीं कर पाता।

रचनाकार के लिए संशय ख़ुद ही एक उपलब्धि है। सवाल सही होने चाहिये जवाब मिले न मिले।

फिर आपको आइडिया कैसे आते हैं?

वे आते रहते हैं। कभी पढ़ते हुए, अपने में डुबकी लगाते हुए। किसी ने कहा हो कुछ उसके चेहरे से भी आते हैं। कभी-कभी स्वप्न से भी आते हैं। भले ही हूबहू न सही।

आपके यहाँ एक बूढ़ा लेखक, अपने में डूबा, समाधि में बैठा, अपने को कोंचता-नोंचता, बार-बार आता है। यह नायक ख़ुद आपकी कितनी प्रतिछवि है? आपसे कितना अधिक जुड़ता है?

(हँसते हैं) जुड़ती तो है, काफ़ी जुड़ती है। मैं योग वग़ैरा तो नहीं करता। प्रार्थना भी नहीं। नास्तिक हूँ। लेकिन यह सवाल उठते रहते हैं। दरवाज़ा बन्द कर लिखता हूँ। मैं शोर में नहीं लिख सकता। कैफ़े में बैठ कर नहीं लिख सकता जैसे सार्त्र ने कई किताबें लिखीं। कोशिश तो होती है डूबने की, ऐसी कैफ़ियत हो जिसमें डूबने का मन हो।

मैं आपसे एकदम परिचित नहीं हूँ, लेकिन आपके लिखे को पढ़ते वक़्त मेरा मानने को मन होता है, शायद मैं ग़लत हो सकता हूँ, *बिमल, दूसरा न कोई, दर्द ला दवा* का नायक—इन सभी में

आपका अंश बहुत अधिक है।

होगा। बोर्हेस की एक पैराबल है जिसमें वे कहते हैं कि जो भी उन्होंने लिखा है कविताओं में, गल्प में, वहाँ जो चेहरा है उन्हीं का है। चेहरे का लफ़्ज़ प्रयोग किया है उन्होंने। जब पाठक या आलोचक इसे फूहड़ ढंग से लेते हैं तो उसमें लेखक के जीवन के तथ्य ढूँढ़ने लगते हैं। तथ्य के स्तर पर नहीं लेकिन आत्मा के स्तर पर कुछ कलाकार अपने ही माध्यम से दूसरों तक पहुँचते हैं, दूसरों के माध्यम से अपने तक नहीं।

मेरा भी यही कहना था। बतौर लेखक नहीं, बतौर इनसान आपके रूहानी सरोकार आपकी कृतियों में दिखते हैं ।

बेशक दिख सकते हैं। उस तरह के रूहानियत सरोकार भले न हो जैसे लोग मजारों या मन्दिरों में जाते हैं। मैं तो नहीं जाता, नास्तिक हूँ। लेकिन आध्यात्मिक शब्द से कोई परहेज़ नहीं मुझे। नास्तिक भी आध्यात्मिक हो सकता है। डायरियों में यह ज़िक्र बार-बार आता है कि एक ऐसा नास्तिक जिसकी ईश्वर से मुक्ति न हो पाये। वह इसी उलझन में रहे कि ईश्वर है या नहीं और अगर है तो यह क्यों नहीं कर सकता। शुरू-शुरू में तो यही होता था कि या तो विज्ञान को मानो या ईश्वर। लेकिन अब विज्ञान को मानते हुए भी ईश्वर को मान सकते हो। और ईश्वर को मानते हुए विज्ञान को भी।

लेकिन मैं उस स्थिति में नहीं पहुँचा हूँ। रूहानियत का यह रहस्य मुझे अचम्भित करता रहता है कि न था मैं तो ख़ुदा था मैं ना होता तो ख़ुदा होता। डुबोया मुझको होने ने, न होता मैं तो क्या होता।

क्या ऐसे अन्तराल भी आते हैं जब आप लिख पाने में ख़ुद को असमर्थ पाते हैं।

हाँ, क्यों नहीं आते। आजकल आया हुआ है।

लिख नहीं पा रहे?

लिख नहीं पा रहे या लिख नहीं रहे या सोच रहे हैं लिखा जाये या नहीं, जिसे अँग्रेज़ी में 'फैलो पीरियड' कहते हैं। वे भी ज़रूरी हैं, काम करने के लिए काम न करना भी ज़रूरी है। जैसे ज़मीन को ख़ाली छोड़ा जाये तो उसकी उर्वरता बढ़ती है। लेकिन इसमें ख़तरा यह भी हो सकता है कि आप कोई बहाना ढूँढ़ लें, उबर ही न पायें। ब्लॉक्स तो आते हैं, राइटर्स ब्लॉक। उसके कारण भी होते हैं जो अक्सर समझ नहीं आते। कई लोग तो, ख़ासतौर पर बाहर के लेखक विश्लेषकों के पास चले जाते हैं ब्लॉक हटाने के लिए। बैकेट अपने आपको एनालायज ही कराते रहे।

ब्लॉक आते हैं, चले भी जाते हैं।

इनके आने की तरह जाना भी अनायास होता है या सायास?

सायास तो नहीं। कभी-कभी तो अगर अवधि ज़्यादा लम्बी हो जाये तो कष्ट तो होता है। इसलिए कुछ लोग कहते हैं अगर एक दिन भी नागा हो जाये और मैं भी मानता हूँ कि एक नागा अपने साथ कई नागे लेकर आता है। कोशिश यही होनी चाहिये कि आप रोज़ बैठें। काम न हो तो भी। आप ऐसी कोई जगह बनायें जहाँ काम की गुंजाइश बन सके। जगह भौतिक ही नहीं, मानसिक भी। इतनी एहतियात तो रखनी चाहिये। लेकिन एहतियात के बावजूद ब्लॉक भी आते हैं।

लेकिन जिन लोगों ने बहुत अधिक और बहुत अच्छा लिखा है, बाल्जाक इसके सबसे महान् उदाहरण हैं। उनकी मृत्यु उनचास की उम्र में हो गयी थी। उन्होंने इतना उत्कृष्ट लिखा। जिस तरह वे लिखते रहे, जुआ खेलते रहे। उनके कई और शोशे थे, उलझनें थी। उन्हें कई और ऐब थे, व्यसन थे। दोस्तोयवस्की की तरह वे भी जुआ खेलते थे।

टॉलस्टॉय भी इसकी बड़ी मिसाल हैं। *वॉर एण्ड पीस* उन्होंने सात साल में लिखा। कई ड्राफ्ट तैयार किये।

कलाकारों में मार्शल दूशां। महान् काम किया उन्होंने। दिशा बदल दी। लेकिन बरसों तक वे शतरंज खेलते रहे, लिखा कुछ नहीं। आर्ट डीलिंग करते रहे। पेंटिंग्स की ख़रीद-फरोख़्त में मिलने वाला कमीशन उनकी आजीविका का साधन था।

उसके बरअक्स पिकासो हैं जो आख़िर तक काम करते रहे।

कोई एक पैमाना नहीं है किसी चीज़ का।

> आपकी भाषा में अजीब सी छटपटाहट, तड़प बसी रहती है। शब्द पृष्ठ को फाड़ बाहर आ जाना चाहते हैं। ये कितना आपके मिज़ाज का सूचक है?

मिज़ाज का तो पता नहीं कितना है, लेकिन... । छटपटाहट है... । लेकिन... । *दूसरा न कोई* और *दर्द ला दवा,* इन दोनों मोनोलॉग में भी छटपटाहट के बावजूद उन चहेते संशयग्रस्त शब्दों के बावजूद जिनकी सूची *दूसरा न कोई* के अन्त में दी गयी है...इनके बावजूद कुछ और भी है।

छटपटाहट का एक स्रोत तो नेति-नेति की दृष्टि है। हर चीज़ पर संशय। प्रश्न। यह दृष्टि लेखन में प्रकट होती है कि आप दोटूक स्थापना नहीं कर पा रहे। जो स्थापना एक वाक्य में करते हैं उसे दूसरे वाक्य में मिटा देते हैं। ये भी नहीं, ये भी नहीं। हर चीज़ को शक की निगाह से देखना। चेतना अपने आप पर सन्देह करती है। ऐसे लेखन का स्टाइल छटपटाता हुआ तो होगा ही। लेकिन आपकी मिसाल कि शब्द काग़ज़ को फाड़ बाहर आना चाहते हैं वह ज़रूरी नहीं है। छटपटाहट के बावजूद भी कहीं न कहीं एक लय आ जाती है। भले ही वह प्रलाप की लय हो या आलाप की या प्रार्थना की। छटपटाहट का दूसरा रुख़ एक अन्तर्निहित लय भी है। दोनों चीज़ें एक-दूसरे को शक्ति भी देती हैं और नियन्त्रित भी करती हैं। एक चीज़ को पकड़ लेना ग़लत है।

आप दुबारा पढ़ें तो आपको लगेगा कि यह शैली छटपटाती हुई तो है, डिस्टर्ब भी करती है लेकिन कभी-कभी कहीं-कहीं यह एक स्थिरता भी हासिल कर लेती है। थोड़ी देर के लिए ही सही। बेशक वहाँ जाकर बैठ नहीं जाती, हमेशा को नहीं रहती क्योंकि फिर से सन्देह की प्रक्रिया शुरू हो जाती है। लेकिन इस तरह यह दो प्रक्रिया हैं। अगर दूसरी प्रक्रिया को नज़रअन्दाज़ करेंगे तो सिर्फ़ हिंसा ही नज़र आयेगी उसे नियन्त्रित करने वाली चीज़ें, आवाज़ें, या सही कहूँ तो ख़ामोशियाँ सुनायी नहीं देंगी। इस शैली में ख़ामोशी बहुत है, बेशक वो चैन की ख़ामोशी न हो, चीख़ती हुई ख़ामोशी हो। लेकिन ख़ामोशी मेरी स्टाइल का एक तत्त्व है।

अमरीकी आलोचक इहाब हसन ने बड़ी अच्छी किताब लिखी है *द लिट्रेचर ऑफ़ साइलेंस*। आधी किताब हेनरी मिलर पर है, आधी सैमुअल बैकेट पर। वे यह स्थापित करते हैं कि ये दोनों लेखक ख़ामोशी तक पहुँचने का प्रयास करते हैं। मिलर चिल्लाते हुए शब्दों से।

मैं यह नहीं कह रहा कि मैं हेनरी मिलर के रास्ते पर चल रहा हूँ, नहीं मैं उस पर नहीं चल सकता। मिलर की सी वाक् शक्ति मुझमें नहीं है।

काला कोलाज में भी कई खण्ड हैं। शुरू के ही हैं शायद। *लाल तमन्ना* शायद। मेरे दार्शनिक मित्र दयाकृष्ण और लाठ ने *दर्द ला दवा* पर एक सेमिनार किया था जयपुर विश्वविद्यालय में। उनका मानना था कि यह एक महान् दार्शनिक उपन्यास है। उन्होंने *काला कोलाज* पढ़कर भी कहा कि इसके *लाल तमन्ना* अंश में मैंने यह कल्पना करने की कोशिश की है कि सृष्टि कैसे उपजी, जबकि मेरे जेहन में यह नहीं था।

उसमें छटपटाहट नहीं है, जबकि होनी चाहिये थी आख़िर लाल लहू का रंग है। उसमें कोशिश यह थी कि आँख खुलती है तो आँख के सामने क्या दिखायी देता है। बिलकुल अलग बैठी कोई चेतना धरती को देख रही है इसलिए शायद दया को लगा कि कोई तटस्थ चेतना यहाँ रची जा रही है। तो कई ऐसी चीज़ें हैं जो डिस्टर्ब करती हुई भी शान्त रस में डूबने की कोशिश करती हैं।

भारतीय दर्शन के प्रमुख विषयों से वाक़िफ़ तो हूँ—अद्वैत, सगुण, निर्गुण। कर्म सिद्धान्त मुझे प्रभावित करता है लेकिन झुँझलाहट भी उठती है। मार्क्स से भी प्रभावित रहा हूँ। दयाकृष्ण से कई बार बात होती थी कि कर्म को अगर मान लिया जाये, और कर्म को मानने के कई कारण हो सकते हैं, तो altruism की कोई गुंजाइश नहीं रहती। क्योंकि विशुद्ध altruism किसी अन्य को ही केन्द्रित होता है ख़ुद अपने को नहीं। जबकि आपके प्रत्येक कर्म का फल ख़ुद आपको ही भोगना पड़ता है। ऐसे में किसी चीज़ की कोई गुंजाइश नहीं रहती। अतीत पहले से ही तय है।

कर्म सिद्धान्त आकर्षित इसलिए करता है कि जिन्होंने इसे गढ़ा, उन्होंने इसे समझने की कोशिश की होगी कि यह विविधता क्यों है, दुख, सुख इत्यादि में फ़र्क़ क्यों है।

क्या आप अपने लेखन के ज़रिये किसी बड़े सत्य को पाना चाहते हैं? किन्हीं बड़े मूल्यों की तलाश आपको लेखन की ओर ले जाती है?

मेरे जैसे संशयग्रस्त लेखन के ज़रिये उसे खोजा-खोदा तो जा सकता है, पाया नहीं जा सकता। तहकीद-तलाश की जा सकती है। पाने के लिए आस्था ज़रूरी है। लीप ऑफ़ फेथ। पाने के लिए अपने संशय को स्थगित करना ज़रूरी है। मैं संशय के माध्यम से सवाल उठा पाता हूँ, हासिल नहीं कर पाता। पाने के लिए किसी न किसी अवस्था पर यह कहना पड़ता है कि कुछ चीज़ें जानी नहीं जा सकतीं।

संशय से शुरू कर आप संशय तक ही पहुँच पाते हैं या बीच में कहीं कुछ हासिल होता भी महसूस होता है?

संशय ख़ुद ही एक उपलब्धि है। यह कुछ बड़े ही महत्त्वपूर्ण प्रश्न उठाता है भले ही उनके उत्तर नहीं दे पाता। सवाल सही होने चाहिये जवाब मिले न मिले। कलाकार, ख़ासकर आधुनिक कलाकार के लिए यही काफ़ी है कि वह लगातार सवाल उठाता है। ग़लत जवाब या ऐसे जवाब जिनमें ग़लती की सम्भावना रहती है स्वीकार कर लेने से कृत्रिम सी शान्ति मिलती है उससे बचना बहुत ज़रूरी है।

कौन सी चीज़ें रचनाकार के लिए एकदम घातक होती हैं, जिनसे उसे बचना चाहिये?

किसी सच्चे रचनाकार के लिए कोई भी चीज़ घातक नहीं होती क्योंकि वह भी उसके अनुभव का ही हिस्सा होती है। वह उनका भी इस्तेमाल कर सकता है, उनसे भी कुछ निकाल सकता है। बड़ा रचनाकार तो वही है जिसके लिए कोई भी चीज़, अनुभव अप्रासंगिक न हो। सभी कुछ उसके काम आ सके। लेकिन फिर यहाँ निर्लिप्तता भी चाहिये, क्योंकि अगर वह सिर्फ़ भोक्ता बन कर रह गया तो जो निस्संगता चाहिये उस भोग को रचनात्मक रूप देने के लिए वह फिर सम्भव नहीं हो पायेगा। निस्संगता के क्षण तो उसे चाहिये ही क्योंकि यही उसकी बुनियाद है।

क्या आपने ऐसा महसूस किया है कि आप महज़ भोक्ता बनकर रह गये हों, निस्संगता बोध ख़त्म होता जा रहा हो? आप किसी दूसरी दिशा में खिंचे चले जा रहे हों, फिर आप सभी चीज़ों को पीछे छोड़ सहमे से वापस लौटे हों।

कई बार होता है ऐसा। कई बार आप छूट भी देते हैं अपने को। छूट कई बार जायज़ भी है नहीं तो आप संसार छोड़ ही देंगे। बड़े से बड़े सन्त, महात्मा भी हर वक़्त निस्संग नहीं रहते थे, महात्मा गाँधी भी नहीं। अनासक्ति आदर्श तो होती है लेकिन व्यवहार में पूरी तरह कहाँ आ पाती है। अगर आप गृहस्थ हैं तो आसक्ति से बच नहीं सकते।

इसलिए ऐसा भी कहते हैं कि रचना के लम्हों में ही आप पूरी तरह अनासक्त हो पाते हैं। इसलिए कृति कृतिकार से बड़ी होती है। रचे जाने के लम्हों में कृतिकार को उठा लेती है। कृतिकार में कई ख़ामियाँ हो सकती हैं—जीने का, परिवार का मोह। कलाकार का द्वन्द्व।

यह द्वन्द्व आपको कितना विचलित-विघटित करता है? वे कौन सी चीज़ें हैं जो आपको खींचती हैं?

कई चीज़ें हैं। सबसे पहले तो ईगो ही खींचता है, जो ज़िन्दा रहने के लिए ज़रूरी भी है। बच्चों का मोह, सैक्स का मोह। यादों का, कीर्ति का मोह। इन पर कितना ही संशय कर लो लेकिन यह खींचते हैं। इनसे फिर दूर जाने के लिए कड़ा नियन्त्रण करना पड़ता है। क़ुर्बानी देनी पड़ती है। दीदा दानिस्ता कोई ऐसी बेईमानी न की जाये। आप रोज़ अपने से प्रश्न करते हैं कोई समझौता तो नहीं कर रहे, और उन्हें रोकने के लिए क्या प्रयत्न कर रहे हैं। झूठ बोल रहे हैं तो क्यों बोल रहे हैं। इस प्रक्रिया में आप कई बार असामाजिक भी हो जाते हैं, हर किसी से बात भी नहीं करते।

यह भी कोशिश रहती है कि आप सैल्फ राइचस न हो जायें। आपको यह गुमान न हो जाये कि आप सब दोषों से रहित हैं। ग़लती सबसे होती है और झूठ भी सबके भीतर है।

सैल्फ-राइचस हो जाना, यह गुमान कि वह सर्वगुणसम्पन्न है रचनाकार के लिए बहुत बड़ा ख़तरा है।

> क्या यह ख़तरा आपके सामने आ खड़ा हुआ है कि आप इस गुमान में जीने लगे हों आप कोई शिखर हैं, बाक़ी लोग बहुत पीछे छूट गये ?

ऐसा तो नहीं हुआ कभी। मुझे सबसे ज़्यादा संशय तो ख़ुद अपने पर ही होता है। बल्कि अपने कुछ दोस्तों, ख़ासतौर पर निर्मल से, मुझे यह शिकायत होने लगी थी कि वे सैल्फ-राइचस होते जा रहे थे। निर्मल में शायद यह प्रवृत्ति शुरू में भी होगी लेकिन बाद में यह प्रबल होती गयी थी। उनके आख़िरी दिनों में दो चीज़ों ने उन्हें बहुत गिराया, अपने पद से और मेरी नज़र से, कि उनके जो दोष दूसरों को साफ़ दिखायी देते थे उनसे वे बेख़बर रहने लगे थे। दूसरों की दृष्टि और विचारों में दोष निकालते हुए वे ऐसे इनसान की मुद्रा बना लेते थे जिसे यह शक ज़रा भी न हो कि उसमें भी ये दोष हो सकते हैं। जब वे दूसरों को ईमानदारी का उपदेश देने लगते थे तो अपनी बेईमानी को भूल जाते थे।

> लेखक मित्रों का सम्बन्ध। वे शुरू में तो अपनी रचनायें एक-दूसरे को दिखाते हैं बाद में लेकिन कतराने लगते हैं। यह इसलिए भी कि आपने निर्मल और अपनी मित्रता के सन्दर्भ में इस खिंचाव का कहीं ज़िक्र किया है।

शुरू-शुरू में ज़ाहिर है आप गोष्ठियों में जाते हैं। एक फोरम होती थी करोल बाग़ में, हम अपनी रचनायें पढ़ते थे—मैं, निर्मल, भीष्म, देवेन्द्र इस्सर, महेन्द्र भल्ला, लेकिन तब भी ऐसा नहीं था कि हर रचना एक-दूसरे को सुनाते थे। लेखकों की मित्रता में बीतते वक़्त के साथ विकार आने लगते हैं। भारत में ही नहीं बाहर भी। काम्यू सार्त्र का झगड़ा तो मशहूर है। वैचारिक मतभेद, पर्सनल बातें भी आ जाती हैं। शुरुआत की सी घनिष्ठता आख़िर के दिनों में नहीं रहती। जैनेन्द्र और अज्ञेय में नहीं थी। उसका कुछ न कुछ अवशेष लेकिन आख़िर तक भी रहता है जैसा निर्मल और मेरे साथ रहा। एक ख़ास क़िस्म की निकटता थी जो किसी और के साथ उसकी भी शायद न थी, मेरी भी नहीं। लेकिन दूरियाँ भी थीं। बीच में कुछ बातें आने लगती हैं। ईगो कह लीजिये। अपना काम भी एक-दूसरे को नहीं दिखाते।

कुछ लोग थोड़े गोपनीय भी होते हैं। मैं नहीं दिखाता हूँ जब तक फिनिश्ड न हो।

राय लेते हैं अपनी रचनाओं पर?

नहीं। मैं अपना कड़ा आलोचक हूँ। नहीं दिखाता किसी को। निर्मल ने भी राय ली हो तो मुझसे नहीं किसी और से ली हो राय। लिखने या छपने के बाद हाँ पढ़ते थे एक-दूसरे को लेकिन फिर वो भी कम होता गया।

आपने एक-दूसरे को पढ़ना ही बन्द कर दिया?

नहीं, मैं तो पढ़ता रहा लेकिन मेरा ख़याल है निर्मल ने बन्द कर दिया।

हो सकता है वे भी आपको पढ़ते रहे हों लेकिन बताया नहीं हो आपको।

हाँ, हो सकता है यह भी।

(कृष्ण बलदेव वैद से यह संवाद उनके वसन्त कुंज के घर पर २०१० की जनवरी में हुआ था।)

कुछ ख़त, एक पिक्चर पोस्टकार्ड

उनका मुझे पहला फ़ोन २०१० में आया था। मेरा तब तक उनसे कोई परिचय नहीं था, सिवाय इसके कि महीना भर पहले मैं उनसे 'कथादेश' के एक विशेषांक के लिए रचना लेने उनके घर गया था। इसलिए उनकी बात सुन मैं हतप्रभ रह गया था, लेकिन २०१७ की फ़रवरी में जो उन्होंने मुझसे कहा उसका मुझे क़तई यक़ीन नहीं हुआ।

उन्हें अन्त नज़दीक दिख रहा था। उनकी स्टडी उनकी अप्रकाशित पाण्डुलिपियों, प्रकाशित उपन्यासों के पुराने मसौदों, ख़त, डायरी और तमाम क़िस्म के काग़ज़ व दस्तावेज़ों से अटी पड़ी थी।

मैं अब यह सब नहीं कर पाऊँगी। मेरे पास समय नहीं बचा है। आप इन काग़ज़ों में से काम की चीज़ निकालकर बाक़ी नष्ट कर सकते हैं?

पिछली बार उन्होंने मुझे अपनी लेखकीय दुनिया में बुलाया था, लेकिन इस बार बुलावा निजी संसार का था। एक ऐसा बुलावा जहाँ वह मुझे अपने कमरे के अन्दर भेज ख़ुद बाहर जा बैठ गयी थीं। मैं अकेला उनके शब्दों, उनकी सृष्टि से रूबरू था। एक विश्वविद्यालय उनकी पाण्डुलिपियाँ और अन्य दस्तावेज़ अपने अभिलेखागार के लिए चाहता था, लेकिन वे उन्हें देने से पहले सन्तुष्ट हो जाना चाहती थीं कि कहीं कोई हल्की लिखत न चली जाये।

मैं आये दिन कई घण्टे उनकी स्टडी में बिताने लगा। उनके ख़त, नोट्स। हम हशमत, ज़िन्दगीनामा के न जाने कितने मसौदे। सफ़ेद काग़ज़ पर उनके बड़े और कँपकँपाते शब्द। हम दोनों साथ खाना खाते, विमलेश बड़े स्नेह से परोसती जातीं। उनके काग़ज़ों से शुरू हुआ सिलसिला जल्द ही

लम्बा होता गया, उनके अतीत के तमाम कोने-कोटरों तक पहुँचता गया। वह अपने जीवन में उतरती जातीं। मैं किसी बायोग्राफ़र सा नोट्स लेता रहता।

ऐसी ही एक दोपहर वे बोलीं—"मुझे एक पिक्चर पोस्टकार्ड मिला। उन दोनों ने मुझे लिखा है—हम दोनों यहाँ शराब पी रहे हैं, तुम्हें याद कर रहे हैं।"

कौन दोनों?

वह हँसने लगीं। स्मृति में डूबी हँसी जिसके किनारों पर बीते दिनों की चमक थी। हँसते वक़्त उनका चेहरा ऊपर उठ जाता था। शायद आकाश में उन्हें पुराने दोस्त दिखलायी देते थे।

पिछली किसी दोपहर जब मैं आ नहीं सका था अपने पुराने काग़ज़ों को टटोलने में उन्हें किसी फ़ाइल में दबा एक पीला पड़ चुका पिक्चर पोस्टकार्ड मिला था। वक़्त पर किसी ने ताला-सा मार दिया। मेज़ पर बिखरे तमाम काग़ज़ों के बीच पचास बरस पुराना वह पोस्टकार्ड। उस पर दो इनसानों के हस्ताक्षर होंगे। यूरोप के किसी शहर की तस्वीर, जहाँ से इसे भेजा गया होगा।

उनमें से एक को वह बचपन से जानती होंगी, जब वह और कृष्णा शिमले में पढ़ते होंगे। दूसरे से वह कुछ साल बाद लाहौर में मिलेंगी, जब वह गवर्नमेंट कॉलेज में शिवनाथ के साथ पढ़ते थे और कृष्णा फतेह चन्द कॉलेज में। बीस से कम की कृष्णा तब तलक शिवनाथ से एकदम अपरिचित थीं, जिनसे वह पहली मर्तबा अपने पाँचवें दशक में मिली थीं और फिर अन्त तक उनके साथ रही थीं। वह विभाजन के पहले का लाहौर था जिसके सामने दिल्ली एक सूखा हुआ गाँव नज़र आता था। किसी को नहीं मालूम था कि कृष्णा की ही तरह वे दोनों भारतीय कथा साहित्य को अनूठे मोड़ देने वाले थे, जिन्होंने कई दशक बाद वह पोस्टकार्ड प्राग से भेजा था, जिस पर प्राग के ओल्ड टाउन हॉल की तस्वीर थी, और दूसरी तरफ़ काली स्याही में यह पंक्तियाँ—

"प्रिय कृष्णा जी,

जब कभी दिल्ली में मिलते थे। संग 'पीने' का अभाव खलता था, अब

पीने का अभाव नहीं, लेकिन आपकी कमी बहुत अखरती है।

निर्मल''

और इसके ठीक नीचे—

''इत्तफ़ाक़ से मैं भी निर्मल के साथ बैठा हूँ, और मैं उससे सहमत हूँ।

कृष्ण बलदेव वैद''

***

निर्मल और वैद के अलावा एक अन्य लेखक का ज़िक्र वह अक्सर करती थीं, स्वदेश दीपक। निर्मल २००५ में चले गये, कई मर्तबा आत्महत्या के असफल प्रयासों के बाद दीपक क़रीब एक दशक पहले 'ग़ायब' हो गये। उनकी मृत्यु की आधिकारिक पुष्टि अभी तक नहीं हुई है। कृष्णा ने कभी नहीं कहा कि स्वदेश दीपक की मृत्यु हो गयी। ''वे अब इस ग्रह पर नहीं हैं,'' वह कहती थीं, यह याद करते हुए कि ''वह हमेशा अपने साथ शराब की बोतल लेकर चलते थे।''

निर्मल और सोबती की अपने काम पर बहस कभी तल्ख़ भी हो जाया करती थी। एक बार निर्मल ने उनके लेखन को 'मिथ' कह दिया। ''कृष्णा, योर राइटिंग इज़ अ मिथ।''

सोबती ने तुरन्त आक्रोश में उन्हें याद दिलाया कि वे एक झटके से 'वे बीस वाक्य' बतला सकती हैं ''जो उन्होंने चेकोस्लोवाकिया के उपन्यासों से उठाये हैं।''

लेकिन उस शाम निर्मल को याद करते हुए उन्होंने तुरन्त जोड़ा—''निर्मल की उपस्थिति के कुछ और ही मायने थे...वह अत्यन्त रचनात्मक उपस्थिति थी।''

''जल्दी चला गया...ही वॉज अ गुड चैप'' वह बोलीं, एक विरल क्षण जब उनकी आँख नम हो गयी थीं। 'मैं उनके बारे में कल ही सोच रही थी।'

उनकी फ़ाइलों में निर्मल का तो शायद एक पिक्चर पोस्टकार्ड ही था जो उन्होंने वैद के साथ भेजा था, 'केबी' के कई ख़त थे। कुछ ख़त अमरीका से भेजे गये थे, जब वह वहाँ पढ़ाते थे। वैद उन दिनों अमरीका में थे। अभी

भी वहीं हैं। उनके भारत आने की सम्भावना बहुत कम थी, लेकिन कृष्णा आश्वस्त थीं कि वैद ज़रूर लौटेंगे। ''एक बार केबी से भेंट ज़रूर होगी।''

वैद लौटे नहीं, उससे पहले ही वह चली गयीं।

जब वह अपने दोस्तों के बारे में बताती थीं, मुझे लगता था कोई किताब लिखी जानी चाहिए इन लेखकों की यारी पर। इनके राग-द्वेष, प्रेम और हिंसा। किस तरह ये एक-दूसरे के काम को बरतते थे। एक किताब जो इनकी दोस्ती के आईने से स्वातन्त्र्योत्तर हिन्दी साहित्य की भी कथा सुनाती चलती हो। वैद की डायरी में भी निर्मल का ज़िक्र बार-बार आता है। उनकी हालिया किताब 'अब्र क्या चीज़ है? हवा क्या है?' में निर्मल की मृत्यु के बाद कई पन्ने निर्मल पर हैं। २५ अक्तूबर, २००५, मृत्यु से कुछ ही घण्टे पहले की वैद की यह डायरी—''आज कृष्णा के फ़ोन के दौरान जब निर्मल का ज़िक्र आया और मैंने उसे निर्मल की बुरी हालत के बारे में बताया तो वह बुझ गयी और हम दोनों उदास हो गये।''

और अगले दिन चिता के सामने यह डायरी—''निर्मल की मौत में मुझे अपनी मौत दिखायी देती रही।''

***

इन्हीं लम्हों में हमने तय किया था कि इस संवाद को एक रूप दिया जाये।

''मेरा आख़िरी साक्षात्कार।''

वे कई बार दोहराती थीं, उस वक़्त भी जब उनकी बायीं कलाई सुइयों से बिंध चुकी थी।

एक सुई से निकलती ट्यूब उनके बिस्तर के ऊपर टँगी बोतल तक जा रही है। चार महीने पहले वे ९२ की हो गयीं। भारत की सबसे उम्रदराज और सयानी रचनाकार। कई दिनों से अस्पताल में हैं, लेकिन सुबह का अख़बार अभी भी उनके सिरहाने रखा है।

यह २०१७ की जून का पहला हफ़्ता है। अपनी हस्तलिखित पाण्डुलिपियों के कई बक्से वे एक विश्वविद्यालय को हाल ही में दे चुकी हैं। हम पिछले तीन-चार महीनों से लगातार मिल रहे हैं—उनका मयूर विहार का घर, और अब दक्षिणी दिल्ली का यह अस्पताल। उनका, यहाँ पाँचवाँ दिन है, कल उन्होंने फ़ोन कर मुझे अस्पताल आने को कहा था। वे इस 'साक्षात्कार'

को जल्द पूरा कर लेना चाहती हैं। लेकिन अब यह साक्षात्कार नहीं रहा है। हम उन तमाम जगहों पर पहुँच रहे हैं जिन्हें यात्रा शुरू करने से पहले ध्येय नहीं किया था, जो इस पाठ में दर्ज नहीं हुआ है, शायद ज़रूरत भी नहीं है।

कई बार मिलते ही उनका पहला वाक्य होता है—आपके सवाल मुझे सोने नहीं देते। मैं सुबह से ही आपके आने की तैयारी शुरू कर देती हूँ।

वे हँसती हैं।

उनके बोलने की गति बहुत तेज़ है। शब्द न मालूम कहाँ से बिखरे आते हैं। अनेक दशकों तक फैली स्मृतियाँ वाक्यों में घुमड़ती आती हैं। उनका बचपन, तमाम शहर, लेखकीय जीवन, दोस्त—समूचा जीवन एक ही वाक्य में उतर आता है।

उनका आग्रह है मैं उनकी आवाज़ रिकॉर्ड न करूँ, उनके कहे को काग़ज़ पर लिखता चलूँ। मैं कहता हूँ—आप तो व्यास हैं, लेकिन मैं गणेश नहीं हूँ।

उनकी रचनात्मक ऊर्जा और लेखकीय प्रतिबद्धता पर उम्र का कोई असर दिखायी नहीं देता। वह रोज़ तीन अख़बार पढ़ती हैं, लेखकों-बुद्धिजीवियों के प्रतिरोध सम्मेलनों और सेमिनारों में जाती हैं और लगभग रोज़ किसी को अपने आतिथ्य से नवाज़ती हैं। वह आज भी पूरी तरह सजग और सतर्क हैं। उन्हें अपने बचपन का गाँव, दोस्त और किताबें याद हैं, वे घोड़े भी जिनकी सवारी उन्होंने बचपन में की।

इस पड़ाव पर भी वह अपने हरेक शब्द को लेकर अत्यन्त सजग हैं। जो भी मैं लिख रहा हूँ उसे मुझे बोलकर सुनाने को कहती हैं। अगर कुछ दिन मैं आ नहीं पाता, तो मुझसे फ़ोन पर पिछली बार का लिखा सुनती हैं। हाल ही उनकी मुक्तिबोध पर किताब आयी है। विश्व साहित्य में शायद ऐसे अवसर कम ही होंगे जब तिरानबे की उम्र में किसी सर्जक ने एक समकालीन रचनाकार पर किताब लिखी हो। उम्र का वह क्षण जब हम अपनी बची चीज़ें समेटने में व्यस्त होते हैं, वे किसी दूसरे लेखक पर किताब को आकार दे रही थीं। लेकिन वह उसकी छपायी को लेकर प्रकाशक से बहुत नाराज़ हैं। सारी प्रतियाँ उठवा लेना चाहती हैं। उन्होंने साठ साल पहले अपने पहले उपन्यास 'चन्ना' की पाण्डुलिपि प्रकाशक से वापस ले नष्ट कर दी थीं। अपने शब्द-कर्म पर उन्हें

अखण्ड अभिमान है।

एक घटना का वे अक्सर ज़िक्र करती थीं। नब्बे के दशक में जब वे भारतीय उच्च अध्ययन संस्थान में राष्ट्रीय फ़ेलो थीं, संस्थान के नये अध्यक्ष गोविन्द चन्द्र पाण्डे आये हुए थे। एक औपचारिक सत्र में उन्हें सभी फेलो से मिलना था। पाण्डेय ने सभी से अपना परिचय देने को कहा। कृष्णा को यह बात बहुत अखरी कि जो व्यक्ति उन्हें जानता है, वह उनका परिचय माँग रहा है। ''हम पिछले कुछ दिनों से मिल रहे हैं। फिर भी आप मेरा नाम जानना चाहते हैं। I have an ordinary name, but sir, my signature is very expensive (मामूली सा मेरा नाम है, पर श्रीमान मेरे हस्ताक्षर का बड़ा मूल्य है),'' वे सबके सामने बोली थीं।

जून की इस दोपहर वह अस्पताल में अपने कमरे के पलंग पर लेटी हैं, आसमानी नीला गाउन पहने। विमलेश उनके बिस्तर को पैंतालीस डिग्री के कोण पर उठाती हैं। उनके चेहरे पर ताज़ी बर्फ़ सी झुर्रियाँ हैं, आँखों में पहली बरसात की चमक।

''कहाँ थे हम पिछली बार?''

***

यह 'आख़िरी साक्षात्कार' अधूरा रह गया। दो महीने बाद, सितम्बर २०१७, मैं शिमला की उसी पहाड़ी पर रहने चला गया, उसी संस्थान में फ़ेलो बन जहाँ कभी नब्बे के दशक में कृष्णा रहा करती थीं। वैद भी उन्हीं दिनों हफ़्ते भर के लिए यहाँ आये थे, सोबती–वैद संवाद यहीं दर्ज हुआ था, संयोग से उसी काँच–घर में जो आज मेरी स्टडी है, जहाँ मैं ये शब्द लिख रहा हूँ। संस्थान के कर्मचारी विजय को अभी भी याद है कि उन्होंने सोबती–वैद संवाद के लिए टेप रिकॉर्डर इसी काँच–घर की मेज़ पर रखा था।

निर्मल भी यहीं रहे थे, सत्तर के दशक की शुरुआत में।

मेरे यहाँ आने के बाद वे फ़ोन पर संस्थान और उन जगहों के बारे में उमंग से पूछती थीं जहाँ वह कभी रही थीं। उनकी आवाज़ में झुर्रियाँ और सलवटें नहीं थीं। उनका स्वर ऊर्जा और उत्साह से सराबोर होता था। वह शिमले की बर्फ़ और बरसात को ले उत्सुक रहती थीं और यह जानकर

खिल जाती थीं कि उनका पहाड़ बहुत अधिक नहीं बदला है। "बहुत सुन्दर। मुझे अभी भी अपना अपार्टमेङ्गट याद आता है।"

सुन्दर। प्यारा। उत्तेजना।

ये शब्द उनकी वर्णमाला में बार-बार आते थे। उन्हें शिमले के संस्थान को छोड़े पच्चीस बरस हो गये थे, लेकिन यहाँ के पुराने कर्मचारी अभी भी उन्हें याद करते थे। क़रीब पैंतालीस वर्षों से शान्तिनिकेतन में रह रहे जर्मनी के टैगोर अध्येता मार्टिन कैम्पचेन उन्हीं दिनों यहाँ तीन महीने के लिए एसोशिएट फ़ेलो बनकर आये थे। कृष्णा ने मार्टिन को एक गरम कमीज़ भेंट की थी। जिस पर उन्हें स्नेह उमड़ता था, उसे वह अक्सर ऊनी कपड़े दिया करती थीं। मार्टिन उन्हें याद कर कहते हैं : "वे मेरी स्मृति में अभी भी दर्ज हैं। बहुत ही निर्भीक और स्वाभिमानी महिला थीं।" उन दिनों संस्थान में कई दिग्गज हुआ करते थे—भीष्म साहनी, रणधीर सिंह, राजी सेठ, शेखर पाठक। लेकिन जब सभी टहलने निकलते या साथ मॉल रोड जाते तो कृष्णा सबसे आगे चलतीं। सब उनको बड़े अदब से बरतते।

***

मेरे पास उनका सबसे पहला फ़ोन २०१० में आया था। वे अपनी एक किताब की पाण्डुलिपि प्रकाशक को भेजने से पहले मुझे पढ़वाना चाहती थीं। मेरी तब कुछ कहानियाँ ही प्रकाशित हुई थीं। उनके भरोसे पर हतप्रभ मैं मेज़ पर रखी उनकी पाण्डुलिपि के काग़ज़ समेट रहा था कि उन्होंने विमलेश को आवाज़ दी। विमलेश को जैसे मालूम था, वे अन्दर से एक लिफ़ाफ़ा ले आयीं। मैं भौचक्क। उसमें रखी राशि आज के स्तर पर भी अच्छी-ख़ासी थी। लेखक अक्सर मित्रों की पाण्डुलिपियाँ पढ़ते हैं, अजनबियों की भी। इसके एवज़ में पैसा देना एकदम अनसुना, अप्रत्याशित था। मैंने बहुत मना किया लेकिन वे नहीं मानीं—"जो लोग लिखते हैं, मैं उनके समय की बहुत क़द्र करती हूँ।"

इसके बाद जब भी वह मुझसे अपने लिखे पर राय चाहती थीं, हमेशा ज़िद कर एक लिफ़ाफ़ा थमा दिया करती थीं। २०१७ की गर्मियों में जब उनके घर काफ़ी समय बिताने के बाद भी उनके काग़ज़ ख़त्म नहीं हो रहे थे, तो मैं उनकी फ़ाइलें घर ले जाने लगा। हर चौथे-पाँचवें दिन तीन-चार फ़ाइल ले जाता, कुछ दिन बाद छँटनी कर उन्हें लौटा जाता, दूसरी फ़ाइल

ले जाता। ऐसी ही किन्हीं फ़ाइलों में मुझे कुछ ख़त और काग़ज़ मिले, जो मुझे लगा सार्वजनिक नहीं होने चाहिए। अभिलेखागार भी नहीं जाने चाहिए। उन्होंने बड़ी निष्ठा से अपने एकान्त को जिया था। पिछली पूरी सदी और इस सदी के दो दशकों पर उनका जीवन फैला हुआ था। उनके दोस्त थे, प्रेम भी, लेकिन उनके एकान्त में कभी किसी का दख़ल नहीं था।

एक बार उनको आये किसी ख़त को पलटते हुए मैंने उनसे पूछा था।

"रोमांस? उससे?" वह हँसने लगीं, जिसके मायने कुछ भी हो सकते थे।

पिछले वर्षों में उन्होंने अपने कई क़रीबी मित्रों को जाते हुए देखा था। एक बारीक़ अवसाद उनके ऊपर अक्सर बिछ जाता। "मैं अभी भी बची हूँ," वे अक्सर कहतीं। क्या उन्हें यह ख़याल सताता था कि उनके बाद उनकी चीज़ों का क्या होगा? ढेर सारी किताबें, ख़त, फ़ाइल। हमारा संवाद अक्सर उनकी बिखरी चीज़ों पर आ अटक जाता। उनका स्वाभिमान उन्हें इस फ़िक्र को स्वीकारने नहीं देता था, लेकिन उनकी कसक कभी उनके बड़े फ्रेम वाले चश्मे के बाहर झलक जाती थी। वे लेखकों के लिए एक रेजीडेंसी स्थापित करना चाहती थीं। उनके कहे को नोटबुक में उतारते वक़्त लगता अन्तिम अरण्य के किरदार मयूर विहार के अपार्टमेंट में उतर आये हैं।

मृत्यु भी कभी बर्फ़ के पाँव लिये आती है, गरिमा और मौन के साथ। वे जिस दिन गयीं उनका प्रिय शहर शिमला बर्फ़ से ढका हुआ था। ठीक जिस क्षण उन्होंने दिल्ली में आख़िरी साँस ली, छाता लिये एक स्त्री शिमले में मेरे काँच-घर की खिड़की के नीचे से गुज़र रही थी। बर्फ़ गिर रही थी। रात भर गिरती रही थी।

आप जीवन के दसवें दशक में हैं। बचपन की कौन सी स्मृतियाँ आज भी ताज़ा हैं?

जीवित रहना एक बरकत है, और इस महान् मुल्क के इतने महत्त्वपूर्ण ऐतिहासिक दौर को देखना भी। चार पीढ़ियाँ मेरी आँखों के सामने रही हैं। हज़ारों सूर्यास्त देखे हैं (सूर्योदय कुछ कम, क्योंकि मैं देर से उठती हूँ), इस ख़ूबसूरत मुल्क को सराबोर करने वाले वसन्त और पतझड़ के असंख्य रंगों

को देखा है, बारिशों में भीगी हूँ।

जन्म के साथ ही मेरे भाषिक और साहित्यिक खाते तीन जगहों पर खुले—मेरे जन्मस्थान गुजरात (पाकिस्तान) में, फिर शिमला और दिल्ली। पिता वरिष्ठ सरकारी अधिकारी थे। लाहौर में कॉलेज जाने से पहले हम शिमला (जो उस समय ग्रीष्मकालीन राजधानी होती थी) और दिल्ली में रहते थे। लाहौर के मुकाबले दिल्ली उस समय गाँव सी लगती थी। तेजी बच्चन, जो शेक्सपियर के नाटकों में अपने अभिनय की वजह से काफ़ी प्रसिद्ध हो चुकी थीं, लाहौर के फतेहचन्द कॉलेज में अँग्रेज़ी पढ़ाती थीं। रहन-सहन के इन तरीक़ों और भाषाओं की अपनी सीमाएँ और स्वतन्त्रताएँ थीं, इससे मेरे लेखन को वुसअत और रोशनी मिली।

मैं शिमला के लेडी इरविन स्कूल में पढ़ी, निर्मल (वर्मा) हारकोर्ट बटलर स्कूल में थे। वे मेरे भाई जगदीश से एक साल जूनियर थे, लेकिन उन दिनों शायद ही कभी हमारी मुलाक़ात हुई। यह ब्रिटिश राजधानी होने का असर था कि भारतीय भी आपस में बहुत औपचारिक व्यवहार करते थे। शहर भी दो हिस्सों में बँटा था—लोअर बाज़ार में भारत की ख़ुशबू मिलती थी, मॉल का अपर बाज़ार अपनी अँग्रेज़ियत के लिए जाना जाता था।

शिमला में उस समय ब्रह्म समाज और आर्य समाज दोनों सक्रिय थे। ब्रह्म समाज के सदस्य शिक्षित लोग थे, जो देखने में अँग्रेज़ लगते। आर्य समाज वहाँ हिन्दी का वाहक बना।

१९३० के दशक में शिमला में एक हिन्दी साहित्य सम्मेलन हुआ। लेखकों का जुलूस मॉल से नहीं, लोअर बाज़ार रोड से गुज़रा। जब वे मॉल से गुज़रे, हम लोगों ने उनके ऊपर फूल बरसाये। सूर्यकान्त त्रिपाठी 'निराला' भी उनमें थे। वे बहुत प्रभावशाली दिखते थे। लगता था कि हाँ कोई जा रहा है।

> आपकी पीढ़ी के अनेक हिन्दी लेखक अँग्रेज़ी को भी अच्छे से साध लेते थे, फिर आपने हिन्दी को अपनी रचना-भाषा क्यों चुना?

भारत के बहुत सारे महाकाव्य जिन्हें हिन्दू और मुसलमानों, दोनों ने सिरजा, हिन्दी में हैं। मलिक मुहम्मद जायसी, तुलसीदास, सूरदास और कबीर ने

इसी भाषा में लिखा। हिन्दी का ध्वनि संसार बहुत विस्तृत है जिसे वह विभिन्न बोलियों से हासिल करती है। हर शब्द की अपनी विशिष्ट ध्वनि है। पंजाबी से आये शब्द थोड़े खुरदुरे हैं तो राजस्थानी शब्दों की अपनी अनूठी संक्षिप्तता और लय है। मेरे रचनालोक में अनेक हिन्दी बोलियों की स्मृति शामिल है, उर्दू और संस्कृत की भी।

मैं जब अपना पहला उपन्यास लिख रही थी, अमृतलाल नागर ने कहा कि यह पंजाबी-मिश्रित हिन्दी चल नहीं पायेगी। मैंने उन्हें कहा दस साल इन्तज़ार करिये। हम लोगों ने जब हिन्दी में लिखना शुरू किया, तब इस भाषा का उपहास किया जाता था। निर्मल और फणीश्वरनाथ रेणु जैसे लेखकों ने इसकी काया ही बदल दी।

एक बार मैं स्वीडन में थी। यू.आर. अनन्तमूर्ति भी थे। कोई सेमिनार था। किसी ने मेरे अँग्रेज़ी अनुवादों के बारे में जानना चाहा। मैंने कहा, मेरी प्राथमिकता यह रहती है कि मेरे मूल पाठ की ख़ामोशियाँ अँग्रेज़ी में भी उतनी ही स्पष्ट सुनायी दें।

आज़ादी के बाद देश का माहौल कैसा था?

विभाजन भयावह था। उस त्रासदी को और उस नफ़रत को, जो इसके साथ आयी, सहना-जीना बहुत मुश्किल था। यह इस मुल्क की ताक़त थी कि हम इससे उबर गये। इससे इस मुल्क की जिजीविषा की परीक्षा हुई, इसकी ताक़त का पता चला, भरोसा हुआ कि जल्द ही यह मुल्क इस विभीषिका से निकल आयेगा। लेकिन आज की सरकार ने जो युद्ध अपने ही नागरिकों के ख़िलाफ़ छेड़ा हुआ है, वह इस मुल्क को नष्ट कर देगा।

आज़ादी ने हमें आत्मविश्वास दिया। पहले गणतन्त्र दिवस पर रायसीना हिल्स से चला जुलूस आज भी मेरी आँखों के सामने ज़िन्दा है। इसके वैभव ने लुटियन जोन के ख़ूबसूरत स्थापत्य को दुगना कर दिया था। उस पीढ़ी के भीतर राष्ट्र की बहुत गहरी भावना थी। आज़ादी के बाद कम से कम दो पीढ़ियाँ लेखकों की ऐसी रहीं जिन्हें विश्व साहित्य की गहरी समझ थी। हम लेखक इस देश की चेतना के वाहक बनना चाहते थे। आज़ादी के बाद हिन्दी का रचनात्मक स्पेस बहुत विस्तृत हुआ है।

आपने भारतीय साहित्य को कुछ बेहद मुखर और आत्मसम्पन्न स्त्री पात्र दिये हैं, इसके बावजूद आप 'महिला लेखक' कहे जाने के ख़िलाफ़ हैं। एक स्त्री के रूप में लेखक होने को आप कैसे देखती हैं?

मेरी माँ दुर्गा बहुत मज़बूत औरत थीं। बेहतरीन घुड़सवार भी। उन्हें एकदम अड़ियल घोड़े दिये जाते थे जिन्हें वे क़ाबू में कर लेती थीं। बावजूद इसके शादी में जो किताबें वे (अपने मायके से साथ) लेकर आयीं, उनमें 'सुहागरात' और 'रमणी रहस्य' भी थीं।

भारतीय चिन्तन में अर्द्धनारीश्वर की एक अद्‌भुत अवधारणा है, एक इकाई जिसमें स्त्री और पुरुष दोनों समाहित हैं। मेरी कला इसे अभिव्यक्ति देती है। इस अवधारणा को लेकर प्रयोग करते हुए मैंने एक मर्दाना तख़ल्लुस 'हशमत' के साथ लिखा। मुझे यह देखकर ताज्जुब हुआ कि बहैसियत 'हशमत' लिखते हुए न सिर्फ़ मेरे लेखन की बुनावट ही कुछ और हो गयी बल्कि मेरी लिखावट तक बदल गयी। अब शब्दों की जो आकृति निकली वह उससे बिलकुल अलग थी जो कृष्णा सोबती की होती थी। इसे ही कला का रहस्य कहते हैं। यही लेखक होने का सुख है। आपका आत्म आपके सामने खुलता है और आप उसे दर्शक की तरह देखते हैं।

'स्त्री साहित्य' की अवधारणा में मेरा विश्वास नहीं है। सिद्धान्तकारों ने किसी पाठ का विवेचन इस नज़रिये से किया होगा, लेकिन महान् साहित्य में स्त्री और पुरुष दोनों तत्त्व होते हैं। स्त्री के बारे में लिखा गया कोई उपन्यास सिर्फ़ इसलिए कम प्रामाणिक नहीं हो जाता कि उसे किसी पुरुष ने लिखा है। पिछले दिनों एक पुस्तक मेले में मुझसे किसी ने पूछा कि औरत होना क्या होता है। मेरा जवाब था कि संविधान से हमें वही अधिकार मिले हैं जो पुरुष के पास हैं।

'मित्रो मरजानी' की मित्रो जब अपनी छातियाँ खोलकर अपने आपको देखती है तो उसकी निगाह में स्त्री और पुरुष दोनों की निगाह शामिल होती है।

इन स्त्री पात्रों में आत्मकथा का तत्त्व कितना है?

यह कहना थोड़ा मुश्किल है। लेखन एक जटिल प्रक्रिया है। लेखक का

आन्तरिक और बाह्य जीवन दोनों उसमें शामिल होते हैं। पाठ में असंख्य तनाव काम करते हैं। अपनी कथा में आप ख़ुद कहाँ, किस मोड़ पर शामिल हो जाते हैं, आप ऐसी कोई रेखा नहीं खींच सकते। प्रेम, सेक्स और मृत्यु इस ग्रह के बुनियादी सत्य हैं। मैंने हमेशा कोशिश की है उनके लिए मेरे पाठ में जगह रहे।

आपके लिए रचना के क्या मायने हैं?

लेखन अपने से संवाद है जो भाषा में सम्पन्न होता है। एक तरफ़ आप अपनी रूह की ध्वनियों को पकड़ते हैं और दूसरी तरफ़ संसार के शोरगुल को भी थामते हैं। मैं अपने पाठ के हमेशा तीन ड्राफ्ट करती हूँ। पहली पंक्ति लिखते ही आप अपने आधे अधिकार पाठ को, अपने शब्द को, सौंप देते हैं।

लिखना शुरू करते समय मेरे पास पहले से कोई ढाँचा नहीं होता। बस कुछ छवियाँ, कुछ विचार और उन्हें काग़ज़ पर उतरते देखने की उत्कंठा। लेखन आपको विनम्र बनाता है, आपको अपनी हदों को लेकर सचेत करता है।

लेखन एक बौद्धिक प्रक्रिया है, लेकिन वह रचनात्मक परिश्रम भी है, एक सामाजिक और राजनीतिक बयान भी। जब आप उपन्यास या कहानी लिखते हैं, आप दूसरे किरदारों से रू-ब-रू होते हैं, और आप उनमें से एक हो जाते हैं। ऐसी बहुत सी किताबें हैं, जो बहुत अच्छे ढंग से लिखी हुई हैं, लेकिन उनमें हमें अन्तर्दृष्टि नहीं मिलती क्योंकि लेखक अपने आपको रूपान्तरित नहीं कर पाता।

मेरे दोस्त बहुत कम हैं। अपनी संगति से मुझे कभी ऊब नहीं होती। मैं रात में लिखती हूँ—रात का अन्धकार जब मेरे टेबल लैंप की रोशनी के रहस्य में आ सिमटता है, तो शब्द नये राग, नयी लय और नयी धुन में मेरे सामने उद्‌घाटित होते हैं।

कभी-कभी मेरा मन होता है कि काश मैंने पेंटिंग सीखी होती।

इस समय का सांस्कृतिक परिदृश्य आपको कैसा लग रहा है?

भयावह। रचनात्मक स्वतन्त्रता पर हमले और लेखकों का जैसा अपमान आज हो रहा है कभी नहीं हुआ। इसके लिए शायद लेखक ख़ुद भी

ज़िम्मेदार हैं। लम्बे समय से वे सत्ता-प्रतिष्ठान में घुसपैठ करने की कोशिश करते रहे हैं। आज़ादी के कई साल बाद तक नागरिक और सत्ता, दोनों ही अपने अधिकारों और कर्तव्यों के लिए सचेत थे। आपसी सम्मान का एक रिश्ता था। वह रिश्ता अब ख़त्म हो रहा है। लेखक के लिए यह बहुत महत्त्वपूर्ण है कि वह अपनी आज़ादी को बचाये रखे। लेकिन यह सरकार देश को एक और विभाजन की तरफ़ ले जा रही है। जो घाव भर चुके थे, या धीरे-धीरे भर रहे थे, इन लोगों ने उन्हें दुबारा उघाड़ दिया है। यह राष्ट्र एक महाकाव्यात्मक रचना है, जिसमें अनेक पुनर्पाठ गुँथे हुए हैं। इसकी स्मृतियों की उम्र हज़ारों साल है। सरकार इसके ऊपर अपना इकहरा वृत्तान्त थोपना चाहती है। आप उनके साथ संस्कृति को लेकर बहस तक नहीं कर सकते क्योंकि उन्हें हमारी संस्कृति की कोई समझ ही नहीं है।

एक बार मैं ट्यूनीशिया (अफ्रीका का एक मुस्लिम बाहुल्य देश) गयी थी। एक ट्यूनीशियाई लड़की ने मुझे एक व्यंजन खिलाने की इच्छा ज़ाहिर की और उसने जो ऑर्डर किया, वह था हलवा। यह शब्द जिसे हम हिन्दी शब्द समझे बैठे थे, यह इस्लामी संस्कृति से आया है। यही हमारे देश की, हमारे राष्ट्र की भाषिक संस्कृति है।

हम लेखकों का फ़र्ज़ बनता है कि हमारे इतिहास पर जो अपनी दावेदारी कर रहे हैं, उसका विरोध करें। एक इतिहास संग्रहालयों में रहता है लेकिन उससे बड़ा एक इतिहास इस राष्ट्र की आत्मा में धड़कता है। इस इतिहास को, इस बड़े वृत्तान्त को बचाये जाने की ज़रूरत है।

चार : समय

समय

अगर आप कोई ऐसा उपन्यास पढ़ रहे हैं जो उन दिनों लिखी जा रही आपकी किताब को नहीं सींचता, एक अनकहा दुख जकड़ लेता है। ऐसा लगने लगता है कि जो जीवन आप जी रहे हैं और जो जीना चाहते हैं उसके बीच एक भयानक खाई आ गयी है।

लेकिन फिर यह भी सच है कि जिन दिनों आप डूब कर कोई किताब लिख रहे होते हैं आपको अपने इर्द-गिर्द, हरेक परदे के पीछे से, वह किताब झाँकती दिखायी देती है।

उसे इंक पैन से काम करना इसलिए भी सुहाता था कि उसे अपनी उँगलियों पर स्याही के धब्बे इस बात का एहसास कराते थे कि वह अभी भी लिख रहा है, काग़ज़ से उसका सम्बन्ध ख़त्म नहीं हुआ। उसके पास तरह-तरह की स्याहियाँ थीं।

कई मर्तबा जब लिखते वक़्त उसकी ऊँगली पर नीले-काले धब्बे नहीं पड़ते थे, उसकी मेज़ पर बिखरे काग़ज़ों पर निशान नहीं गिरते थे, उसकी डायरी के एक पन्ने की लिखावट दूसरे पन्ने पर नहीं उभर आती थी, वह ख़ुद ही अपनी ऊँगली निब से छुला दिया करता था, ऊँगली के पोर पर पड़ते निशान को देखता रहता था।

किताबों की शेल्फ़ के बीच कई दिन से अनछुआ रहा आया गिटार और डेस्क पर अधूरी पड़ी कहानी।

२०११

नौ अप्रैल। नेहरू पार्क। जैज़ फ़ेस्टिवल। ऑर्केस्ट्रा शुरू होने वाला है। बाहर स्टॉल लगी हैं। एक फ्रेंच लड़की ने गोलगप्पे खाते हुए जम्हाई ली। लड़की जम्हाई लेते हुए इतनी सुन्दर दिख सकती है, मुझे नहीं मालूम था। लेकिन मैं यह क्यों मान रहा हूँ कि वह फ्रेंच है?

२३ जुलाई, दिल्ली

कितने विपन्न होते हैं वे शहर जिनके पास एक यात्री को देने के लिए कुछ नहीं बचता, जो ख़ाली हो चुके होते हैं। नहीं...कितना विपन्न होता है वह यात्री जो शहर से कुछ भी हासिल कर पाने में ख़ुद को नाकाबिल पाता है।

मुझे शहर और यात्री के सम्बन्ध को किसी कहानी में तलाशना चाहिए। एक यात्री जिसका शहर खो गया है, वह अपना शहर खोज रहा है। उसके पास चाभी तो है शहर की, लेकिन ताला गुम गया है। लोग अक्सर ताली रख कर भूल जाते हैं या गुमा देते हैं—लेकिन अगर चाभी हमारे पास रही आये, ताला ही खो जाये तो।

११ अगस्त, दिल्ली

यह शहर छोड़ने में सिर्फ़ तीन दिन बचे हैं। बौखलाया-बौराया सा दिन भर औंधा पड़ा रहता हूँ। किसी क़ब्र का पत्थर बीच से फट कर खुल जाये—मुर्दा अचकचा कर चेहरा बाहर निकाल कर देखने लगे। मेरी रूह के ऊपर ठहरा देह का कवच किसी ने भेद दिया है, कातर मेरी रूह इस संसार में ख़ुद को कुम्हलाते हुए देख रही है।

कुछ दिन पहले क़ब्रिस्तान में जा एक क़ब्र के पत्थर पर सिर टिका बैठा रहा। सौ से भी ज़्यादा वर्ष पुरानी क़ब्र के इर्द-गिर्द उग आयी घास मेरे पंजों पर गीली होती रही। चौकीदार आया, उसे लगा मैं क़ब्र के मुर्दे का रिश्तेदार हूँ। हरेक क़ब्र की एक कहानी होती है। कहानी भी लेकिन एक क़ब्र ही होती है। कहानी पर उग आयी घास, पतवार, स्मृति के पत्थर हटाओ तो नीचे न मालूम कौन कबसे सोया हुआ मिलेगा।

शायद हरेक मनुष्य एक क़ब्र होता है। उसकी देह रूह के मुर्दे को सम्भाले

रहती है।

जन्म लेने के बाद माँ के गर्भ की कोई स्मृति शेष नहीं रहती। उसी तरह मैं इस शहर से मुक्ति चाहता हूँ कि अगर वापस लौटूँ भी तो बजाय कसक के महज़ कौतूहल हो—ये सड़कें थीं जिन पर मैं कभी चला करता था। इन हवाओं ने थाम रखा था कभी।

२९ अगस्त, रायपुर

यहाँ धूप सख़्त लेकिन बरसात बहुत मस्त। कल मुझे लगा कि मेरी अब तक की कहानियाँ उन अवैध सम्बन्ध या अनचाही सन्तानों की तरह हैं जिन्हें हम एक उम्र के बाद ख़ारिज कर देते हैं, जिन्हें अपना कहने में एक गुनाहग्रस्त ग्लानि महसूस करते हैं, जिनसे गुज़र चीरता हुआ अफ़सोस होता है कि आख़िर क्यों लिखा उन्हें।

दो रात पहले बालाघाट में किसी नदी में आकाश का विलक्षण प्रतिबिम्ब। समझ नहीं आता था नदी में आकाश की तस्वीर खिंच आयी है या आकाश नदी का चित्र थामे सोया है।

२६ अगस्त

परसों भीषण नक्सल हमले की रिपोर्टिंग के बाद बीजापुर से लौटते में कार में द मैज़िक फ्लूट देखी। मंच पर क़रीब दस मिनट तक मोज़ार्ट का ओपेरा चल रहा है, स्क्रीन पर सिर्फ़ श्रोताओं के चेहरे और उनके बदलते भाव। *असाध्य वीणा* याद आयी...सब एक साथ डूबे, अलग-अलग पार हुए।

इस राज्य में पहला हफ़्ता। पहली जंगल यात्रा और ताज़े लहू का साक्षात्कार।

२७ अगस्त

जिन लोगों के पास डायरी का घर नहीं होता वे रात को कहाँ लौटते हैं? लेकिन जिनके पास यह घर नहीं होता क्या वे ख़ुद को इस क़दर बेघर महसूस कर पाते हैं? क्या डायरी एकान्त जीने में सहायता करती है या उसे

असहनीय बना देती है?

२५ सितम्बर

परसों विनोद कुमार शुक्ल जी के घर गया। उससे पहले फ़ोन कर उनसे पता पूछा।

'कटोरा तालाब से सीधा आइये, बूढ़ी माता वाला चौक, वहाँ मेडिकल स्टोर है, दाहिने मुड़िये...चलते जाइये, सफ़ेद चम्पे के फूल वाला घर है।'

'सर, पता?'

'हाँ, वही तो...कटोरा तालाब से थोड़ा आगे बूढ़ी माता वाला चौक, वहाँ से दाहिने...सफ़ेद चम्पे के फूल वाला घर।'

'बाऊजी, पोस्टल ऐड्रेस?'

'क्या?'

'पता?'

'सफ़ेद चम्पे के फूल वाला घर।'

'बाऊजी, चिट्ठी किस पते पर आती है?'

उन्हें देख अपने बाबा स्मरण हुए। उन्होंने बताया कि उनका जन्म उसी दिन हुआ जब राजनांदगाँव में पहला सिनेमा हॉल—कृष्णा टाकीज—आया। उनका बचपन सिनेमा के सान्निध्य में। दो जीवन जी रहे थे, एक सिनेमा का दूसरा अपना बचपन। अभाव का बचपन, सम्भाव का सिनेमा। उनकी माँ फ़िल्मों की बड़ी शौक़ीन थीं। उन्होंने माँ की गोद में बैठ बहुत फ़िल्में देखीं।

उनकी ढाई साल की पोती टुप्पी को हनुमान चालीसा कंठस्थ। फिर वे उसे जन गण मन गाने को भी कहते हैं। उन्होंने अपने बेटे को हिन्दी माध्यम में दाख़िला नहीं करवाया यह सोच कि अब अँग्रेज़ी ग़ायब हो जायेगी, लेकिन हुआ उलटा—हिन्दी ग़ायब हो गयी।

उनसे मिल घर लौटते में याद आया यक्ष मेघदूत को इसी तरह अलकापुरी का पता बतलाता है—'उस अलका में कुबेर के भवन से उत्तर की ओर मेरा घर

है, जो सुन्दर इन्द्रधनुष के समान तोरण से दूर से पहचाना जाता है। उस घर के एक ओर मंदार का बाल वृक्ष है जिसे मेरी पत्नी ने पुत्र की तरह पोसा है और जो हाथ बढ़ाकर चुन लेने योग्य फूलों के गुच्छों से झुका हुआ है।'

२६ सितम्बर, बारनवापारा नेशनल पार्क

हम यहाँ एक विज्ञापन फ़िल्म शूट करने आये हैं। सब उन्हें मिस्टर टोप्पो बुलाते हैं। टूरिस्ट गाइड। साठ की उम्र तक बैंक में थे, तीन साल पहले रिटायर हुए, जंगल के जीवन को जीने का सपना था—गाइड बन गये। क्या कोई साठ की उम्र में टूरिस्ट गाइड बनेगा? विलक्षण किरदार। पिछले तीन सालों में वे कई यात्रियों को घुमाने ले गये हैं लेकिन पहली बार फ़िल्मवालों के साथ हैं।

मिस्टर टोप्पो अचम्भित रह जाते हैं, फ़िल्मवाले जब धूप को नापने की बात करते हैं, दिख रहे दृश्य को तकनीकी जोड़-तोड़ कर बदलने की कोशिश करते हैं, या जब एक दृश्य के लिए कई बार रिहर्सल होती है। 'ये शॉट तब ही होगा जब धूप कम होगी'। धूप और कौंध को घटाने-बढ़ाने के लिए रिफ़्लेक्टर देख वे चौंक जाते हैं।

मैंने कभी मनुष्य की आवाज़ में मेंढक को बोलते हुए नहीं देखा, लेकिन अगर वह बोलता होगा तो मिस्टर टोप्पो की ही तरह। हमारे साथ एक लड़की है जो छिपकली की तरह दिखती है, छिपकली अगर बोलेगी तो इस लड़की की ही तरह टूँ-टूँ करेगी।

आख़िरी दिन मिस्टर टोप्पो ख़ुद भी ऐक्टर हो गये। तय किया गया कि उन्हें भी दृश्य में लिया जाये। उन्होंने बहुत अच्छा शॉट दिया। वे हमेशा अपने गले में सरकारी टुरिस्ट गाइड का पट्टा डाले रहते हैं। कहीं भी जाते हैं, सबसे पहले उसे ही आगे कर देते हैं।

निर्देशक को हरेक चीज़ क़ैमरे की आँख से देखनी होती थी। उसे अपनी आँख पर क़तई भरोसा नहीं था। वह चारों तरफ़ देखता, फिर क़ैमरा माँगता—क़ैमरे में उसे वह दिखायी दे जाता था, जो नंगी आँख नहीं थाम पाती थी या शायद क़ैमरा दृश्य को निर्मित कर देता था। मिस्टर ऐटलस टोप्पो ने भी एक बार क़ैमरे की आँख में झाँका, फिर अपनी आँख से देखा। कोई फ़र्क़ उन्हें नहीं सूझा।

२ नवम्बर

कल अजित जोगी ने बताया कि ईसाई होने के बावजूद उन्होंने अपने बेटे की शादी 'ग़ैर-सालग' के दिनों में नहीं की। उन्होंने पण्डित के शुभ मुहूर्त निकालने तक का इन्तज़ार किया नहीं तो उनकी पार्टी (कांग्रेस) के लोग और वोटर कहते कि 'ग़लत समय शादी रख ली'।

कुछ दिन पहले दूरदर्शन पर रोमिला थापर का इण्टरव्यू। उन्होंने सोमनाथ पर हमले के प्रचलित आख्यानों के बारे में बताया, यह भी कि अँग्रेज़ राज से पहले यहाँ मुस्लिम लूट का कोई विवरण तब तक नहीं था, इस मसले पर तब तक दर्ज हुए हिन्दू आख्यान इसे मुस्लिम लूट कह कर सम्बोधित नहीं करते।

फिर वे हिन्दी में बोलने लगीं। इतनी प्यारी और प्रांजल हिन्दी। मैंने अभी तक उन्हें हिन्दी बोलते नहीं सुना था। अचम्भा हुआ कि प्रश्नकर्ता उनसे पहले से ही हिन्दी में क्यों नहीं बात कर रहा था।

'जिन लोंगों ने फ़रेब के उन्माद को नहीं जाना, वे उन्माद के बारे में कुछ भी नहीं जानते।' ज्यां जेने। (Jean Genet)।

संगम विहार, दिल्ली, २०१५

दिल्ली की एक अवैध बस्ती में एक दुकान की छत पर एक छोटा-सा सील भरा कमरा। सर्द सुबह ७ फ़रवरी २०१५ की, सूरज शायद थोड़े मेहरबान हो जाये। मेरी छत के पीछे स्कूल में लम्बी लाइनें लगने लगी हैं। उन चेहरों को पहचानने को कोशिश करता हूँ, शायद पिछले इक्कीस दिनों में किसी को देखा हो। एक दूधवाले ने मथुरा से अपने पूरे परिवार को बुला लिया है, वह नहीं चाहता उसके कुनबे का एक वोट भी ख़ाली जाये। सारी दुकानें आज बन्द हैं।

हर सौ मीटर पर खाकीधारी तैनात। ऑटोमैटिक राइफ़ल लिए खड़ा वो वर्दीवाला शायद राजस्थान का होगा। कल शाम यहाँ तैनाती हुई होगी।

बूथ पर जुटती भीड़ के चेहरों और हुलिये को देख उनकी पसन्द भाँपने का प्रयास करता हूँ। कम्बल में लिपटी यह बूढ़ी, लगभग कुबड़ी औरत शायद उसी आदमी को वोट देगी। यह भरा-पूरा परिवार शायद दूसरी तरफ़

जायेगा। अक्सर लोग मुझसे पूछते हैं—मैं किसे वोट दूँगा। मैं कभी जवाब नहीं देता। रिपोर्टर को अपनी राजनैतिक पसन्द उजागर नहीं करनी चाहिए। मेरे साथ लेकिन एक चीज़ और है—मैं वोट दे ही नहीं सकता। मैं अपनी पसन्द बटन दबा व्यक्त नहीं कर सकता। मैं सिर्फ़ गुज़रते दृश्य को देखता, अपने अख़बार के लिए दर्ज करता हूँ। दिल्ली का यह चुनाव, जिसे वर्तनाम भारत के दो शायद सबसे प्रभावशाली राजनेताओं का निजी संघर्ष कहा जा रहा है, जिसे रिपोर्ट करने के लिए मेरे अख़बार ने दिल्ली में हमारी पूरी टीम होने के बावजूद मुझे बारह सौ किलोमीटर दूर से यहाँ बुला लिया है, इस विराट राजनीति के समर में मैं भागीदार नहीं हूँ। अगर रिपोर्टिंग को भागीदारिता कहा जाये तो शायद हूँ। शायद नहीं।

पिछले तेरह महीनों में बतौर रिपोर्टर यह मेरा चौथा चुनाव है। बस्तर, बनारस, आगरा, आज़मगढ़, दिल्ली—अनेक जगहों पर गया हूँ। साल का लगभग हरेक मौसम चुनाव रिपोर्टिंग करते बिताया है, ढेर सारा लिखा है, बग़ैर गीली स्याही अपने दायें हाथ की तर्जनी पर महसूस किये। ऐसा नहीं है कि सभी पत्रकारों के साथ ऐसा हो। दिल्ली के मेरे सभी साथी इस वक़्त लाइन में लगे होंगे, पिछले तेरह महीनों में तीसरी बार। सैनिक भी पोस्टल वोट का इस्तेमाल करते हैं। मेरे लिए वह भी नहीं। क्या मैं हीनतर नागरिक हूँ?

दस का समय हुआ अब। मेरे कमरे में अभी भी सीलापन है, बाहर सूरज फूट रहा है। मुझे इस वक़्त सड़क पर होना चाहिए था। लेकिन आज, यहाँ अपने आख़िरी दिन, मैं इस कमरे को नहीं छोड़ना चाहता। बिना स्याही की मेरी तर्जनी को यह दिन अपने में ही बिताना चाहिए—नोट्स ऑफ़ एन इंकलैस फिंगर।

छः घण्टे और यहाँ। दिल्ली की यह सर्दियाँ पिछले तीन दशकों में सबसे क्रूर थीं। मेरे कमरे की खिडकियों और रोशनदान पर मेरे अख़बार के पन्ने बतौर काँच फड़फड़ाते थे। संगम विहार में रहने आया था कि अर्बन स्लम्स पर मेरी चुनाव रिपोर्टिंग कहीं अधिक 'प्रामाणिक दिखे'। तीन में से पहला हफ़्ता बिना टोंटी, बिना बल्ब और बिना छत के बाथरूम से याराना

बनाने में, रहने भर की चीज़ें मसलन रूम हीटर, केतली, गद्दा, कुर्सी, मेज़ इत्यादि जुगाड़ने में ख़र्च हुआ। मकान मालिक की चेतावनी अलग कि यहाँ पानी नहीं आता, इतनी बाल्टी से अधिक ख़र्च किया तो फिर मुझे ख़ुद ही पानी के टैंकर की व्यवस्था करनी होगी। मेरी हर ख़बर के साथ लोगो जाता था—इण्डियन एक्सप्रेस रिपोर्टर मूव्स इनटू एशियाज़ लार्जेस्ट अनओथोराईज़्ड कोलोनी टू लिव देयर एण्ड ट्रैक द बैटिल फॉर द कैपिटल। फ्रॉम अ रूम ऑन टॉप ऑफ़ अ गारमेंट शॉप। साथी कहते थे यह अवार्ड विनिंग इलेक्शन रिपोर्टिंग है। लेकिन इक्कीस दिन यहाँ बिताने के बाद मुझे अभी भी नहीं मालूम कि आईफ़ोन के टोर्च की रोशनी में नित्य कर्म करने ने क्या मेरी रिपोर्टिंग को अधिक प्रामाणिक बनाया।

अगर मैं साउथ-एक्स या सुन्दर नगर में रहा होता तो क्या कुछ और लिखता? क्या यहाँ रहना सिर्फ़ एक स्टण्ट था? पत्रकारीय ड्रामा?

***

वे इसे ग्रीनफील्ड बोलते हैं। उन्हें नहीं मालूम क्यों। संगम विहार की भिनकती बस्ती के पीछे पसरे एक विशाल जंगल में सैकड़ों क़ब्र बिखरी हैं जिन पर वे क्रिकेट खेलते हैं। 'अर्थियाँ,' सत्रह साल का बिक्की सिंह इन्हें कहता है। मौत की चारपाई। बिक्की पृथ्वी में उभरे एक छोटे से पठार को इंगित करता है। छोटे-छोटे पत्थरों से घिरा पठार। 'पैप्सी।'

वह झुककर पत्थरों को सम्भालता है कि पैप्सी चैन से सोता रहे। कई सर्दियाँ पहले पैप्सी उन्हें इन्हीं क़ब्रों के बीच कुडकुडाता मिला था। बिक्की की पुतलियाँ चमकने लगती हैं। पैप्सी ठेके की दुकान से सन्तरे की बोतल अपनी पीठ पर ले आता था। पूरी गुप्ता कॉलोनी में पैप्सी सबका लाड़ला था। पैप्सी से थोड़ी ही दूर कुछ बच्चे सोये हैं। बच्चों और पिल्लों की क़ब्र साथ ही हैं।

यह फ़रवरी की एक शाम है, पिछले तीन दिनों में मैं इस जंगल में पाँचवी बार आ रहा हूँ जिसे काग़ज़ों में असोला वन्य अभ्यारण्य कहा जाता है। नील गाय के सिवाय मुझे कोई जानवर नहीं दिखायी दिया। पैप्सी के क़रीब बिक्की के बड़े भाई-बहिन सोये हैं। बिक्की को ठीक जगह नहीं मालूम। वह अपनी माँ से कैसे पूछता कि उसके भाई और बहिन की अर्थी कहाँ है। हो सकता है क्रिकेट खेलते में गेंद उनके ऊपर चली चली जाती

होगी और बिक्की अक्सर अपने भाई पर पैर रख गेंद उठाने जाता होगा। यह भी असम्भव नहीं कि डीप फाइन लेग जहाँ बिक्की अक्सर खड़ा होता है, उसकी बहिन के ठीक ऊपर हो। उसे नहीं मालूम। उसे यह जंगल एक अन्तहीन भूलभुलैया लगता है।

***

सिर्फ़ तीन घण्टे और इस कमरे में। शाम को वोटिंग ख़त्म होते ही मैं संगम विहार छोड़ सुन्दर नगर के एक होटल में चला जाऊँगा। निशान जो मैं पीछे छोड़े जा रहा हूँ—एक लीटर वाली बियालिस बोतलें। तीन दो लीटर वाली। कुछ पोलीथिन। मेरे अख़बार की कुछ प्रतियाँ। कल रात मैं देर तक संगम विहार की गलियों में घूमता रहा। एक दिन पुराना चाँद कीचड़ में टिमक रहा था। मुझे इसकी कौंध सहसा असहनीय लगी। शायद वही लम्हा था जब एक महीन अवसाद मुझे जकड़ने लगा। मैं अपने इस बस्ती में रहने के निर्णय पर लगातार ख़ुद को कोंचता-नोंचता आया हूँ। घनघोर ठण्ड, भूख, कीचड़, दुर्गन्ध के पहाड़ या किसी अन्य भौतिक कठिनाई से मुझे परहेज़ नहीं, लेकिन अभाव में रहने के इस स्वांग से बतौर मनुष्य भले मेरी डायरी समृद्ध हुई, बतौर रिपोर्टर क्या?

यह निरन्तर चलने वाला आक्रोश कि बतौर रिपोर्टर मैं अपने पाठक के साथ फ़रेब कर रहा हूँ अचानक कीचड़ में चाँद के इस टुकड़े को देख घुलने लगा। मुझे कचड़े का वह तिमंज़िली गोदाम याद आया जहाँ नादिया ज़िले के तीन बंगाली परिवार रहते हैं। वह लड़की जो दिल्ली विश्वविद्यालय में पढ़ती है, यहाँ पानी के लिए रोज़ पड़ोसियों से लड़ाई लडती है। अलीगढ़ का इकराम साईकिल पर गलियों में घूमता है, औरतों से उनके बाल लेता है, औरतें कंघी करते वक़्त झड़े अपने गुच्छे सम्भाल कर रखती हैं, बाल के वजन बराबर जीरा इकराम उन्हें देता है, बाल इस गोदाम में ला बेचता है। औरतों के बाल बहुत महँगे बिकते हैं। 1800 रुपये क़िलो। इकराम पाँच बरस पहले यहाँ आया था क्योंकि उसके घर में कोई काम नहीं था, यहाँ आ हर महीने 5000 घर के लिए भी बचा लेता है। कचड़े के ढेर में बंगाली परिवारों के बच्चे खेलते हैं।

कल रात मुझे संगम विहार के सभी अफ़साने याद आये और मैंने अपने

कमरे को पहली मर्तबा पुकारा...मेरा घर।

***

डायरी का दर्पण

कई ज़िल्दों में फैली कृष्ण बलदेव वैद की डायरियों में प्रवेश का एक रास्ता है लेखक का अपने सबसे क़रीबी मित्र के साथ सम्बन्ध, जिसका ज़िक्र १९५० के दशक से लेकर पचास साल बाद उनकी मृत्यु तक, वैद की डायरियों में अनेक रूप में आता है। अगर किसी पाठक को इन दोनों लेखकों की दोस्ती और लेखन के बारे में रत्ती भर भी इल्म न हो, तब भी ये डायरियाँ उस रिश्ते और उसके आईने से इनकी लेखकीय सृष्टि की बड़ी प्रामाणिक तस्वीर बनाती हैं।

शुरुआत तीन नवम्बर दो हज़ार चार की इस डायरी से करते हैं :

'कल रात के स्वप्न में निर्मल और मैं कहीं एक साथ थे। आमने-सामने बैठे हुए। निर्मल ने अँग्रेज़ी में कहा : यू नो दैट माई एण्टायर रायटिंग इज़ डायरेक्टिद ऐट यू ? इससे पहले कि मैं कुछ कहता, उसने कह दिया : आई नो दैट यूअर एण्टायर रायटिंग इज़ डायरेक्टिद ऐट मी। जब वह यह कह रहा था तो मुझे काफ़्का का अपने पिता के नाम वह मशहूर लम्बा ख़त याद आ रहा था को इस वाक्य से शुरू होता है और जो काफ़्का की मृत्यु के बाद ही प्रकाश में आ सका था और जिसे काफ़्का ने अपने पिता को भेजा नहीं था। और साथ ही अनाइस नीन की डायरी में लिखी यह बात कि उसका सारा लेखन उसके पिता को सम्बोधित एक लम्बा ख़त ही था।'

एक रचनाकार के स्वप्न में दूसरा लेखक आ कर कहता है कि हम दोनों का लेखन मूलतः और अन्ततः एक दूसरे को ही सम्बोधित है, हम एक दूसरे के लिए ही लिखते हैं। वह रचनाकार सुबह उठ इस सपने को डायरी में दर्ज करता है, उसे प्रकाशित कर सार्वजनिक भी कर देता है। इसके निहितार्थ को समझने के लिए स्वप्न-विज्ञान में महारत हासिल करने की ज़रूरत नहीं है।

वैद की डायरियों में तमाम लेखक, चित्रकार आते हैं, उनके साथ बिताये

लम्हे भी। लेकिन एक लेखक हमसाये और हमनवाज़ की तरह शुरू से ही उनके साथ चलता है, उनके सपने में आ कुलबुलाता है। वैद की डायरियों में उस लेखक का सबसे पहला उल्लेख १९५६ का है जब दोनों दिल्ली में रहते थे, तंगी के दिन थे दोनों एक ही लड़की को ट्यूशन पढ़ाया करते थे;

'ट्यूशन पढ़ा कर लौटा हूँ। बस का इन्तज़ार घण्टों करना पड़ा। खाना भी काफ़ी ख़राब मिला। ट्यूशन वाली लड़की के मज़ाक़ से भी मूड ख़राब है। उसने मेरे चेहरे की तुलना चिड़िया से करते हुए पूछा कि मैं इतना सूख क्यों गया हूँ। लड़की शमशाद बेगम की बेटी! उसने देख लिया होगा कि मुझे उसकी उपमा बुरी लगी है। मैं उसे अँग्रेज़ी पढ़ाता हूँ, निर्मल इतिहास। बदले के तौर पर कल उसे पढ़ाने नहीं जाऊँगा।'

इसके कुछ साल दोनों भारत छोड़ देते हैं; एक यूरोप चला जाता है, दूसरा अमरीका। दोनों भारतीय कथा साहित्य में नये क़िले स्थापित करते हैं, विलक्षण गद्य का सन्धान करते हैं। दोनों का अध्ययन विपुल है, शब्द के प्रति समर्पण घनघोर, आत्म-प्रचार से दूर, साधक-लेखक की छवि को चरितार्थ करते हुए। दोनों की दोस्ती गहरी होती जाती है। निर्मल अमरीका में वैद के घर रुकते हैं, वैद निर्मल के पास प्राग आते हैं, दोनों प्राग से कृष्णा सोबती को एक पिक्चर पोस्टकार्ड लिखते हैं।

लेकिन कुछ और भी घटित होता है...हिन्दी जगत निर्मल की कथाओं से तो तुरन्त सम्मोहित हो जाता है, *उसका बचपन* एक क्लासिक का दर्जा हासिल ज़रूर करता है, वैद के लेखन के मुरीद कई बनते हैं, लेकिन वैद का पाठक वर्ग निर्मल जितना व्यापक नहीं हो पाता, और इस दरमियां कहीं दोस्ती भी धीरे-धीरे दरकने लगती है।

क्या इसकी एक वजह वह है जो वैद १९९३ की अपनी डायरी में दर्ज करते हैं?

'निर्मल जब से प्रतिष्ठित हुआ है तब से वह मुझे काट रहा है, ऐसे संकेत मुझे कई दिशाओं से मिलते रहे हैं कि उसने मेरे काम को नकारा है, उसकी निन्दा की है। शुरू के दौर में वह मेरा प्रशंसक हुआ करता था। अब अगर कोई मेरी प्रशंसा करे तो वह हैरान होता है, हैरानी के माध्यम से यह व्यक्त करता है कि वह मेरे काम को कमतर समझता है। कहीं-न-कहीं उसे यह असुरक्षा है कि मैं उसका हमपल्ला हूँ, शायद उससे बेहतर हूँ, मेरी निन्दा

सुन वह ख़ुश होता है। मेरी कोशिश यह रहती है कि कोई मेरे सामने उसकी निन्दा न करे। मेरे मन में उसके काम को लेकर कई संकोच हैं लेकिन मैं उसकी ख़ूबियों को नकारता नहीं, अपने मन में भी नहीं।'

इन दोनों दिग्गजों के बीच की दरार हिन्दी को दिखने लगी है, इसकी ध्वनियाँ भी सुनायी देती हैं ।

१९९७ में वैद उदयपुर आये हुए हैं। एक दिन नामवर सिंह उनसे मिलने आते हैं, वैद डायरी में लिखते हैं : 'नामवर जी अचानक बोले—वैद और निर्मल के द्वन्द्व से कृष्णा सोबती ने ख़ूब फ़ायदा उठाया है। मैंने या किसी और ने उनकी इस बात को आगे नहीं बढ़ाया। वे न जाने क्या कहना और कहलवाना चाहते थे।'

नामवर किस 'फ़ायदे' का ज़िक्र कर रहे थे?

वैद इससे अनभिज्ञ नहीं हैं कि उनके तमाम लेखक मित्र निर्मल के गद्य के शायद कहीं बड़े शैदाई हैं, कई युवा लेखक तो लगभग भक्त हैं। अस्सी के दशक में निर्मल कुछ वर्ष निराला सृजन पीठ पर भोपाल में रहते हैं, उसके बाद वैद भी उसी पीठ पर आते हैं, और १९८८ में भोपाल की यह डायरी : 'लड़कों (मुन्ना, मदन, ध्रुव) से आज छोटी-सी बैठक हुई। तीनों 'निर्मल जी' से 'आक्रान्त' हैं लेकिन तीनों उस आतंक से मुक्त भी होना चाहते हैं।'

*

कई बरस पहले मैंने वैद का लम्बा साक्षात्कार किया था (यह साक्षात्कार इस किताब में संकलित है)। वे निर्मल से अपनी दोस्ती और शिकवों को लेकर खुल कर बोले थे, और अन्त में यह जोड़ा था : 'एक ख़ास क़िस्म की निकटता थी जो किसी और के साथ उसकी भी शायद न थी, मेरी भी नहीं।'

अपनी डायरी में वैद अपने और निर्मल के फ़र्क़ को इस तरह देखते हैं : 'निर्मल और मुझमें बड़ा अन्तर : वह मर्यादा का मुरीद, मैं विरोधी।'

लेकिन क्या निर्मल वाकई उतने 'मर्यादा-प्रेमी' थे जैसा वैद इंगित करते हैं? क्या वैद अपने दोस्त के प्रति ज़्यादती कर रहे हैं? क्या यह आकलन उस बारीक़ खाई का सूचक है जो दोनों के बीच चलती और बढ़ती गयी

है? मसलन, १९८९ की यह डायरी : 'कल शाम शीला सन्धू के घर निर्मल की शादी की दावत दबी-दबी सी। ठण्डी और उबाऊ। जब हम पहुँचे तो निर्मल शामलाल जी से बात कर रहा था, उस बात को एक आड़ के तौर पर इस्तेमाल कर रहा था...निर्मल बूढ़ा दूल्हा बना शामलाल जी के साथ ही जुड़ा रहा...भीष्म ने कुछ अश्लील लतीफ़े मुझे सुनाये लेकिन उनसे भी बात नहीं बनी।'

ज़्यादती के इस प्रश्न को किसी आगामी लेख या इन दोनों के जीवनीकार के लिए छोड़ते हैं।

वैद निर्मल की बढ़ती 'सार्वजनिकता' देख नाख़ुश भी होते हैं। उनकी १९८५ की डायरी : 'इस बार जब निर्मल के घर गया तो बाहर से सब कुछ बुझा-बुझा और बासी नज़र आया...निर्मल का मुस्कुराता हुआ चेहरा जैसे कोई टेढ़ा बूढ़ा कमल खिलने की कोशिश कर रहा हो—बातों बातों में पता चला कि कुछ ही दिन बाद निर्मल किसी गाँधी मेले में शामिल होने जा रहा है। उसकी ज़िन्दगी के इस पक्ष को मैं समझ नहीं पाया—उसका मंच-मोह!'

यहाँ यह भी जोड़ना चाहिये कि वैद अपने प्रति भी बड़े निर्मम हैं। उन्हें पाठक और आलोचक की दरकार नहीं, अपनी डायरियों में वह किसी लेखक की शायद सबसे बड़ी कमज़ोरी—पाठक की आकांक्षा—से भी उबरते दिखायी देते हैं। वे पाठक भी अपनी ही शर्तों पर चाहते हैं। मसलन, सात जून दो हज़ार चार को वह लिखते हैं : 'आज शाम रमेश दवे की किताब—कृष्ण बलदेव वैद : गल्प का विकल्प—के प्रूफ़ मुझे भेजे गये। तीन-चार घण्टे उसी को दिये। दुहराव बहुत है। मुझे 'प्रतिष्ठित' करने का प्रयास ज़हीन है, लेकिन शोध में कई दोष हैं और उतावली के कई प्रमाण भी। फिर भी किताब अपने यहाँ के मानकों के सन्दर्भ में मज़बूत है, 'बुरी' नहीं, बड़ी भी शायद न हो।'

वैद का लेखकीय संसार विराट है लेकिन उन पर आलोचकीय काम बहुत कम हुआ है। तमाम लेखक लालायित रहते हैं कोई उन पर कुछ लिख दे, दो-चार लाइन ही घसीट दे, लेकिन वह ख़ुद पर लिखी गयी 'आलोचना' किताब को कोई ख़ास महत्त्व नहीं देते। वह एक जगह लिखते हैं : 'मैं कड़ा नक़्क़ाद हूँ, अपना भी औरों का भी। इसलिए मैं औरों को पसन्द हूँ न अपने आपको। इसलिए मैं इतना अकेला और अकुलाया हुआ रहता हूँ।'

ज़ाहिर है ऐसा इनसान अपने दोस्तों के काम का भी कड़ा आलोचक होगा। लेकिन वैद की डायरी में निर्मल का ज़िक्र सिर्फ़ तल्ख़ी या शिकायत के साथ ही नहीं आता, ऐसे तमाम अवसर हैं जब वैद जिस 'निर्मलीय भावुकता' पर सवाल उठाते हैं, उसी भीगे और भीने भाव से अपनी दोस्ती को दर्ज करते हैं।

छब्बीस फ़रवरी दो हज़ार पाँच को वैद बीमार निर्मल को देखने उनके घर जाते हैं। निर्मल अरसे से बीमार चल रहे हैं। तब तक दोनों के बीच तमाम झगड़े हो चुके हैं, लेकिन वैद लिखते हैं : 'देखने में वह लाचार और कमज़ोर नज़र नहीं आ रहा था। उसकी आवाज़ कमज़ोर थी और उसके फेफड़ों से बोलते समय 'घर-घर' की आवाज़ आ रही थी...तनाव तो नहीं था, कसाव कुछ था। सब जाने के लिए एक साथ ही उठे। घर से बाहर निकलने से पहले मैं और निर्मल बग़लगीर हुए। वह क्षण शुद्ध आत्मीयता का था। गगन देख रही थी और भर्रायी हुई मुस्कुरा रही थी। मैंने निर्मल से कहा : तमाम बातों के बावजूद तुम और मैं 'सोल-मेट्स' हैं, हमात्मा हैं।'

या बाईस नवम्बर दो हज़ार दो की यह पेरिस डायरी : 'परसों रात निर्मल सुबह चार बजे तक मेरे कमरे में बैठा रहा। कुछ पीते रहे, कुछ भावुक हुए, दो बजे तक मुन्ना साथ था, फिर वह हमें अकेला छोड़ने के लिए ही शायद चला गया—दो बूढ़े साबिका दोस्तों को आपसी रंजिश दूरी दूर या कम करने का अवसर देने के लिए ही शायद। हम अपने-अपने प्रोस्टेट ऑपरेशन के बारे में बात करते रहे।'

दो वयोवृद्ध लेखक विदेश यात्रा पर हैं, अपने प्रोस्टेट ऑपरेशन के बारे में सुबह चार बजे तक बात कर रहे हैं। वैद की डायरियाँ उकसाती है कि इस दोस्ती को टटोला जाय, इस दोस्ती के कभी नज़दीक कभी दूर घटित होती दोनों की कथा-यात्रा के सहारे दोनों की जीवनी लिखी जाय।

वैद की डायरी, निर्मल की बीमारी का, बड़ी मार्मिकता से ज़िक्र करती है। मृत्यु के बाद तो कई पन्ने निर्मल पर हैं, ख़ासकर निर्मल की चिता के सामने यह डायरी : 'निर्मल की मौत में मुझे अपनी मौत दिखायी देती रही।'

डायरियाँ निर्मल ने भी काफ़ी लिखी हैं, लेकिन हैरानी की बात है कि जो इनसान उनकी मौत में अपनी मौत देख रहा था, जिसके साथ निर्मल ने तमाम चीज़ें साझा की थीं, शायद प्रेम भी, जिसके साथ वह जवानी के

दिनों में एक लड़की को ट्यूशन पढ़ाने जाते थे, जो उनका 'हमक़लम, हमनवा, हमराज़, हमग़म, हमजौक़, हममज़ाक़' था, उसका ज़िक्र निर्मल की डायरी में कहीं नहीं आता।

कहीं भी नहीं।

जीवनीकार को यह अनुपस्थिति भी प्रेरित कर सकती है।

२२ दिसम्बर २००३, दिल्ली

काँच की बोतल में पानी सिहरा, दीवार पर टँगा बल्ब झिलमिला गया।

बोर्हेस : हम आधुनिक यूरोपीय साहित्य के धर्मभंजक हैं।

२३ दिसम्बर २००३, सुबह साढ़े ग्यारह, दिल्ली

लेखक पाठक को ही नहीं ख़ुद अपने को भी छलता है। अपने अनजाने या जाने। निर्मल की कला शायद इस छल व छलावे को छुपाये ले जाने में निहित है। क्या मैं कभी उनसे पूछ पाऊँगा कि जब वे मेरी कहानी पर कहते हैं—'अँग्रेज़ पिता का अपनी सन्तान से वह सम्बन्ध थोड़े हो पाता है जो भारतीय पिता का होता है', तो *एक दिन का मेहमान,* जिसे साहित्य में शायद उनके सबसे क़रीबी मित्रों ने आत्मकथात्मक कहा है और उन्होंने सहमति भी दी है, में इस वाक्य के क्या मायने हैं...'वे एक ऐसी बच्ची के हाथ थे जिसने सिर्फ़ माँ के सीमित और सुरक्षित स्नेह को छूना सीखा था, मर्द के उत्सुक और पीड़ित उन्माद को नहीं जो पिता के सेक्स की काली कन्दरा से उमड़ता बाहर आता है।'

२८ मार्च २०१६, सुबह नौ, दिल्ली

कल रात भयावह बीती।

ऐसी रात जब आप बेइन्तहा सोना चाहें, बेसुध-बेख़बर हो, लेकिन आप पूरी मेहनत कर लें, करवट और कमरा बदलें, एसी चलायें, कपड़े उतार दें लेकिन बदन छटपटाता रहे। उठने की हिम्मत न हो लेकिन लेटा भी न रहा

जाये।

कल ऐसी ही रात थी। रात सवा बारह पर लौटा था ऑफ़िस से। अनुच्छेद ३५६ पर कोई ख़बर लिख रहा था, फिर द *नेम ऑफ़ द रोज़* भी पढ़ता रहा था ऑफ़िस में। सोचा था घर आ बिस्तर पर ढह जाऊँगा लेकिन न चैन आया, न नींद। पाँच बजे क़रीब सोया शायद।

२७ मार्च, २०१८

बिटवीन वीमेन एक दिलचस्प किताब है। इसकी सम्पादकों ने कई स्त्रियों को उन स्त्रियों पर लिखने पर कहा जिन्हें उन्होंने अपने काम का विषय बनाया था। एक स्त्री पर शोध करते वक़्त, उसकी पेंटिंग बनाते वक़्त, किसी दूसरी स्त्री का स्व किस तरह परिवर्तित होता है। एक अद्भुत निबन्ध एक फ़ोटोग्राफ़र का है जो स्त्रियों की तस्वीरें खींचती रहीं हैं।

एक बेहतरीन लेख वर्जिनिया वुल्फ़ की अध्येता लुई देसाल्वो का है, वे लिखती हैं—

'२८ मार्च, १९४१—वर्जिनिया वुल्फ़ अपनी जेब में पत्थर भर आउस नदी में चलती जाती हैं, आत्महत्या कर लेती हैं। मेरी माँ तीन महीने के गर्भ से हैं। यह तथ्य कि मैं उनके भीतर आ चुकी हूँ जब वर्जिनिया वुल्फ़ की मृत्यु होती है, उनके लिए किसी महत्त्व का नहीं है। कई साल बाद मैं पूछती हूँ कि क्या उन्होंने रेडियो पर वर्जिनिया वुल्फ़ की मृत्यु के बारे में सुना था। वे मना कर देती हैं। शायद जब मैं उनके पेट में थीं, उन्होंने वर्जिनिया वुल्फ़ को पढ़ा हो? द *इयर्स*? यह बहुत ही लोकप्रिय उपन्यास था। वे मना कर देती हैं। मेरे वर्जिनिया वुल्फ़ के बारे में उनसे बात करने से पहले मेरी माँ ने उनका नाम कभी नहीं सुना था।

यह तथ्य कि वर्जिनिया वुल्फ़ और मेरी माँ एक ही समय जीवित थीं, कहा जाये तो, एक ही हवा में साँस लेती थीं, बहुत ही रहस्यात्मक ढंग से महत्त्वपूर्ण है। इस बात का गहरा अर्थ है कि मैं अपनी माँ के पेट में थी जब वर्जिनिया वुल्फ़ ने ख़ुद को मार दिया था। आख़िर इसे कैसे समझा जाये कि मैं अपने जीवन का बहुत बड़ा हिस्सा इस स्त्री को दे रही हूँ जिसके साथ मैं कुछ भी साझा नहीं करती...सिवाय इसके कि हम दोनों स्त्रियाँ हैं।

'और यह, मेरे ख़याल से, अपने में पर्याप्त है।'

इस किताब की भूमिका में सम्पादक लिखती हैं कि जब उन्होंने इस एन्थोलोजी के लिए सामग्री जुटायी तो तमाम अध्येताओं ने अपनी प्रिय स्त्रियों पर काम शुरू करने से पहले अपने भय साझा किये—'तुम्हारे लिखे पर काम करते वक़्त मेरे लिए सबसे बड़ी चुनौती मेरा डर या शायद मेरी हसरत ही थी कि कहीं हम दोनों के बीच की सीमाएँ कहीं मिट न जायें। कि मैं तुम न हो जाऊँ जो दरअसल 'कोई नहीं' है।'

कुछ को यह भी लगता था कि इन स्त्रियों के प्रति उनका प्रेम मूर्खता तो नहीं है।

इसे पढ़ द *ऑवर्स* का वह दृश्य याद आया जब निकोल किडमेन हाउसकोट पहने घर से निकलती हैं। एकदम शान्त। अपने बगीचे से गुज़रती, अपनी जेब में पत्थर भरती, नदी में चलती जाती हैं। उनकी सेंडल उतरती जाती है। उनके नंगे पैर नदी की वनस्पतियों से उलझते हैं। उनकी अनामिका की अँगूठी तरल धुन्ध में चमकती है, उनका आख़िरी ख़त जो उन्होंने घर से निकलने से पहले अपने पति के लिए मेज़ पर रख छोड़ा है स्क्रीन पर चल रहा है—'प्रियतम, मुझे पक्का यक़ीन है कि मैं फिर से पागल हो रही हूँ...मुझे आवाज़ें सुनायी दे रहीं हैं, मैं एकाग्र नहीं हो पा रही हूँ। इसलिए मैं वह कर रही हूँ जो शायद मुझे करना चाहिए...मुझे मालूम है मैं तुम्हारी ज़िन्दगी बरबाद कर रही हूँ। मेरे बग़ैर तुम काम कर सकोगे। मैं यह भी ठीक से नहीं लिख पा रही...मैं सिर्फ़ यह कहना चाहती हूँ कि मेरे जीवन का समूचा सुख सिर्फ़ तुम्हारी वजह से ही है...तुम्हारी अच्छाई के सिवाय मेरे जीवन से सब कुछ जा चुका है। मैं तुम्हारी ज़िन्दगी और अधिक खराब नहीं कर सकती। मुझे नहीं लगता कि दो इनसान हम दोनों से ज़्यादा ख़ुश रह सकते थे।

वर्जिनिया।'

कोई अनाम तारीख़

पिकासो : मैं चीज़ों के चित्र बनाता हूँ जिस तरह मैं उन्हें सोचता हूँ न कि जैसा वे मुझे दिखायी देती हैं।

२० अक्तूबर २०१४, भोपाल।

कल शाम रमेश चन्द्र शाह साहब के घर गया था। उन्होंने दरवाज़ा खोला, बड़े कमज़ोर, वृद्ध लगे। उनकी आवाज़ में लड़खड़ाहट और छाले साफ़ दिखते थे। 'जबसे मेरी पत्नी गयी है मेरी स्मृति मुझे अक्सर छोड़ जाती है,' यह शुरुआती वाक्य था जो उन्होने मुझे घर के अन्दर बुलाते हुए कहा।

ज्योत्स्ना जी का निधन मई में हुआ था।

उन्होंने बैंगनी कुरता-पजामा पहना हुआ था। हॉल में रखी टीवी कैबिनेट पर सेंटीमीटर जितनी धूल की परत बिछी थी। उन्होंने जिन का गिलास बना लिया। कुछ देर बाद रमेश दवे आये, शाह साहब उन्हें मुझसे मिलवाते वक़्त मेरा नाम भूल गये। 'यह वही है जो मैं थोड़ी देर पहले कह रहा था,' वे बोले।

जब वे बोलते थे तो उनका बाँया कन्धा एक तरफ़ झुक जाता था, उनकी देह पृथ्वी के साथ क़रीब पैंसठ डिग्री का कोण बना लेती थी। वे कभी बेहतरीन हॉकी खिलाड़ी थे। एक बार मेजर ध्यानचन्द रानीखेत खेलने आये थे, वह उनका मैच देखने गये थे। पन्द्रह-सोलह की उम्र में उनके टखने में फ्रैक्चर हो गया, उसके बाद हॉकी छूट गयी।

फिर वे बोले कि १९६०-६१ में गुण्डप्पा विश्वनाथ ने कानपुर में ग़ज़ब का टेस्ट शतक लगाया था। मैंने उन्हें याद दिलाने की कोशिश की कि १९६१ में विश्वनाथ टेस्ट क्रिकेट खेल ही नहीं सकते थे, वे अभी उससे कई साल दूर थे। लेकिन वे नहीं माने, ज़ोर देते रहे कि १९६१ में ही शतक लगाया था।

मुझे द *बुक ऑफ़ लाफ्टर एण्ड फॉरगेटिंग* की माँ याद आयी जो अपनी स्कूल की प्रार्थना का वर्ष भूल जाती है। एक वृद्ध स्त्री के बिखरते जाते काल बोध का विलक्षण चित्र।

(लौट कर मैंने पुराने पन्ने पलटे—विश्वनाथ ने अपना पहला मैच कानपुर में खेला था, शतक लगाया था। लेकिन वह १९६९ का साल था।)

९ जनवरी २००९

सुबह नौ बजे, एम्सटर्डम हवाई अड्डा।

हवाई अड्डे और रैंब्रा म्यूज़ियम की गैस्ट बुक में कुछ टीपें।

'हवाई अड्डे में म्यूज़ियम! अट्ठाइसवाँ जन्मदिन रैंब्रा के चित्रों के साथ।' रोस बोनिन, एडिनबरा। ९ जनवरी।

'अँग्रेज़ी और डच दोनो भाषायें एक साथ। हमारी अटलांटिक भाषा कितनी विपन्न है। लेटिन में म्यूज़ियम का अर्थ : विचार करने की जगह।' कैथरीन बारनेट, वाशिंगटन डीसी। ५ जनवरी।

८ फ़रवरी दोपहर डेढ़। एम्सटर्डम हवाई अड्डा।

रैंब्रा म्यूज़ियम की गैस्ट बुक में ९ जनवरी मेरे जाने के ठीक बाद की टीप।

'हनीमून पर जाते हुए रैंब्रा के चित्रों के दरमियां रुके हम।' एलेन और मार्टिन, ग्लासगो।

४ अप्रैल २००६, दिल्ली

कल निर्मल की पहली जयन्ती पर अशोक वाजपेयी बोले : 'निर्मल स्वर्ग-नर्क के बीच कहीं विचरते होंगे। उनका लेखन मानवीय सम्बन्धों में पवित्रता की स्थापना का संगीत है।'

गगन बोलीं—'मैंने उसे चाहा पाप की तरह, पुण्य की तरह।'

१२ दिसम्बर २००३, दिल्ली।

मास्क पार्टी में हम पूरी शाम एक ऐसे व्यक्ति के साथ बिता देते हैं जिसे हम जरा भी नहीं जानते, महज़ एक आस में... चेखव की भी शायद ऐसी ही कुछ कहानी है।

साइलेंट कंट्री में एक किरदार *वेटिंग फॉर गोडो* पर : 'एबसर्डिटी ख़्याल में घटित होती है या घटना में?'

९ फ़रवरी २०१६, सुबह पौने छह

मैं न लिख पाने के भय में डूबा रहना चाहता हूँ। घनघोर विफलता का भय। नहीं चाहता कि कोई भी ताक़त मुझे मेरे इस ख़ौफ़ जुदा करे। मैं पूरे संसार को छोड़ सिर्फ़ इस डर को जीना चाहता हूँ।

मेरी देह पर सुलगता-सिसकता भय।

२६ अक्टूबर २००५, रात नौ

अभी लौटा हूँ लोधी रोड श्मशान घाट से। निर्मल को विदा कर। क्या मेरी लकीरों में उन्हें अन्तिम बार देखना बदा था? कल देर रात लौटा था बम्बई से। रेल से भी लौट सकता था। कल रात चल आज शाम पहुँचता, पता भी न चल पाता निर्मल के जाने का। कम्पनी भले हवाई जहाज की टिकट दे रही थी मन जरा भी नहीं था उड़ कर जाने का। अगर ज़िद न की होती बॉस ने...।

(आज डायरी में उपर्युक्त लिखे को टाइप करते वक़्त अचानक कौंधा—मुझे निर्मल के जाने का पता कैसे चला? छब्बीस की सुबह दैनिक जागरण में। जिन अख़बारों को मैं मँगाता हूँ उनमें तो नहीं थी यह ख़बर। कभी अख़बारवाला कोई दूसरा अख़बार पटक भी जाता है लेकिन ऐसा हो ही नहीं सकता कि एक्सप्रैस या हिन्दू के बदले जागरण हो। मेरे घर सुबह सुबह जागरण आ कहाँ से गया?

कौन किसकी प्रतीक्षा में था?)

१९ अक्टूबर २०१०, सुबह चार चौबीस

हेमिंग्वे ने आग्नेस वू कुरोव्स्की के साथ अपने प्रेम की कथा कहता उपन्यास *फ़ेयरवेल टू आर्म्ज़* अपनी पत्नी पाओलीन के घर में लिखा था जब वे उनकी सन्तान को जन्म देने वाली थीं। उपन्यास की नायिका कैथरीन बार्कले का किरदार आग्नेस पर आधारित था। आग्नेस इटली के एक अस्पताल में नर्स हुआ करतीं थीं जब हेमिंग्वे पहले विश्व युद्ध के दौरान वहाँ भर्ती थे।

उपन्यास में बार्कले की सन्तान का जन्म पाओलीन के सिजेरियन ऑपरेशन के साथ घटित हो रहा था। क्या मनोस्थिति रही होगी हेमिंग्वे की जब वे दो माँ बनने वाली स्त्रियों के संग एक साथ जी रहे थे—दोनों स्त्रियाँ उनकी अपनी थीं। एक उनके सामने बिस्तर पर लेटी हुई थी, दूसरी पन्नों पर उतर रही थी। दोनों को नहीं मालूम था हेमिंग्वे उनके साथ संवाद कर रहे थे, उपन्यासकार के भीतर दोनों एक दूसरे को रोशन कर रहीं थीं। एक का अक़्स दूसरी में समा रहा था।

हेमिंग्वे की स्मृति में लेकिन एक तीसरी स्त्री भी थी...आग्नेस, जो जा

चुकी थी लेकिन बाक़ी दोनों की कथा को रच रही थी।

६ अप्रैल २००६, दिल्ली

सर्वश्रेष्ठ ने बताया मेरा नाम उसके पिता का भी है। जब भी मुझे नाम से बुलाता है या मेरा नाम मोबाइल स्क्रीन पर चमकता है पिता का चेहरा चमकता है।

यूरी मार्कोविच नागीबिन की कहानी *माई फर्स्ट एण्ड मोस्ट बिलव्ड फ्रैंड* का समर्पण वाक्य : बेवजह प्यार करने लग जाना आसान है। दोस्ती कभी इतनी ग़ैरज़िम्मेदार नहीं होती।

२ जुलाई २००६, रात साढ़े चार, दिल्ली

अभी अभी हमने पच्चीस साल बाद वेस्टइंडीज में पहली टेस्ट सीरीज़ जीती। कमैंटेटर अन्त तक आते में भावुक हो गया। एकदम आख़िर में, विदा लेने से पहले बुलन्दी से कहा—जय हिन्द।

अँधेरे में जाग कर कमेंट्री सुनना, और जय हिन्द। और मेरा यह तीसरी मंज़िल का हवा में डोलता कमरा। न जाने कितने समय बाद किसी को जय हिन्द कहते सुना।

८ जुलाई २००६, रात पौने दो, दिल्ली

एक बिन्दु वह भी आता है जब हम किसी और को चाहने की आड़ में ख़ुद अपने को ही चाहने लगते हैं। हम प्रेम करते हैं तो महज़ इसलिये कि हम अपने को चाहना चाहते हैं। यही बिन्दु है जब हम भीतर से ख़ाली होने लगते हैं।

ब्रूनो शुल्ज़ की कई ज़िन्दगानियाँ हैं। एक ज़िन्दगी मिथक बन चुकी है जिसके अन्त में गेस्टापो का एक अधिकारी अपने दोस्त से बदला लेने के लिए उनकी हत्या कर देता है। द्वितीय विश्व युद्ध के दौरान शुल्ज़ एक

गेस्टापो अधिकारी फ़ीलिक्स के बच्चे के कमरे की दीवार पर चित्र बनाया करते थे। फ़ीलिक्स के संरक्षण की वजह से यहूदी शुल्ज़ हिटलर की सेना से बच गये थे।

नवम्बर १९४२ में फ़ीलिक्स ने एक यहूदी की हत्या कर दी जिसे संयोग से एक दूसरा गेस्टापो अधिकारी कार्ल गुण्टर पसन्द करता था। कुछ दिन बाद गुण्टर ने सड़क पर चलते शुल्ज़ के सिर में बेवजह गोली मार दी, बाद में फ़ीलिक्स से अकड़ कर कहा— 'तुमने मेरे यहूदी को मारा, मैंने तुम्हारे यहूदी को मार दिया।'

जब १९४१ में हिटलर की सेना ने उनके शहर पर कब्ज़ा किया था, शुल्ज़ ने अपनी पाण्डुलिपियाँ, चित्र दोस्तों को सुरक्षित रखने के लिए दे दिये थे, इसमें उनके अप्रकाशित उपन्यास *द मसीहा* की पाण्डुलिपि भी थी। इनमें से एक भी पन्ना आज तक हासिल नहीं हुआ है।

शुल्ज़ की एक दूसरी ज़िन्दगी कई दशक बाद लिखे गये उपन्यास *द मसीहा अव स्टाक्होम* में दर्ज है। इसके नायक को सहसा कौंधता है कि वह शुल्ज़ का बेटा है, वह उनकी किताबें मूल पोलिश भाषा में पढ़ता है, *द मसीहा* की तलाश शुरू कर देता है। एक दिन अचानक एक लड़की इस उपन्यास की पाण्डुलिपि और इस दावे के साथ प्रकट होती है कि वह शुल्ज़ की बेटी है।

एक अन्य ज़िन्दगी इसराइल के यहूदी लेखक डेविड ग्रॉसमन के उपन्यास *सी अण्डर लव* में घटित होती है। इसमें शुल्ज़ जर्मन सेना से बचते निकलते समुद्र में कूद जाते हैं, मछली बन जाते हैं। अरसे बाद उनका उपन्यास के नायक, जो ख़ुद एक लेखक है, से संवाद होता है।

शुल्ज़ का एक जीवन मेरी डायरी में दर्ज है।

८ मार्च, २०१८

कल शाम वे मेरे कॉटेज आयीं थीं। वे शिमला के संस्थान में विज़िटिंग स्कॉलर बतौर आयीं हैं। अपने बारे में बताते हुए अपने यहूदी अनुभव सुनाने लगीं। क़रीब तीस बरस पहले उन्होंने हिब्रू भाषा के एक उपन्यास का फ्रेंच में अपने प्रेमी के साथ अनुवाद किया था। बाद में शादी हो गयी।

दो सन्तान भी।

कौन सा उपन्यास था? मैंने पूछा।

तुमने नाम नहीं सुना होगा।

मैं अपनी शेल्फ में रखे यहूदी लेखकों के उपन्यासों को ताकने लगा।

थोड़े बहुत पढ़े हैं मैंने। कौन लेखक है?

उन्होंने लगभग उचटते भाव से कहा—डेविड ग्रॉसमन।

सी अण्डर लव?

सुनते ही वे एकदम चमक उठीं—है तुम्हारे पास?

थोड़ी ही देर में फ्रांस से उनके पति का फ़ोन आ गया। उन्होंने शुरुआत फ्रेंच में की लेकिन मैं समझ सकूँ इसलिए अँग्रेज़ी में आ गयीं।

मैं किसी के घर बैठी हुई हूँ, अभी अभी मैंने एक किताब देखी है। कौन सी किताब हो सकती है?

उनके पति का फ़ोन पर जवाब तो मैं नहीं सुन सकता था, लेकिन उनकी निगाह और आवाज़ को खिलते देख रहा था। अब वे फ्रेंच बोल रहीं थीं।

फ़ोन ख़त्म होने के बाद कहती हैं—हम दोनों एक दूसरे को कितना अच्छे से जानते हैं न!

९ जनवरी २००७, रात एक, दिल्ली

ब्रेष्ट : 'वह इनसान वाकई दुर्भाग्यशाली है जिसके पास कुछ कहने को है लेकिन सुनने को कोई नहीं, लेकिन उससे भी अधिक भाग्यहीन वे हैं जो किसी को सुनना चाहते हैं लेकिन उनसे बात करने को कोई नहीं।'

२८ जनवरी २००७, दिल्ली

सत्यजित रे की शक्ति उनके क्लोज अप में है। इतना विश्वास है उन्हें अपने किरदारों पर, शायद ख़ुद अपने पर उनसे मनचाहे अनुभाव हासिल कर लेने का कि वे क़ैमरा उनके चेहरे पर ठहरा सा देते हैं, कोई आप पर

निगाह गड़ा बैठा हो।

द *टिन ड्रम* का नायक ऑस्कर अपने जन्म के समय को याद करता हुआ : मैंने इस सृष्टि की रोशनाई पहली मरतबा साठ वाट के बल्ब में देखी।

१८ अगस्त २००७, दिल्ली

आज कहीं पढ़ा १९९४ में पूना की पच्चीस मनोरोगी औरतों के गर्भाशय निकाल दिये गये। डॉक्टर ने कहा यह एकमात्र तरीक़ा था उनका रोग दूर करने का।

कार्लोस सौरा की *क्रिया क्युरवास*।

एक चौदह साल की लड़की अपने टॉप के ऊपर ब्रा पहन शीशे में अपने को देखती है। आठ साल की उसकी बहन कहती है—ये बहुत बड़ी है। तुम्हारे साइज की नहीं है। मैं कभी ऐसी चीज़ें नहीं पहनूँगी।

बड़ी बहन : इसके बिना तुम कभी दौड़ नहीं पाओगी।

व्हाट इज डिज़ायर में सार्त्र—मनुष्य इसलिये एक यौनिक प्राणी नहीं है कि उसके पास यौनांग हैं। उसके यौनांग हैं क्योंकि वह मूलतः एक यौनिक प्राणी है।

२० जनवरी २००९, हेलेना

धूप सन्नाटा भी होती है, हेलेना आकर ही पता चला है। भारत की धूप में अजीब सा शोर समाया रहता है...एक बवण्डर सी धूप, गर्मियों में किसी बौराये कुत्ते की भौंक, सर्दियों में हलवाई की दुकान के नीचे ठिठुरते भूखे मरियल पिल्ले की कोंक। लेकिन हेलेना की धूप चुप चुप रहती है, अक्सर सहमी सी चुप्पी जो गोथिक शैली की बर्फ़ से ढकी इमारतों से गुज़रते हुए भयावह सी भी लगने लगती है। भारत के पहाड़ी इलाक़ों के बेढब, बेतरतीब घरों को देख करुणा उमड़ती है लेकिन यहाँ की चुप खड़ी सफ़ेद इमारतें डराती है, मानो कितने राज अपने में डुबोये बैठी हों। एडगर एलन पो अपनी असहनीय कहानियाँ इसी देश में लिख सकते थे।

कल पो का दो सौंवाँ जन्मदिन बीत गया। अर्से से उनकी कहानियाँ पढ़ते

आये मुझे कल के दिन उनकी ही भूमि पर होना था। क्या *दूसरा न कोई* ऐसे ही किसी बर्फ़ीले पहाड़ी शहर में लिखा गया था? वैद साहब अगर अमरीका न आये होते तो क्या इसे लिख पाते? बर्फ़ निर्मल के यहाँ भी है, ढेर बर्फ़। लेकिन बड़ी कोमल है। बर्फ़ के गाले निर्मल को बहुत प्रिय। निर्मल की बर्फ़ छुओ तो पिघलने लगती है, वैद की बर्फ़ चट्टान सी ठोस। लेकिन यह भी लगता है, यह है महज़ टिप ऑफ़ द वैद आइसबर्ग।

बाल्टीमोर में पो की क़ब्र है। उनकी हर जन्मतिथि पर कोई चुपके से एक गुलाब का फूल रख जाता है।

८ फ़रवरी २००९, दोपहर डेढ़, मिनियापोलिस हवाई अड्डा

एक अमरीकी माँ। प्रैम में बैठा एक बच्चा। माँ हवाई अड्डे पर गणित के सवाल साथ ले आयी है। छोटे-छोटे बोर्ड बच्चे को दिखलाती है—7 + 4 = ? 4 + 0 = ? बच्चा कुनमुनाता है, प्रैम की छड़ मसलता है, नीचे उतर भागना चाहता है। माँ नहीं मानती लेकिन। जब वह दूर चॉकलेट की दुकान के बाहर खड़े अपने बड़े भाई की ओर इशारा करता है तो उसे भी बुला लेती है, निकाल लेती है अँग्रेज़ी के बोर्ड और पूछती है उससे स्पैलिंग humongous की। कसम खाकर निकली है घर से ख़ून पी जायेगी अपने बच्चों का आज ये।

पिता पूरे दौरान वॉशिंग्टन पोस्ट पढ़ता रहा है।

२० जुलाई २००८, रात बारह

कई दिनों से हो रहा है यह। एक किताब उठाऊँ, चार पाँच पंक्तियाँ पढ़ पाता हूँ दूसरी किताब बुलाने लगती है...फिर तीसरी... अन्तहीन सिलसिला चलता रहता है, म्यूज़िकल चेयर की तरह बदहवास-सा किताबों के दरमियां भागता फिरता हूँ कुछ हाथ नहीं आता। मेज़ पर ढेर जमाता जाता हूँ, अलमारी से निकाल रखता जाऊँगा...अलमारी खोल देर तक खड़ा रहूँगा।

लैपटाप चालू कर बैठूँगा, दो पंक्ति एक कहानी की, दो तीसरी की, तीन किसी और की...न कहीं से आता, न कहीं को जाता।

बीस-पच्चीस मिनट हुए यह डायरी खोले भी, पूरी दुनिया घूम आया हूँगा लेकिन शब्द महज़ चार। कोई भी चीज़ नहीं खींचती, कोई धड़कन भीतर नहीं बजती। कोशिश भी करूँ कुछ याद नहीं आता—मेरा अतीत, स्मृति। अगर इसी समय मौत हो जाये तो भी यूँही आँखें फैलाये मर जाऊँगा और आख़िरी इच्छा कोई पूछे भी तो सबसे पहले यह पूछूँगा—इच्छा ? मतलब ?

२३ जनवरी २०१०, रात एक, शनिवार

मलयज : *लिखो तभी जब संकट में हो*

चीज़ें जब सब हिली हुई हों
ज़मीन सरकी हुई थिर कुछ भी नहीं
एक साँस भीतर एक बाहर बीच में
हलचल जिसमें कोई तरतीब नहीं
बक्से उलट दिये गये चीज़-बस्ता बाहर
एक खुलापन जिसे सब घूर सकें
एक नंगापन जिसमें देख सकें सब
अपने दुखी कुछ विकृत चेहरे
...।
लिखो वह सम्बन्ध जो संकट से बचा हो

३० सितम्बर २०१०, सुबह छह

कल अयोध्या फ़ैसला आया, रात भर जागा। इसके परिणाम सोचता रहा। हमारी आगामी पीढ़ी हमसे क्या प्रश्न करेगी ? मुक्तिबोध को पढ़ा और डरा।

मेरी यह कविताएँ
भयानक हिडिम्बा हैं
वास्तव की विस्फारित प्रतिमाएँ
विकृताकृति बिम्बा हैं।

८ जुलाई २००५, रात दो

आज दोपहर देर तक बाहर से उड़ आयी एक चिड़िया एक्वेरियम के काँच पर चोंच टकटकाती रही। मछलियाँ पास आतीं, दूर होती रहीं। आज ही सुबह राजेन्द्र यादव का कहीं लिखा पढ़ा—कहाँ गयी वह पीढ़ी जो पच्चीस-तीस तक उपन्यास लिख दिया करती थी।

१२ दिसम्बर, २००२

अतीत की धमक वर्तमान तक आती बासी पड़ने लगती है। वह आँच जिसके ताप में हम अर्सा पहले सुलगे थे अब महज़ सूखी राख हो चुका होता है। डायरी के पुराने पन्ने पलटो तो आश्चर्य होता है यही वह लम्हा था जिस पर हमने समूचे जीवन को टिका मान लिया था, जो अब महज़ एक घटना, पूरी डायरी में खोया एक पन्ना प्रतीत होता है—पूरा पन्ना भी नहीं, कुछेक शब्द भर जीवन में जगह जिनकी उतनी ही थी जितनी पूरे कैलेण्डर में एक तारीख़।

मैं चाहकर भी आज की लड़ाई कल की ज़मीन पर नहीं लड़ सकता।

२३ जनवरी २०१२

'उम्र के किसी ख़ास मौसम में हम हरेक जगह घर की सम्भावना तलाशने लगते हैं।' वाल्डन, हेनरी थोरो।

३० दिसम्बर २०१८

इस साल पढ़े दो महान् उपन्यास— द *ग्लास बीड गेम* और *कादम्बरी*।

उपन्यास जो दूसरे पाठ में भी ताक़तवर नज़र आये— *लाइफ अ यूजर्स मैन्युअल* और *इन द लाइट ऑफ़ व्हाट वी नो*।

दो उत्कृष्ट ग़ैर-गल्प किताबें...डी.आर. नागराज की द *फ्लेमिंग फीट* और नरेन्द्र की *बस्तर डिस्पैच*। बस्तर के जीवन को इससे बेहतर कम लोगों ने

लिखा है। चूँकि इसके लेखक की आत्म-प्रचार में कोई दिलचस्पी नहीं यह किताब एकदम अलक्षित रही आयी है। बस्तर पर कहीं मामूली और मरियल किताबें बड़ा नाम कर ले गयीं हैं।

इसे पढ़ते हुए याद आया कि सुरेश शर्मा भी इन्हीं दिनों अबूझमाड़ गये थे, नरेन्द्र उनके परिचित रहे होंगे।

सुरेशजी ने भी बड़ी अच्छी किताब लिखी है बस्तर पर। एक जगह उन्होंने लोहिया के १९४३ के निबन्ध *इकोनॉमिक्स आफ्टर मार्क्स* को उद्धृत किया है। लोहिया सोवियत संघ को यूरोप का 'poor cousin' कहते थे।

और फ़िल्म? सेमिह कप्लानोग्लू की एग, मिल्क, हनी ट्राइलॉजी। एक बच्चा बड़ा हो एक अन्तर्मुखी लेखक में तब्दील होता है। इसे देखते वक़्त *पाथेर पांचाली* याद आती रही, यह भी लगता रहा कि यह शायद कहीं बड़े पाये का काम है।

२५ दिसम्बर दो हज़ार सत्रह

एक अच्छी किताब, *सोलिट्यूड एण्ड इट्स एम्बिगुइटीज इन मॉडर्निस्ट फ़िक्शन*, मुझे एक पेंटिंग की यात्रा पर ले गयी। इसके लेखक एडवर्ड एन्जेलबेर्ग एक अमरीकी विश्विद्यालय में साहित्य के प्रोफ़ेसर थे, मृत्यु २०१६ में ८७ की उम्र में हुई।

वे म्युनिख़ में रहते थे। सिर्फ़ नौ साल के थे जब ९ नवम्बर १९३८ को हिटलर की सेना ने उनके स्कूल और पूजाघर में आग लगा दी। गेस्टापो ने उनके पिता जैकब को तमाम जर्मन यहूदियों के साथ एक कंसंट्रेशन कैम्प में बन्द कर दिया। उनसे कहा गया कि अगर वे तुरन्त जर्मनी छोड़ दें तो उनकी जान बख़्श दी जायेगी। परिवार के पास वीजा के लिए पैसे नहीं थे। उनके घर में जर्मन चित्रकार ओटो स्टीन द्वारा बनाये दो जुड़वाँ चित्र थे, जिसमें एक स्त्री मोनालिसा सरीखा पोज दे रही थी। एक दिन एडवर्ड की माँ पाउला एक चित्र लेकर कहीं गयीं, जब वे वापस लौटीं तो उनके पास स्विस वीजा था। एडवर्ड के परिवार में किसी को नहीं मालूम कि पाउला ने उस चित्र को किसको दिया या बेचा, लेकिन जब पूरा परिवार कुछ दिनों बाद जर्मनी छोड़ रहा था तो उनकी गठरियों और सन्दूकों में बँधी

गिनी चुनी चीज़ों में वह दूसरा चित्र भी था। परिवार अमरीका आ गया, पाउला और जैकब जल्द ही मर गये, और एडवर्ड जो दस की उम्र तक अँग्रेज़ी बोल भी नहीं पाते थे, अँग्रेज़ी साहित्य के प्राध्यापक बने।

लगभग आठ दशक बाद एक जर्मन पत्रकार क्रिस्टियन सलेव्स्की अमरीका में एक फ़ेलोशिप पर आये। एडवर्ड के पत्रकार बेटे स्टीफन ने उनसे बतियाते वक़्त उस घटना का जिक्र किया। सलेव्स्की को उस कथा में अचानक कुछ कौंध दिखायी दी। 'बतौर ख़बरनवीस आपके जीवन में एक क्षण आता है जब आप एक कहानी सुनते हैं, और आपको लगता है कि आपको इसकी तफ़्तीश करनी है,' सलेव्स्की ने कहा, और पूरे यूरोप में उस चित्र की खोज शुरू हो गयी।

लम्बी खोजी पत्रकारिता के बाद उन्होंने एक चित्र को खोज लिया जो एडवर्ड के घर में टंगे स्टीन के चित्र सा था। सलेव्स्की उसे लेकर वापस अमरीका गये। एडवर्ड को पहली नज़र में लगा कि यही वह चित्र है जिसे उन्होंने बचपन में देखा था, जिसे उनकी माँ एक दिन चुपके से लेकर गयी थीं। लेकिन इतने दशकों में स्मृति और चित्र दोनों ही धुँधला गये थे। लेकिन उस चित्र की कथा सुन उसके वर्तमान मालिक ने आग्रह किया कि इसकी जगह एडवर्ड के घर में ही है।

कुछ दिन दोनों चित्र म्युनिख के यहूदी संग्रहालय में टँगे रहे, उनकी कथा सभी को अचम्भित करती रही कि किस तरह एक चित्र ने यहूदी परिवार की जान बचायी जिसका बेटा आगे चल साहित्यालोचक बना। उसके बाद दोनों चित्र पोर्टलैण्ड में एडवर्ड के घर के ड्राइंग रूम में आ गये।

और वह किताब *सोलिट्यूड एण्ड इट्स एम्बिगुइटीज इन मॉडर्निस्ट फ़िक्शन,* जो मुझे एडवर्ड की तरफ़ ले गयी? वह कहती है— 'हम सत्य को अपने एकान्त में ही हासिल करते हैं।'

एडवर्ड यूरोपीय उपन्यासों के तमाम किरदारों के जीवन में एकान्त की उपस्थिति को परखते हैं। दोस्तोय्वेसकी का अण्डरग्राउण्ड नायक एकान्त को न सिर्फ़ हासिल करना चाहता है, वह इसकी नुमाइश करता है। एकान्त उसका एक चालाक खेल है जिसे वह अपने और पाठक के साथ खेलता है। जबकि वर्जिनिया वुल्फ़ के उपन्यास, मसलन टू द *लाइटहाउस* में कोई अपने एकान्त की नुमाइश नहीं करता। एक अकेले तहख़ाने में बन्द उनके

किरदार छटपटाते हैं, इससे बाहर निकलना चाहते हैं।

मुझे *दूसरा न कोई* का नायक भी याद आया जो अपने एकान्त पर इतराता, इठलाता है। वैद ने अपने एक निबन्ध में अपने किरदारों के एलिअनेशन की भारतीयता पर ज़ोर देते हुए लिखा है कि उन पर 'अभारतीय' होने का लगता आरोप ग़लत है, वे अर्जुन का उदाहरण देते हैं कि विरक्ति का भाव भारतीय संस्कृति में अनेक जगह आता है, तमाम भारतीय सन्त-साधक अपनी साधना के लिए एकान्त को चुनते रहे हैं।

उनके शायद आधे तर्क में ही दम है। उनके किरदार 'विदेशी' तो नहीं हैं, मसलन वे उनके प्रिय लेखक बैकेट के किरदारों की तरह 'एकान्त में सड़ते हुए' तो नहीं मर रहे हैं, लेकिन जिसे वे अपने किरदारों की विरक्ति कहते हैं वह अर्जुन के भीतर युद्ध से पहले उमड़े भाव से एकदम अलग है। बुद्ध या अन्य भारतीय सन्त अपने एकान्त का उस तरह जश्न नहीं मनाते, उस पर नहीं इठलाते, जैसा वैद के किरदार अक्सर करते नज़र आते हैं।

२०१३

२७ जनवरी

बीस की रात निज़ामुद्दीन से आनन्द विहार बस में जाते वक़्त कॉलेज के विद्यार्थी लगते लड़का और लड़की एक ऐसी भाषा बोल रहे थे जो मुझे लगा फ्रेंच थी। मैं उनके शब्द एकदम नहीं समझ पा रहा था, मुझे फ्रेंच आती भी नहीं, लेकिन फिर भी मुझे लगा यह फ्रेंच है। एक भाषा की काल्पनिक स्मृति जिसके कुछ शब्दों को मैंने फ़िल्मों-किताबों इत्यादि के सिवाय कहीं पढ़ा-सुना नहीं था। मुझे उन दोनों की भाषा में पढ़े-सुने शब्दों की ध्वनि भी सुनायी नहीं दी थी।

यह कैसा अनुभव था? मुझे क्यों लगा कि वे फ्रेंच बोल रहे थे?

२४ फ़रवरी

अब्बास किरोश्टामी की *फ़ाइव*। एकदम स्थिर और अचल क़ैमरे पर दर्ज

हुए अद्भुत लम्बे दृश्य। जीवन की नित्यता अन्तिम क्षण तक जब दर्ज होती है तो सहसा जादुई लगने लगती है। क़ैमरा ज़रा भी नहीं हिलता, दृश्य में हस्तक्षेप नहीं करता, सिर्फ़ एक बिन्दु पर ठहरा रहता है। बत्तख। चलते लोग। लकड़ी के टुकड़े जो सागर की लहरों से टूटते जाते हैं।

मेरे सामने ज़मीन पर तम्बाखू का एक ख़ाली पाउच पड़ा है। क्या मैं अपनी निगाह और ध्यान इस पर टिकाये रह सकता हूँ? एक घण्टे तक, बग़ैर कोई अन्य विचार मेरे भीतर आये? अगर नहीं, तो मैं कथाकार नहीं हो सकता। अगर जवाब हाँ है, तो भी कोई गारंटी नहीं है।

२६ अगस्त

कई बार हमें प्यार नहीं चाहिए होता, हमें सिर्फ़ इसके आश्वासन की ज़रूरत होती है जिसकी छाया में हम अपने उन अनुभवों और एडवेंचर को सांत्वना, सहारा, पोषण और वैधता देते चलते हैं जो प्यार के विलोम हैं।

'पेड़ से गिरे पत्ते का पुनर्वास नहीं हो सकता।' अनुपम मिश्र।

कुरोसावा की *ड्रीम*—इस गाँव का क्या नाम है? एक यात्री स्थानीय बुज़ुर्ग से पूछता है।

पता नहीं। लोग इसे गाँव कहते हैं।

आपको बिजली की ज़रूरत नहीं होती?

किसलिए?

रात को अँधेरा नहीं होता?

भगवान का शुक्र है कि रात अँधेरी होती हैं। नहीं तो मैं तारे कैसे देख पाता।

एक टाइपराइटर जिसके कुछ बटन ख़राब हैं। आप उन्हें दबाते हो लेकिन अक्षर बाहर नहीं आते, या कोई दूसरा अक्षर आ जाता है। आप अपने जीवन की सबसे महत्त्वपूर्ण कथा लिखने बैठते हो लेकिन कुछ इबारतें

हमेशा अधूरी रहती हैं, या कोई और स्वरूप हासिल कर लेती हैं।

३० अगस्त

अर्जेंटीना की फ़िल्म द *सीक्रेट अव योर आइज़* देख रहा हूँ। उप-शीर्षक थोड़े गड़बड़ हैं। बोले गये वाक्य के कई सैकिण्ड बाद उसका उप-शीर्षक आता है, उस वक़्त स्क्रीन पर कोई अन्य किरदार कुछ और कह रहा होता है। मैं सामने चल रहे दृश्य पर आ रहे शीर्षकों को पिछले दृश्य से जोड़कर उसका अर्थ निकालता हूँ। वर्तमान दृश्य को भी ज़ेहन में रखे रहता हूँ क्योंकि थोड़ी देर बाद इस पर आगामी दृश्य के शीर्षकों को बिठाना है।

लेकिन किसी दृश्य में एकाधिक किरदार संवाद बोलते हैं, तब मैं उनके हाव-भाव के आधार पर शीर्षक जोड़ता हूँ—पिछले दृश्य की स्त्री ने यह कहा होगा, वह पुरुष चीख़ रहा था इसलिए उसने यह कहा होगा। लेकिन हो सकता है मैं एक किरदार को किसी दूसरे के शब्द दे रहा हूँ। और चूँकि मैं उस दृश्य को शब्द दे रहा हूँ जो इस वक़्त मेरे सामने नहीं है, जो कुछ देर पहले घटित हो चुका है, तो सम्भव है कि मैं अनजाने-अनचाहे ही अपने लिए एक ऐसी फ़िल्म रच रहा हूँ जिसका स्क्रीन पर चल रही कथा से कोई ख़ास वास्ता नहीं है?

एक अनुभव और भी हो सकता है। यहाँ शब्द कम-अज़-कम इसी फ़िल्म के हैं, दर्ज भले एक अन्तराल से हो रहे हैं। लेकिन अनजानी भाषा की फ़िल्म पर किसी और भाषा की फ़िल्म के उप-शीर्षक। आप पूरी फ़िल्म देख डालते हो किरदारों को वे शब्द देते हुए जो उनके कभी नहीं थे। फ़िल्म की कथा एकदम बदल जाती हैं, फ़िल्म इससे अनजान रही आती है।

जब कोई समुदाय अपनी भाषा का निर्माण करता है, उसे रचता है तब उसके फूलों की गन्ध को, हिंसा और उन्माद को भी शब्द मिलते हैं। ताज़े शब्दों की गन्ध।

एक चीनी शाप— तुम्हारा जीवन दिलचस्प हालात में व्यतीत हो।

२३ सितम्बर

राम गुहा लिखते हैं कि वेरियर एल्विन की जीवनी लिखते वक़्त उन्हें निकोलस बोयल ने जीवनी लिखने के तीन मन्त्र दिये—कभी पूर्वानुमान मत करो; कोई जीवन उसके हाशियाग्रस्त किरदारों जितना ही महत्त्वपूर्ण होता है; जीवनीकार को वे स्रोत शिद्दत से खोजने चाहिए जो उसके विषय से दूर दिखायी देते हैं।

(साढ़े तीन साल बाद २०१७ की गर्मियों में उन्होंने मेरे भीतर एक जीवनी का बीज डाल दिया जब उन्होंने मुझे सलाह दी कि मुझे निर्मल और कृष्ण बलदेव वैद की सयुंक्त जीवनी लिखनी चाहिए। यह भी सुझाया कि इस तरह की एक बेहतरीन संयुक्त जीवनी नेहरू और बोस की रुद्रांग्शु मुखर्जी ने लिखी है, मुझे उसे पढ़ लेना चाहिए।)

टैरंटीनो एकदम ठीक कहते हैं— *डेथप्रूफ़* उनकी सबसे वाहियात फ़िल्म है। कुछ भूखी लड़कियाँ, और एक पागल हत्यारा।

कॉलेज के दिनों में लाज़्लो क्राजनाहोर्कई के अध्यापक अक्सर क्लास में एक मोटी किताब लेकर आते थे। उसके कुछ अंश हंगेरियन भाषा में पढ़ते और बिना एक शब्द भी बोले चले जाते। उस किताब पर *युलिसिज़* लिखा था, उसके नीचे किसी जेम्स जॉयस का नाम जिनसे क्राजनाहोर्कई एकदम अनजान थे।

उन्हें बहुत बाद में मालूम हुआ कि तब तक इस उपन्यास का हंगरी में अनुवाद नहीं हुआ था, अध्यापक महोदय असम्भव से दिखते इस आधुनिक महाकाव्य को पढ़ते जाते, साथ-साथ अनुवाद करते चलते।

शायद वही शुरुआती लम्हे रहे होंगे जब उस विद्यार्थी ने वर्तमान की सबसे छोटी इकाई क्षण को अपनी रचनात्मक प्रश्नाकुलता का केन्द्र बनाया होगा—'क्षण सृष्टि का तात्कालिक अनुभव है।'

कुछ लेखक स्मृति को कुरेदते हैं, कुछ भविष्य में उड़ते हैं, क्राजनाहोर्कई वर्तमान क्षण को घनघोर शक्ति से फोड़ते हैं। लम्बे, अन्तहीन वाक्य, विराम चिह्न के बग़ैर कई पन्नों तक चलता पैराग्राफ़...यह उनके लिए महज़ रचनात्मक औज़ार नहीं बल्कि सत्य को हासिल करने के ज्ञानमीमांसीय

उपकरण हैं।

'अपने पिछले उपन्यासों को पढ़ता हूँ तो लगता है बहुत बड़ी ग़लती कर गया, उसे सुधारने के लिए फिर दूसरी किताब लिखता हूँ। हरेक किताब के साथ मैं सत्य के और क़रीब पहुँचने की कोशिश करता हूँ। सत्य ही ईश्वर है। मैं एक ऐसी किताब लिखने की कोशिश करता हूँ जहाँ मैं और मेरा पाठक यह भरोसा कर सकें कि सत्य ही ईश्वर है।'

'जब मैंने अपना पहला उपन्यास लिखा तो मुझे लगा कि मैं कुछ जानता हूँ, अपना आख़िरी उपन्यास लिखते वक़्त मुझे लगा कि मैं कुछ भी नहीं जानता।'

वे उत्तर-युद्ध काल के उन यूरोपीय लेखकों में हैं जिन्होंने जागते ही अपनी सभ्यता को असीम दलदल में पाया। उनका गल्प उस मँडराती दहशत का असम्भव व्यूह है जिसे किरदार महसूस तो कर सकते हैं, लेकिन नाम नहीं दे सकते। *द मेलंकली ऑफ़ रेजिस्टेंस* के छोटे से कस्बे में एक सर्कस कम्पनी दुनिया की सबसे विशाल व्हेल मछली का शरीर भूसे से भर प्रदर्शनी के लिए ले आयी है। इस मछली के करतब को समझ पाने में नाकाम कस्बे के निवासी एक अनजान भय तले सुलगते हैं। पाठक व्हेल के इस रूपक की गिरफ़्त में आता है, लेकिन इसके मायने कभी नहीं समझ पाता। उपन्यास दर्ज करता है—'हम चाहते तो कुछ ही क़दमों में उस तक पहुँच सकते थे, लेकिन इसके लिए हमें वह त्याग देना पड़ता जो अभी तक अज्ञात था, जादू और तिलिस्म की आभा में सना, प्रलोभित करने वाले आश्चर्यों, ख़तरों और जोख़िम में डूबा...'

उनके किरदार करुणा नहीं जगाते, एक अभेद्य रहस्य में आवृत्त रहते हैं। काफ्का का 'के' उनका एकमात्र साहित्यिक हीरो ही नहीं, उनका आल्टर ईगो, हमजाद भी है, उनके व्यक्तित्व और गल्प का प्रतिबिम्ब।

२०१३ के दिसम्बर में वे जब दिल्ली आये थे, इण्डिया इण्टरनेशनल सेंटर, तो उन्हें सुनने के लिए क़रीब दर्ज़न भर लोग ही थे। बोलते वक़्त लाज़्लो अक्सर अँग्रेज़ी के शब्द भूलने लगते, चुप हो जाते, सीलिंग को ताकने लगते, अन्त में पीछे बैठी अपनी पत्नी डोर्का की तरफ़ मुड़ते जो उन्हें वह शब्द बतातीं।

'मिस्टिक होना एक सौभाग्य है,' वे कहते हैं और अपने बचपन के क़स्बे

को बतलाते हैं। 'ग़रीबी और दरिद्रता में बहुत बड़ा फ़र्क़ है। ग़रीब के पास संस्कृति, बहुत समृद्ध संस्कृति हो सकती है।'

लाज़्लो की स्मृति विलक्षण है। अगर किसी यात्रा में उन्हें कुछ सूझता है तो उन्हें यह डर नहीं होता कि इसे तत्काल कहीं दर्ज नहीं किया गया तो यह अनुभव या शब्द खो जायेंगे। वे एक साथ पन्द्रह 'ऐ-फोर' पन्ने, शब्द दर शब्द, अपनी स्मृति में थामे रह सकते हैं।

लाज़्लो और बेला टार की दोस्ती शायद इतिहास में किसी फ़िल्मकार और उपन्यासकार की सबसे बेहतरीन रचनात्मक जुगलबन्दी है। श्वेत-श्याम के अवसादग्रस्त फ्रेम और तारकोवस्की सरीखे लम्बे दृश्यों में दर्ज हुईं द *ट्यूरिन हॉर्स वर्क्मायिस्टर हारमनीज* और सात घण्टे की एपिक *सेटन टैंगो* एक अबूझे भय का सौन्दर्यशास्त्र हैं। लाज्लो इन फ़िल्मों के सिर्फ़ स्क्रिप्टराइटर नहीं थे। घड़ी की सुइयों के साथ सरकता फ्रेम, मसलन द *ट्यूरिन हॉर्स* का पहला दृश्य जब बूढ़ा नायक घोड़े को चाबुक मारता घर ले जा रहा है, पाँच मिनट तक घोड़ा चलता रहता है लेकिन क़ैमरा पल भर को भी आँख नहीं झपकता। ऐसे दृश्य उपन्यासकार लाज़्लो के लम्बे, अन्तहीन वाक्यों का ही फ़िल्मान्तरण हैं।

या *वर्क्मायिस्टर हारमनीज* का नायक जो एक शराबख़ाने में बूढ़े बेवड़ों के साथ लीला रचता है, उन्हें पृथ्वी, सूरज और चाँद की गति समझाते हुए उन्हें ख़ुद ही पृथ्वी और सूरज बना देता है, और फिर चाँद सूरज और पृथ्वी के बीच में आ जाता है, पृथ्वी पर अँधेरा छा जाता है। यह चमत्कार सिर्फ़ स्क्रीन पर ही हासिल हो सकता था, उपन्यास में नहीं।

लाज़्लो के एक दोस्त के पास उन्नीसवीं सदी की किताबों का विशाल संग्रह था। उन किताबों के कवर पर धूल और शेल्फ़ पर मकड़ी के जाले भी बीती सदियों की याद दिलाते थे। लाज़्लो अक्सर इस मित्र के पास जाया करते थे, कई बार तो सिर्फ़ इन किताबों को चुपचाप देखते रहते।

हंगरी भाषा में एक शब्द है 'ज़ेप', यह सौन्दर्य के एक ऐसे पहलू को बताता है जिसका आसानी से अनुवाद नहीं हो सकता। यह शब्द सीबो देयर बिलो में बार-बार आता है। लाज़्लो का लेखन इस शब्द का प्रतिरूप है।

२४ फ़रवरी २०१२, रात ढाई

वह ऐसी टेबिल लैम्प चाहता था जिसकी रोशनी सिर्फ़ उस किताब पर पड़े जिसे वह पढ़ रहा हो, बाक़ी सब अँधेरा। नहीं, किताब भी नहीं, महज़ वह पंक्ति, शब्द—शायद सिर्फ़ एक अक्षर। सिर्फ़ एक रोशन हर्फ़ में उसे समूची कायनात का इल्म और इल्हाम हो जाये।

कल रात साइकल पर चलता आदमी एक घोड़े की लगाम पकड़े ले जा रहा था। घोड़ा उसके पीछे-पीछे दौड़ता चल रहा था।

२६ दिसम्बर २०१७

'वह वहाँ जाकर (चीड़ के पेड़ के नीचे) बैठ जाते, एकदम स्थिर, बस तेज़ी से लिखते जाते। वे इतने अचल होते कि छिपकलियाँ उनके ऊपर से गुज़र जातीं, परिन्दे उनके इर्द गिर्द फुदकते रहते। कभी किसी शिकारी की निगाह इस मौन मूर्ति पर ठहर जाती।'

यह फ्रीडा लारेंस ने लिखा था उन लम्हों के बारे में जब उनके पति *लेडी चैटर्लीज लवर* लिख रहे थे।

तीन दशक बाद एक और उपन्यासकार अपना पहला उपन्यास लिखने के लिए चीड़ तले गया था। उनकी युवा पत्नी, जो अभी बीसेक की ही थीं, उनके साथ रानीखेत की पहाडियों में नहीं जा सकीं थीं जहाँ बैठ उन्होंने अपना उपन्यास, और डायरी में यह लिखा था— 'अगर चम्पा यहाँ होती तो इस जंगल के हर कोने में मंगल होता।'

वे इस जुलाई में चली गयीं, कुछ दिन बाद वे नब्बे के हो जाने वाले थे। कुछ ही महीने पहले उन्होंने किसी को ख़त में लिखा था— 'हमारी शादी इस दिसम्बर पैंसठ साल पूरे कर लेगी। हमारी शादी अमर है।'

१४ अप्रैल, २०१८

शिमले में टीन की छत वाले जिस घर में राम और निर्मल बड़े हुए थे, जिस लकड़ी के घर की खिड़कियों से दोनों भाई सामने गहरी खाई में पसरे अन्नाडेल के मैदान को देखा करते थे, उस घर में अब एक बच्ची रहा

करती है। निर्मल की तमाम कथाओं में जो तेरह–चौदह साल की सी बच्ची बार–बार आती है, वही शायद उन पन्नों से उतर कर उस घर में रहने चली आयी है। उस घर की छत पर दसों दिशाएँ उतर आती हैं। आकाश और पहाड़ का विराट तिलिस्म आपकी रूह पर काबिज़ हो जाता है।

उसे नहीं मालूम था कि जिस घर के अहाते में खड़े हो वह सामने अन्नाडेल के मैदान से परे पहाड़ी पर एक विशाल इमारत को देखा करती है, उसी काँच के घर में कभी निर्मल रहने आये थे, *लाल टीन की छत* की काया को लिखने।

जब उस बच्ची को किसी ने बताया कि उसके जन्म से बरसों, बहुत बरसों पहले, यहाँ दो कथाकार भाई रहा करते थे, आगे चल कर इसी पहाड़ की कहानियाँ लिखा करते थे, शायद उसके जैसे ही किरदारों को रचा करते थे, तो वह आश्चर्य से देखती रही...उसे तब तक नहीं मालूम था कि कहानियाँ लिखना भी कोई काम होता है, हो सकता है।

आज उस बच्ची का जन्मदिन है। कोई जो अमूमन किसी को जन्मदिन इत्यादि की शुभकामनायें जैसे सन्देश भेजने में हिचकिचाहट महसूस करता आया है, जो इन दिनों उसी काँचघर में रह रहा है, उसने आज सुबह पिछली रात के बचे रह गये सितारे उस बच्ची को भेज दिये। जवाब में बच्ची ने कहा कि वह आज उससे मिलने काँचघर में ज़रूर आती लेकिन आज तो वह नारकण्डा से आगे अपने कस्बे में आयी हुई है। आज कस्बे का देवता धरती पर उतरता है, अपनी छाँह में बच्चों को सहेजता है।

थोड़ी ही देर बाद, या शायद ठीक उसी लम्हे जब देवता उतरा होगा, राम ऊपर चले गये।

किसी का मन हुआ कि बच्ची को बताये कि उसकी छत के नीचे निर्मल के नाम और निशान वाली जो लोहे की तख़्ती लगी है, शायद थोड़े ही दिन में एक और तख़्ती वहाँ आयेगी, कि वह अपने जन्म का महीना तो अपने घर में जन्मे एक कथाकार से पहले ही साझा कर आयी है, जन्म का दिन वह उसी घर के दूसरे कथाकार–चित्रकार की मृत्यु के दिन से आज जुड़वाँ कर चुकी है, कि वह उन भाइयों की कथा में प्रवेश कर चुकी है, या शायद वह वहाँ शुरू से ही थी, पूरी दुनिया की ही तरह इससे अनजान थी।

लेकिन किसी ने उस बच्ची को कुछ नहीं बताया। कुछ कथाओं में अपनी

जगह हमें ख़ुद ही खोजनी पड़ती है।

२९ अक्टूबर, २०१७

मैं उन दिनों बम्बई में था। समुद्र किनारे होस्टल में रहता था। एक कहानी लिखी थी। काग़ज़ पर नीली स्याही वाले पैन से। होस्टल में सिर्फ़ *हंस* आती थी, पत्रिकाओं में नाम भी शायद सिर्फ़ उसका ही सुना था जहाँ कहानी छपवायी जा सकती है।

दीवाली की छुट्टी में आगरा घर आया, तो रेल से दिल्ली इस कहानी को *हंस* के दफ़्तर देने गया। इतना भरोसा नहीं था कि इन कच्चे-कुँवारे पन्नों को डाक से या पन्नों की इबारत को मेल से भी भिजवाया जा सकता है।

दरियागंज की तिलिस्मी गलियों में डोलते हुए नवम्बर की दोपहर *हंस* के दफ़्तर पहुँचा। अन्दर एक महिला बैठी थीं, बस्ते से पन्ने निकाले, उनकी तरफ़ बढ़ा दिये, लौटने को हुआ।

'अन्दर यादवजी को दे दीजिये।' वे बोलीं।

मुझे तुरन्त यक़ीन नहीं हुआ कि वे मुझे कह रहीं हैं कि मैं ख़ुद ही अपनी कहानी इतने बड़े सम्पादक को दे सकता हूँ।

बाहर वाले उसी कमरे से जुड़ा हुआ अन्दर जाता एक कमरा था।

ग़ज़ब का हैण्डसम एक इनसान। भूरा चश्मा। ओवरकोट। पाइप। मेज़ पर ढेर सारे ख़त, काग़ज़।

'कब से लिख रहे हो?'

'यह पहली है।'

'किस लेखक को पढ़ा है।'

मैंने निर्मल वर्मा, ज्ञान रंजन का नाम लिया, कुछ किताबों के नाम गिनाये।

'जिन दोनों का तुमने नाम लिया, निर्मल और ज्ञान, उन दोनों की अतिरिक्त शक्ति उनकी भाषा है। क्या तुम अपनी भाषा पर काम करते हो?'

'मुझे व्याकरण की बहुत ज़्यादा समझ नहीं है।'

'नहीं, व्याकरण नहीं।...किताब को नहीं, लेखक को पढ़ो। जब किसी

लेखक को पूरा पढ़ लोगे तब समझ आयेगा वह क्या कहना चाहता है...जितना एक लेखक अपना ख़ुद निर्माण करता है, उससे कहीं अधिक दूसरे लेखक उसका निर्माण करते हैं।'

२०१० की गर्मियों में उनके घर में उनसे बात *हंस* और उसके भविष्य की हो रही थी, अचानक वे बोले—'*हंस* के चरित्र को निर्धारित करने में अर्चना का बहुत बड़ा योगदान था...वह भी (मुझे) छोड़ गयी है। मुझे नहीं मालूम मेरे बाद *हंस* का क्या होगा। अब मुझे डर लगने लगा है।'

जिस दिन वे गये मैं अबूझमाड़ के जंगल में था। माओवादियों के पीछे किसी ख़बर की तलाश में। बिजली, फ़ोन, इण्टरनेट से दूर।

बाहर आने के बाद (ठीक चार साल पहले—तीस या इकत्तीस अक्टूबर २०१३) नारायणपुर ज़िले के किसी ढाबे में फ़ोन पर पिछले तीन चार दिन के अख़बार टटोल रहा था, और तब मुझे मालूम हुआ कि मेरा पहला सम्पादक, जिसने बड़े स्नेह से मेरी पहली कहानी छापी थी, जिसने एक बार बड़े अधिकार से मुझे फ़ोन कर कहा था कि 'अरे भाई, *हंस* के २५ साल हो रहे हैं, उस पर अपने अख़बार के लिए कुछ लिखोगे नहीं?', वह अपना चश्मा, पाइप और ओवरकोट छोड़ कर चला गया।

'मेरे पिता कहा करते थे जीवन में सबसे बड़ा सुख उस लड़की के संग विवाह होता है जिसके साथ तुमने अपना लड़कपन किताबें पढ़ते हुए, एक साझा आदर्श के पीछे उन्मादे हो चलते हुए बिताया था। किसी दूसरे के सुख का ज़िक्र करते हुए मेरे पिता मेरी माँ को यह बतलाया करते थे।' द *रेड हेयर्ड वुमन,* ओरहन पामुक

'जूलियो ने पहला झूठ एमीलिया से यह बोला कि वह मार्सेल प्रूस्त पढ़ चुका है। वह किताबों को लेकर अमूमन झूठ नहीं बोलता था लेकिन उस दूसरी रात जब दोनों को यह एहसास हुआ कि वे एक शुरुआत कर रहे हैं और वह भले ही कितनी दूर तक जाये लेकिन महत्त्वपूर्ण होने वाली है, उस रात जूलियो ने अपनी आवाज़ को भारी बना उसमें आत्मीयता को

पिरोया और कहा, हाँ, मैंने प्रूस्त पढ़ा है।

उसी रात एमीलिया ने भी जूलियो से पहली बार झूठ बोला, वह झूठ भी यही था कि वह मार्सेल प्रूस्त पढ़ चुकी है।

...

वे दोनों जानते थे कि अन्त पहले ही लिखा जा चुका है, उन दोनों का अन्त, उन जैसे उदास लड़के-लड़कियों का अन्त जो एक साथ उपन्यास पढ़ते थे, कम्बल के बीच खोई किताबों के साथ उठते थे, ढेर सारा नशा करते थे और उन गानों को सुनते थे जो वे कभी अकेले में सुनना पसन्द नहीं करते थे।'

बोन्साई, अलेजांद्रो ज़म्ब्रा।

जून २०१५, बार्सिलोना

इस तिलिस्मी और उन्मादे शहर के प्रमुख पर्यटन-स्थल हैं कई सारे गिरिजाघर जहाँ हर वक़्त बेहिसाब भीड़ जमा रहती है। बार्सिलोना का मुख्य चौक प्रधान गिरिजाघर के सामने है जहाँ देर रात तक लोग झूमते-नाचते रहते हैं। यूरोप के अनेक बड़े शहरों में गिरिजाघर के सामने उत्सव का माहौल रहता है—ये कॉस्मोपॉलिटन शहर हैं, किसी कोण से मथुरा या मक्का जैसे 'धार्मिक' नगर नहीं हैं।

'ईश्वर की मृत्यु' के उद्घोष के बाद माना जाता रहा है कि धर्म यूरोप के सार्वजनिक जीवन से ग़ायब होता गया है, व्यक्तिगत जीवन में भी उसकी जगह सिकुड़ती गयी है, लेकिन पिछले सौ-डेढ़ सौ वर्षों यूरोप के 'सेक्युलर' कलाकारों ने अपने ईसाई धर्म के साथ जितना गहरा संवाद किया है, कथित धार्मिक भारतीय समाज के साहित्य में नहीं दिखलायी देता।

बार्सिलोना के गिरिजाघर अंटोनी गाउदी ने बीसवीं सदी में बनाये हैं। सल्वाडोर डाली का नाम कहीं बड़ा है, लेकिन उनके गृहनगर फिगरस में कम पर्यटक आते हैं, जबकि गाउदी द्वारा रचा गया विशाल रोमन कैथोलिक गिरिजाघर सग्रादा फमिलिया स्पेन का सबसे मशहूर पर्यटक स्थल है, पूरे देश में सबसे अधिक पर्यटक इस गिरिजे को देखने आते हैं।

विचित्र है भारत धार्मिक प्रतीकों और प्रकरणों से भरा पड़ा है, लेकिन कम भारतीय साहित्यकार इन्हें अपने कर्म में रचनात्मक जगह देते हैं। क्या

इसकी वजह यह है कि धर्म का जो विकृत रूप भारत ने देखा है उससे भारतीय लेखक आक्रान्त हो गया है? पिछले दशकों में साम्प्रदायिक कट्टरता जिस तरह देश में फैली है, क्या उसकी एक वजह यह भी है कि लेखकों ने धर्म के प्रति अपनी विचारधारा के अनुसार आक्रामक या मोहग्रस्त मुद्रा तो बनायी हुई है, लेकिन उसके साथ रचनात्मक संवाद नहीं किया है?

यूरोपीय कलाकार अपनी समूची 'सेक्युलर' व्यवस्था के बावजूद धार्मिक प्रतीकों के प्रति कहीं सहज नज़र आता है। बेला टार की विराट फ़िल्म *सेटन टैंगो* के आख़िरी दृश्य में एक पगलाया युवक उजड़े हुए गिरिजाघर की घण्टियाँ जोर जोर से बजाता चिल्ला रहा है...टर्क्स आर कमिंग। टर्क्स आर कमिंग। टर्क्स आर कमिंग।

क्या किसी हिन्दी फ़िल्म का अन्त इस दृश्य से हो सकता है जहाँ कोई मन्दिर की घण्टियाँ बजाता चिल्ला रहा है—मुसलमान आ रहे हैं। मुसलमान आ रहे हैं। मुसलमान आ रहे हैं। या कोई मस्जिद में अज़ान देता चीख़ रहा है—हिन्दू आ रहे हैं। हिन्दू आ रहे हैं। हिन्दू आ रहे हैं।

विचित्र यह भी है कि भारत में कला की अन्य विधाओं में धर्म बहुत सहज रूप से आता रहा है। एम.एस. सुब्बालक्ष्मी का भज गोविन्दम्, किशोरी अमोणकर की गणपति वन्दना, कुमार गन्धर्व के कबीर पद जैसे तमाम गायन, संगीत और नृत्य के उदाहरण हैं जहाँ कला ईश्वर के साथ जुगलबन्दी करती है।

शायद भारतीय कलाकार को धर्म और ईश्वर के साथ अपने रचनात्मक सम्बन्ध को टटोलने की ज़रूरत है। अगर ऐसा हुआ होता तो शायद एम.एफ. हुसेन, जिन्होंने ऐसा सम्बन्ध बनाया था, उन्हें इस देश से भगा नहीं दिया जाता।

गाँधी ने अपने जीवन की दो सबसे बड़ी मृत्यु से साक्षात अँग्रेज़ हिरासत में किया था। गाँधी, उनके शिष्य महादेव देसाई और अनेक कांग्रेसी नेता पुणे के आगा खां पैलेस में भारत छोड़ो आन्दोलन के दौरान बन्द थे। आन्दोलन की शुरुआत के ठीक एक हफ़्ते बाद पन्द्रह अगस्त १९४२ को देसाई की मृत्यु हो गयी, स्वतन्त्रता मिलने से ठीक पाँच साल पहले। महादेव का

अन्तिम संस्कार महल के अन्दर ही हुआ। गाँधी रोज़ सुबह उस स्थल पर जाते, उस राख को सम्बोधित कर गीता का पाठ करते। एक तिहत्तर साल का इन्सान राख के ढेर को गीता पढ़ कर सुनाता है, चुटकी भर ले अपने माथे से लगाता है, एक ऐसे समय जब वह जेल में है। यह उस वृद्ध के बारे में क्या बतलाता है?

भारतीय सभ्यता में किसी अभिवावक से अपेक्षा की जाती है कि वह अपनी संवेदना छुपा कर रखेगा। महादेव की मृत्यु के डेढ़ साल के भीतर कस्तूरबा भी उसी जेल में चली गयीं। बहुत कम समय में गाँधी ने उन दो इनसानों को खो दिया था जिन्होंने उन्हें दशकों से सँभाले-साधे रखा था, पोषित किया था। एक बुज़ुर्ग जो अभी भी जेल में है इस अघात पर क्या प्रतिक्रिया देगा? 'वह जीवन में आये इस त्रासद अभाव का शोक मनाते हैं, क्योंकि वह आज जो भी हैं इसमें उनकी (कस्तूरबा) बहुत बड़ी भूमिका रही है। लेकिन वह एक दार्शनिक संयम ओढ़े रहते हैं...जब मैं और मेरे भाई शुक्रवार को उनसे विदा ले रहे थे तब वे वही चुटकुले सुना रहे थे जिन्हें वे आँसुओं की जगह इस्तेमाल करते आये थे।'

यह देवदास गाँधी ने लिखा था जब वे अपनी माँ की अस्थियों के साथ पिता से विदा ले रहे थे।

वरुणा के शहर में (वाराणसी, अक्टूबर २०१८)

पूर्णिमा में डूबी कोई नदी अमावस्या के रंग कैसे ओढ़ लेती है? वरुणा से उसने यह भी पूछा।

फिर वरुणा बोली—किसी अजनबी शहर में आया यात्री सहसा निष्कवच और निरीह हो जाता है। उसे अनेक रंग दिखायी देने लगते हैं। न जाने कहाँ से वे हसरतें और फ़रेब उमड़ आते हैं जिन्हें कब का दफ़न हुआ मान लिया था। अपने शहर का आसमान पीछे छूट जाने पर ख़ुद से किए वायदे विदा ले लेते हैं। बेशुमार व्यसन और ख़ुमार सामने आ खड़े होते हैं। यात्री उन तमाम रास्तों पर फिसलना चाहता है, ख़ुद को फिसलते हुए देखने की एक हिंसक कामना में डूबना चाहता है जिन्हें उसने अपने लिए वर्जित माना था,

मानना चाहा था। अक्टूबर की उस अमावस रात वरुणा आगे बोली—इस ख़्याल की ललचाती छाँह तले कि अजनबी शहर में उसे कोई निगाह नहीं कर रहा, यात्री न मालूम कितनी चीज़ों से ख़ुद को सम्मोहित होते देखना चाहता है। वह फ़रेब के बारीक़ जाल बुनता है, अपनी तबाही को बड़े जतन से रचता है। वह नहीं भूला है किसी पिछली यात्रा में वह इसी रास्ते पर किस क़दर चकनाचूर हुआ था—इस बार स्वाहा हुआ तो अपनी राख समेट पाना बहुत मुश्किल होगा। लेकिन अपने रचे व्यूह की आँच में भस्म हो जाने से बड़ा नशा शायद कुछ और नहीं।

वरुणा यह भी बोली—किसी दूसरे में इतनी ताक़त कहाँ कि वह मनुष्य को छल सके—सबसे विराट मायाजाल मनुष्य ख़ुद अपने लिए रचता है। अपने बिछाये फँदे में बुरी तरह फँस जाने की ख़्वाहिश। आत्म-मुग्धता की असम्भव ऊँचाई पर खड़े हो तिरस्कार के धरातल पर जा गिरने का ख़्वाब। वह अपने लहू से वाक़िफ़ है। उसे अनुभव है लौटने के सभी दरवाज़े बन्द कर उनकी चाभी किस नदी में फेंक दी जाती है। वह ऐसा व्यूह रचता है जिसके काँचघर में अपने कई चेहरे देखता ख़ुद को छलता रहता है।

अब उसने वरुणा से पूछा—जब कोई काशी आता है तो क्या वह बनारस भी जाता है? कोई बनारस आया है लेकिन काशी में ही निबट गया है? काशी ने तो किसी यात्री को अपना लिया लेकिन वाराणसी उसे जगह देना नहीं चाहती—ऐसा भी हुआ है? कोई जो यह शब्द आदि केशव के किनारे लिख रहा है और वह जो मणिकर्णिका पर भूखी लपट का ताण्डव देख रहा है, यह दृश्य बनारस में दर्ज हुए या वाराणसी में? क्या बनारस का नागरिक होने के लिए काशी से नाता जोड़ना या तोड़ना ज़रूरी है?

वरुणा से उसने यह भी पूछा—पूर्णिमा में डूबी कोई नदी अमावस्या के रंग कैसे ओढ़ लेती है?

वरुणा हँसकर बोली—नदी तो अपना जादू बतलायेगी नहीं, लेकिन रामनगर क़िले के व्यास मन्दिर का बूढ़ा पुजारी ज़रुर बोलेगा जो कर्दमेश्वर और सारंगनाथ का द्वारपाल भी कहेगा—काशी की यात्रा उनके दरवाज़े पर आये बग़ैर पूरी नहीं होती। सारनाथ में चोगा पहने भिक्षु कहेगा बुद्ध ने अपना पहला मन्त्र इसी छत से दिया, डोम राजा भी याद दिलायेगा हरिश्चन्द्र यहीं आकर पूरे हुए।

हरेक चौखट इस शहर की दावेदार है, हरेक दहलीज़ इस शहर पर अपना अन्तिम अधिकार माने बैठी है कि इसकी वसीयत में सिर्फ़ उसका नाम है। वह जो ख़ुद को छलता है कि अपने निशान इस शहर की शिला पर दर्ज किये बग़ैर चुपचाप ग़ायब हो जायेगा, उसकी कथा वरुणा नाख़ून से अपने गर्भ पर उकेरती है। उसके फ़रेब वरुणा अपने भीतर सहेज रखती है, गंगा को भी नहीं देती। वरुणा, जो इस शहर पर कोई दावा नहीं करती, लेकिन इसकी आख़िरी साँस पर चुपके से आती है, एक लम्बी हिचकी ले बालू के पाट पर पछाड़ खाती है। उस वरुणा को मालूम है सम्मोहनों के बग़ैर जीवन कब कहाँ पूरा हुआ है। वरुणा जो प्रतिपल गंगा में समाती है लेकिन न मालूम क्या कुछ गंगा से छुपा ले जाती है।

वरुणा बोलती गयी—अपने शहर के आसमान की छाया से बाहर निकलना अपने व्यसनों को एक नयी धूप में देखने के लिए भी ज़रूरी था, ख़ासकर उस यात्री के लिए जो इस ख़ूबसूरत भ्रम को सँजोये था कि वह काशी से ही लौट जायेगा बनारस नहीं जायेगा कि वह तो सिर्फ़ मणिकर्णिका की लपट ले जाने के लिए ही आया था। उसे कहाँ मालूम था कि यह गंगा नहीं वरुणा का भी शहर है—शहर शुरू कहीं भी हो ख़त्म वरुणा पर ही होता है। पूर्णिमा अपनी अन्तिम आहुति अमावस्या को ही देती है।

गंगा मैया है मालूम नहीं, वरुणा यात्री के व्यसनों की दाई माँ ज़रूर है। गंगा मुक्ति दिलाती है मालूम नहीं, वरुणा हसरतों को स्वीकारना सिखाती है, पराजित चेहरा लिए घर लौटना सम्भव बनाती है।

किताबों की मेरी स्मृति चार-पाँच की उम्र से वीर बालक, महापुरुषों की कथाएँ, चन्दामामा इत्यादि से शुरू होती है। इन किताबों और किरदारों ने मेरी कल्पना को रंग दिये, लेकिन पहली बार जिन किताबों ने मुझे झकझोर दिया वे चमत्कार की तरह आठ-नौ की उम्र में आयीं। घर की अलमारी में रखे शरतचन्द्र चट्टोपाध्याय के चार उपन्यास जो बहुत बाद में पता चला नानाजी ने माँ-पिता को शायद विवाह की वर्षगाँठ पर दिये थे— *परिणीता, बैकुण्ठ का दानपत्र, अकेली* और *बिन्दु का बेटा*।

इनमें से आख़िरी उपन्यास न मालूम कहाँ खो गया, तीन साथ रहे आये।

चारों उपन्यास एक तरल भावुकता और आदर्श में डूबे थे। इस रोमानियत से कॉलेज के दिनों में मुक्त हुआ जब फ्रांत्स काफ़्का को पढ़ा कि हमें वही किताबें पढ़नी चाहिए जो हमारे भीतर गहरे घाव करती हैं, हमारे भीतर की जड़ बर्फ़ को गर्म चाक़ू से पिघला देती हैं। महान् किताबें जवाब उतने नहीं देती जितने वह प्रश्न खड़े करती हैं।

इतालवी उपन्यास *द नेम अव द रोज़* में उम्बेर्टो इको कहते हैं कि किताब को सबसे अधिक ख़तरा उसके पाठक से ही होता है। इको की यह बात कई साल पहले जब यह उपन्यास पढ़ा था बहुत अधिक समझ नहीं आयी थी, लेकिन जब पिछली दीपावली पर घर गया तो पाया कि मेरी किताबों की शेल्फ़ में दीमक लग गयी है। कई सारी किताबें मिट्टी हो गयीं, उनमें शरत्चन्द्र के तीन उपन्यास भी थे जिन्होंने बचपन में मुझे रोशन किया था। जीवन में नयी किताबें आती गयीं, पिछली किताबें घर की शेल्फ़ में जमा होती गयीं। छुट्टी, त्यौहार में घर जाता था, कभी-कभार उन्हें टटोल लिया करता था, कई बार तो उन्हें देखने की भी सुध नहीं होती थी। इतनी उपेक्षा आख़िर कोई स्वाभिमानी किताब कैसे सहती? उसे तो मुझे छोड़कर जाना ही था।

दीमक और मिट्टी के ढेर से थोड़े-बहुत पन्ने बचाकर निकालने का सफल-विफल प्रयत्न करते हुए याद आया कि *द नेम अव द रोज़* में दुनिया की सबसे समृद्ध लाइब्रेरी आख़िर उस इनसान की भूल से ही जल कर राख हो जाती है जो उन्हें बचाना चाहता था।

यह भी याद आया कि कई पाठक बेरहमी से किताब को पढ़ते हैं, पन्ने मोड़ देते हैं, अलमारी में रख उसे भूल जाते हैं—किताब चुपचाप नष्ट होती रहती है।

२०११

५ फ़रवरी

आज जे.एन.यू. में काफ़्का पर एक अच्छा लेक्चर सुना। काफ़्का दिन में दुर्घटना के बाद मिलने वाले इंश्यूरेंस के काग़ज़ जाँचते थे, उन पर क़लम चलाते थे, रात में अपनी कथाएँ रचते थे। दोनों क़िस्म के लेखन में गहरा सम्बन्ध था। दर्शनशास्त्र अक्सर किसी घटना को दुर्घटना की तरह नहीं

देखता, दार्शनिक हरेक दुर्घटना के पीछे एक कारण निर्धारित कर लेना चाहता है। अनहोनी नज़र आती चीज़ों की भी ठोस वजह होती है। काफ़्का का रात्रि लेखन मनुष्य जीवन की उन दुर्घटनाओं को थामता था जो अमूमन हमारी निगाह से दूर रही आती हैं।

उनकी सांख्यिकी पर गहरी पकड़ थी। बतौर इंश्यूरेंस अधिकारी काफ़्का विभिन्न किरदारों की दुर्घटना में ज़िम्मेदारी निर्धारित करते थे—ड्राइवर चालीस प्रतिशत, मालिक साठ प्रतिशत। क्या इसलिए उनके कथा संसार में भी अपराध-बोध एक गणितीय संख्या नज़र आता है ? अपना बहीख़ाता पूरा करने के लिए क़ानून को निर्धारित समय और एक निश्चित संख्या में मनुष्य को गुनाहगार ठहराना ही है।

काफ़्का अपने लेखन में कई जगहों के हिज्जे बदल देते थे। मसलन Oklahoma को उन्होंने Oklahoma लिखा, उनके सम्पादकों ने इसके हिज्जे सुधार दिये। लेकिन वे शायद Oklahoma ही लिखना चाहते थे।

मैक्स ब्रॉड ने उनके तीनों उपन्यासों का प्रकाशन क्रम रखा— *द ट्रायल, द कैसल* और *अमरीका*। वॉल्टर बेंजामिन कहते थे कि कैसल पहले प्रकाशित होना चाहिए था। कैसल का 'के' ट्रायल में 'जोसेफ़ के' बनता है, आख़िर में अमरीका में अपना पूरा नाम हासिल करता है। *द ट्रायल* समाज के सामूहिक अपराध-बोध को स्वर देता है। काफ्का इस अपराध-बोध की पड़ताल करने की ज़रूरत भी नहीं समझते। उनके संसार में यह अपराध-बोध प्रदत्त है, मनुष्य जीवन का अभिन्न, अकाट्य, अविजित अंग। *इन द पीनल कालोनी* में गुनाहगार को सिर्फ़ इसलिए चुन लिया जाता है कि सत्ता को दण्ड-यन्त्र परखना है। काफ़्का पर लिखते हुए कुन्देरा ने भी यही कहा है—अपराध अपराधी को चुनता है।

२० फ़रवरी

जीवन की एक विकट त्रासदी जब हम अपने जीवन को कला के आइने से देखने लगते हैं, जीवन को किसी उपन्यास सा बना लेना चाहते हैं, उस उपन्यास के किरदार बन जाना चाहते हैं। मुझे एक कहानी उन लोगों पर लिखनी चाहिए जो ख़ुद को किसी प्रिय उपन्यास के किरदार में ढालना चाहते हैं, इस प्रक्रिया में अपने से दूर होते जाते हैं।

चेख़व को रूस का 'मोस्ट इलूसिव लिटरेरी बेचलर' कहा जाता था, उन्होंने शादी मृत्यु के तीन बरस पहले की। मैं तीन शर्तों पर शादी करूँगा—'वह मास्को में रहे, जबकि मैं गाँव में रहूँ, और मैं उससे मिलने जाता रहूँ। मुझे ऐसी पत्नी चाहिए जो चन्द्रमा की तरह मेरे आकाश में रोज़ न दिखलायी दे।'

१३ मई, रात दस बीस, चंगकिंग एक्सप्रेस

वे दोनों अप्रैल फूल डे वाले दिन अलग होते हैं। नायक अन्ननास का एक डिब्बा ख़रीदता है जिसकी एक्सपायरी तारीख़ एक मई है। उसका जन्मदिन भी एक मई को है। लड़की का नाम भी 'मे (May)' है। वह रोज़ एक मई की एक्सपायरी तारीख़ वाला एक डिब्बा ख़रीदना शुरू करता है और ख़ुद से कहता है 'अगर मेरे तीस डिब्बे ख़रीदने तक वह अपना मन नहीं बदलती तो हमारे प्यार की भी एक्सपायरी तारीख़ हो जायेगी।' ३० अप्रैल–१ मई की आधी रात वह अनन्नास के सारे डिब्बे एक-एक कर खाना शुरू कर देता है।

फ़रवरी २०१६, सतोहल

वैद फ़ेलोशिप के तहत यहाँ आया हूँ। ख़ूबसूरत पहाड़ी गाँव।

मैंने अब तक पक्षियों को आकाश में उड़ते देखा है। मैदानी इलाक़ों में, जहाँ अब तक रहा हूँ, सिर को ऊपर उठा परिन्दों को देखा जाता है। यहाँ लेकिन परिन्दे निगाह से काफ़ी नीचे घाटी में उड़ते दिखायी देते है।

दिन भर किसी परिन्दे के चहचहाने की आवाज़ आती रहती है। कई दिन बाद पता चला यह पपीहा है। सेमल के पेड़ पर बैठा रहता है। सीमाजी दूरबीन लेकर आयीं मुझे दिखाने के लिए—बड़ी सी चौंच, काली गरदन, हरी देह।

एक बार जब उसकी आवाज़ पहचान गया तो फिर दिन भर मुझे पपीहा सुनायी देता है। न मालूम कितने पपीहे हैं, पूरा पहाड़ी जंगल गुँजा रखा है। जहाँ कान घुमाओ कई मीलों दूर तक इसी पपीहे की आवाज़। इतना बैचेन परिन्दा नहीं जाना कभी। अब तो बरसात भी नहीं है, फिर भी बोले जा रहा

है। अविरल।

जगह–जगह पहाड़ी झरने हैं, स्त्रियाँ दिन भर कपड़े धोती, पानी भरती रहती हैं। कल दोपहर व्यास नदी के घाट से उठती पहाड़ी पर दूर भेड़ों को ऊपर चढ़ते देखा। एक सफ़ेद पंक्ति ऊपर उठती हुई। उनके ऊपर एक बाज मँडरा रहा था। गोल–गोल चक्कर लगाता। भेड़ें ऊपर चढ़ती गयीं, बाज धीरे–धीरे गोलाई में ऊपर उठता गया।

जब आप किसी पहाड़ी पर बैठे धीरे–धीरे अँधेरे को उतरते देखते हैं, आकाश का रंग, हवा और पत्तियों की भाषा सँवलायी होते देखते हैं, और आपको सहसा एहसास होता है कि यह वह क्षण नहीं जो कुछ देर पहले था जब आप यहाँ आये थे, तब आपको अचानक बोध होता है कि जीवन आपके सामने ही परिवर्तित होता चलता है, लेकिन निगाह में कतई दर्ज नहीं होता।

उपन्यास में आख़िर रोशनी दिखायी दे रही है।

दिसम्बर, २०१२

दलित नेता नामदेव ढसाल की कवि–कथाकार पत्नी मलिका की जीवनी आयी *वांट टू रुइन माइसेल्फ* का पहला खण्ड इन पंक्तियों पर समाप्त होता है— 'पुरुष अहं हमारे समाज की सबसे भद्दी और बदबूदार चीज़ है। स्त्रियाँ इसे बढ़ावा देने में अक्सर सुख महसूस करती हैं।' दूसरे खण्ड का अन्त—'यह अकेली पराजय की कथा है।'

दलित आन्दोलन की बुनियादी असफलता को दर्ज करती यह किताब अपने पुरुष द्वारा जीवन के हरेक पहलू पर अपमानित स्त्री की मनोदशा के साथ यह भी बतलाती है कि एक आदर्श के लिए कोई इनसान किस तरह ख़ुद को कुर्बान करता है। मलिका जो ख़ुद उत्कृष्ट रचनाकार थीं, बतौर मनुष्य नामदेव से शायद कहीं बेहतर थीं, नामदेव के अहं की वेदी पर ख़ुद को स्वाहा करती गयीं।

'मैं आख़िर क्यों इतना असहाय महसूस करती थी ?...उसके (नामदेव) द्वारा पीटे जाने, उसकी गाली खाने के बाद, मैं आख़िर कैसे उसके पास जा सकती थी ?...मुझे उसका सहारा चाहिए था...'

मलिका को उनके बच्चे के सामने नामदेव चप्पल से पीटते थे। अपने बच्चे की कस्टडी के लिए मलिका का संघर्ष। वे एक जगह लिखती हैं— 'यह पुरुष अहं ही है जिसे हम स्त्रियाँ सींचती रहती हैं।'

इस किताब का शायद सबसे भयावह अंश न सिर्फ़ नामदेव बल्कि समूचे दलित आन्दोलन शायद सभी कथित बोहेमियन पुरुष रचनाकारों के सामने यक्ष प्रश्न की तरह खड़ा है। मलिका लिखती हैं—नामदेव अकसर वेश्याओं के पास जाते थे। शादी के पहले ही साल उन्हें यौन रोग हो गया। मुझे इस बारे में कुछ पता न था...एक दिन हम एक क्लिनिक के सामने थे। बाहर बुझी आँखों वाले कई युवक पंक्ति में खड़े थे, कुछ बूढ़े भी थे। नामदेव अन्दर चले गये। मैं कुछ देर वहीं खड़ी रही लेकिन जब गर्मी लगने लगी तो अन्दर चली आयी। वहाँ एक भी औरत नहीं थी। सभी आदमी मेरी तरफ़ कौतूहल से देख रहे थे। असमंजस और क्रोध से भरी मैं तेज़ी से बाहर निकल आयी। तब मुझे पता चला कि यह एक यौन रोग क्लिनिक था। मैं शर्म के मारे मर ही गयी। मैं बहुत ज़्यादा ग़ुस्से में थी, पूरा दिन हम इस पर लड़ते रहे।'

जनवरी २०१३

पिछले हफ़्ते तीन उपन्यास बीच में रख दिये—*डाइंग ऐनिमल, स्नो कन्ट्री, अ वाइल्ड शीप चेज़*। फ़िलिप रॉथ असफल यौनिक अनुभवों के लिए मुहावरे और उपमाएँ खोजने की कसरत करते हैं, जिसमें मुझे कोई ताक़त महसूस नहीं हुई। मुराकामी कई पन्नों और अध्यायों के बाद भी उपन्यास को नहीं उठा पाये, और कावाबाता का आख्यान सतही लगा। चर्चित किताबें अगर ख़ुद को बेजान लगें तो कई बार, इन किताबों की शैदाई दुनिया पर नहीं, अपने ऊपर शक होने लगता है, वायदा करता हूँ उन पर फिर से लौटूँगा। हालाँकि लौटना, वायदे के बावजूद तमाम जगहों पर न लौट पाने की क्रिया की तरह, बहुत कम हो पाया है, हो पायेगा।

वाइल्ड शीप का नायक, जिसकी पत्नी हाल ही तलाक़ के बाद छोड़ कर चली गयी है, एक पुरानी हॉलीवुड फ़िल्म को याद करता है जिसमें नायक अपनी पत्नी की पैंटी को देर तक ताकता है, जिसके साथ उसका हाल ही

तलाक़ हुआ है। दोनों के अलगाव की राख उस लिबास में प्रतिबिम्बित होती है जो एक कुर्सी पर लटक रहा है। *वाइल्ड शीप* के नायक के पास यह भी नहीं है, वह अपना सारा सामान लेकर चली गयी है।

मुराकामी अलबेले वृत्तान्त रचने में माहिर हैं, यह उनकी ढहती हुई कथा को अक्सर सँभाल लेता है। उनके दो-तीन उपन्यास तो अद्‌भुत हैं, लेकिन बाक़ी एक ही पाठ में चुक जाते हैं।

दो नग्न देहों के बीच संवाद, बिस्तर में।

तुमने क्यों कहा कहा कि मैं नुकीली हूँ?

मैंने कहा तुम नुकीली हो?

हाँ, तुमने कहा।

क्योंकि तुम नुकीली हो।

इसका क्या मतलब हुआ?

कुछ औरतें गोल होर्ती हैं, गिटार की तरह (वह हवा में उँगलियों से आकृति काढ़ता है), इस तरह। और तुम...भी गिटार की तरह दिखती हो, लेकिन जिसे पिकासो ने बनाया है।

वो कौन है?

एक चित्रकार...किसी औरत की तस्वीर बनाते समय वह उसकी आँख यहाँ बनाता है (वह अपनी ऊँगली कन्धे पर रखता है) और उस औरत के पैर कहीं और।

वह हँसती है।

लव्स ऑफ़ अ ब्लोंड मिलोस फोर्मन की दूसरी फ़िल्म है। एक लड़की की सुरीली तस्वीर। उनकी अपनी भाषा चेक में, जिसके बाद उन्होंने अँग्रेज़ी फ़िल्में बनायीं।

लेकिन १९६५ की यह फ़िल्म किसी और वजह से कौंधी। निर्मल को चेकोस्लोवाकिया गये छह साल हो चुके हैं। फ़िल्म की हीरोइन हाना की

छाया निर्मल की अनेक नायिकाओं पर गिरती है। बेपरवाह और खोई-सोई सी हँसी, निरीह उत्सुक आँखें। फ़िल्म का स्क्रीनप्ले भी निर्मल का कहा जा सकता है।

लेकिन निर्मल पर चेक कृतियों के मुहावरे उठाने का आरोप कम-अज़-कम इस फ़िल्म से तो नहीं लगाया जा सकता। उन्होंने लतिका और रायना हाना से कई साल पहले रच दी थीं। हाना अगर पिकासो की गिटार औरत है, तो निर्मल के रचना संसार में वायलिन स्त्री है। इस वायलिन की लकड़ी कहाँ से मिली होगी उन्हें?

हालाँकि यह भी है कि *क्राइम एण्ड पनिशमेंट* में कई ऐसे वाक्य हैं जो लगभग हू-ब-हू निर्मल की कथाओं में अक्सर आते हैं और उनके प्रिय वाक्य भी हैं।

रामचरितमानस के किष्किन्धा काण्ड में एक विरला प्रसंग है। रावण सीता को चुरा कर ले गया है, दोनों भाई जंगल में अकेले हैं। बड़ा भाई छोटे को त्याग और समर्पण जैसे मूल्य और राज धर्म सिखा रहा है कि अचानक एक शाम आकाश स्याह हो जाता है। मर्यादा पुरुषोत्तम का गुण उनका घनघोर संयम है, लेकिन बरसाती बादलों को देख राम का स्वर अचानक बदल जाता है, संकोच का पर्दा उठता है, आकांक्षायें झाँकती हैं और वे कहते हैं— 'लछिमन देखु मोर गन नाचत बारिद पेखि (देखो लक्ष्मण, मोरों के झुण्ड बादलों को देख कर नाच रहे हैं)।'

अगला वाक्य उनका एक ऐसा पहलू उजागर करता है जिसे ख़ुद राम भी शायद अपने से छुपाते आये हैं— 'घन घमंड नभ गरजत घोरा। प्रिया हीन डरपत मन मोरा।।'

सेकुलर होने की आकांक्षा में ईश्वर को साहित्य से निष्कासित करके क्या कुछ नहीं खो गया है। मसलन, बरसात के दिन राम का सीता के बग़ैर सहम और सिहर जाना।

और *शिव पुराण* जिसमें ब्रह्मा शिव और पार्वती का विवाह करा रहे हैं लेकिन पार्वती के पैर के नाख़ून देख उनका वीर्यपात हो जाता है।

लीला आज़म ज़ंगानेह की किताब द *एन्चैंटेर— नाबोकोव एण्ड हैप्पीनेस* बहुत ऊपर तो नहीं उठती, लेकिन दिलचस्प ज़रूर है। नाबोकोव के शब्दों से नाता जोड़ते हुए वे उनके कला संसार में 'सुख' को, और ख़ुद अपने जीवन को खोजती हैं।

किताब के पहले अध्याय की शुरुआत इस तरह है— 'नाबोकोव की मृत्यु २ जुलाई १९७७ को हुई। मैं दस महीने की थी। हमारे बीच क़रीब चार सौ मील का फासला था। हमारी शुरुआत बड़ी दुर्भाग्यपूर्ण थी। वे मेरे मामूली से अस्तित्व से हमेशा अनजान रहने वाले थे।'

नाबोकोव की आत्मकथा *स्पीक मेमरी* को पढ़ उनके दोस्त मोरिस बिशप ने उन्हें लिखा— 'तुम्हारे कुछ शब्द इतने बेहतरीन हैं कि मेरा लिंग लगभग खड़ा हो गया—और तुम जानते हो मेरी उम्र में यह आसान नहीं है।'

बर्फ़ के इन्तज़ार में

२० नवम्बर २०१७

शिमले में इन दिनों कहीं भूले से भटक आयी बूँदें गिर रही हैं। हाल ही शिमले में कुछ इन्सान नीचे मैदानों से रहने चले आये हैं। उन्हें सर्दियों की ये बूँदें बर्फ़ की दस्तक लगा करती हैं। वे रात भर अपनी काँच की खिड़की से बाहर पहाड़ को देखते रहते हैं, बारीक़ डर होठों पर लिये कि कहीं उनके अनदेखे ही मौसम की पहली बर्फ़ गिर न जाये।

परसों शनिवार था। अमावस्या भी। कल इतवार को भी अमावस का ही मौसम था। लेकिन अँधेरे में भी खिड़की के सामने सवा सौ बरस पुराने ट्यूलिप पोपलर के दरख़्त की पीली पत्तियाँ बेइन्तहा हवा में डोल रहीं थी। ओक, देवदार और चीड़ के इस पहाड़ी जंगल में अकेला दरख़्त जिसकी शाखों पर हरे के बजाय पीला रंग उतरा रहता है।

तो वे नये निवासी रात भर ख़्वाब देखते रहते हैं, पोपलर और देवदार की पत्तियों पर सफ़ेद बर्फ़ का। लेकिन बर्फ़ नहीं गिरती। आज सुबह किसी से पूछा, जो इस पहाड़ को बचपन से देखता आया है, और वो बिफरती हवा को इशारा कर हँसने लगा।

'बर्फ़! इस मौसम में?'

जब बर्फ़ बरसेगी उससे पहले सब शान्त हो जायेगा। हवा, परिन्दे, तितलियाँ, देवदार...सब उसके लिए रास्ता छोड़ देंगे। तिलिस्मी सन्नाटा आसमान और पहाड़ पर काबिज हो जायेगा, तब किसी चुप रोते इन्सान के आँसुओं की तरह आकाश से बेआवाज़ बहती आयेगी बर्फ़। आप अपनी डेस्क पर लिखते रहोगे, घण्टा भर बाद निगाह खिड़की से बाहर जायेगी तो चौंक जाओगे...लॉन की घास पर, पोपलर के पीलेपन पर सफ़ेद परत न जाने कहाँ से आ बिछी होगी। प्रेम की ही तरह बर्फ़ से अधिक सम्मोहक बर्फ़ का ख़्वाब होता है।

मिथक प्रचलित है कि एस्किमो की भाषा में बर्फ़ के लिए सौ से अधिक शब्द हैं। और हिमाचल में?

१४ दिसम्बर २०१७

पूरे तीन दिन शिमले में बेपरवाह बूँदे ऊधम मचाती रहीं। पूरे तीन दिन किसी पिछ्ले जन्म की जालिम चुड़ैल का भूत सफ़ेद धुन्ध बनकर पहाड़ पर सिहराता रहा। पूरे तीन दिन यह क़ातिल ज़ालिमा बर्फ़ का घूँघट नज़र आती रही। अपना सफ़ेद लहँगा उठा-उठा कर नाचती रही। उसकी पिण्डलियों की तीख़ी और नुकीली सफ़ेद आरी आसमान को चीरती रही। सूरज बेचारा उस चुड़ैल के चंगुल में एक कच्चे सफ़ेद पापड़ सा क़ैद रहा आया।

पूरे तीन दिन शिमले के बुजुर्ग बाशिन्दे बतलाते रहे कि इसी धुन्ध के घूँघट को उघाड़ती हुई किसी भी लम्हे बस बरस जायेगी बर्फ़। शिमले के नये निवासी उस घाघरे की सफ़ेद बुन्दकियों और घूँघट की करारी सलवटों को गिनते रहे। रात भर बत्ती भी नहीं रही। अँधेरे में ठिठुरते रहे, लेकिन खिड़की के काँच पर निगाह फिर भी जमी रही कि कमबख़्त बर्फ़ कहीं धोखा न दे जाये, हमसे पहले यह घूँघट किसी परायी चौखट पर न खुल जाये। लेकिन फिर भी उस सफ़ेद चुड़ैल को रहम नहीं आया।

क्या बर्फ़ ने किसी पिछले जन्म का कोई झूठ-मूठ का अपना क़र्ज़ा निकाल लिया है जिसे वह तरसा-तड़पा कर चुकाना चाहती है? या वह आने से पहले अपनी शोहरतों के क़िस्से लिखे और सुनाये जाने का

इन्तज़ार कर रही है?

सुफ़ेद चुड़ैल। माशूक़ा की ही तरह बर्फ़ के शिमले में कई ख़्वाब और ख़िताब हैं।

२४ जनवरी, २०१८

मरती हुई आँखों का आख़िरी ख़्वाब। किसी उजड़ते हुए मकान पर पहुँचता अन्तिम ख़त। बुझती हुई कायनात की आख़िरी उम्मीद। ख़त्म होती सृष्टि के आख़िरी उपन्यास का आख़िरी अक्षर।

कल दोपहर से शिमले में बरसती आयेगी बर्फ़। मौसम की पहली बर्फ़। पहले बूँदों में लिपटी गिरती होगी, फिर बूँद भी चुप दूर जा बैठेंगी। देवदार और चीड़ के दरख़्त शान्त हो चुके होंगे। तेन्दुए और जंगली भालू किसी कोटर में दुबक जायेंगे। समूची कायनात इस ख़ामोश रागिनी के लिए रास्ता छोड़ देगी। आकाश चमकते सफ़ेद तिनकों से भर जायेगा। कभी ये सफ़ेद दाने सीधे गिरते जायेंगे, बवण्डर की तरह कभी मचलेंगे। दोपहर और शाम तलक पूरब से उड़ती आयेगी, देर रात उत्तर से बहने लगेगी। शब्द ख़ाली हो जायेंगे, वाणी शब्दकोश को थैले में डाल विदा ले लेगी। घण्टे भर में हरेक शै अपना रंग भूल कर सफ़ेद हो चमकेगी।

बर्फ़ बरसात की बड़ी या छोटी बहन नहीं। बर्फ़ का कोई पूर्वज, हमसाया या वंशज भी नहीं।

रात के अँधेरे में शिमले के सबसे ऊँचे पहाड़ पर बने काँच के गोल घर की खिडकियों से बिफरती बर्फ़ का साक्षात किसी विराट उपन्यास का पाठ है। *लाइफ अ यूजर्स मैन्युअल* का चित्रकार नायक अपनी आख़िरी तस्वीर के निशान कैनवास से मिटा रहा है, अपने समूचे जीवन को स्वाहा कर रहा है। पहले बीहड़ आलाप में बरसी, फिर विलम्बित और द्रुत में शामिल हुई। आठ घण्टे बाद रात बारह क़रीब बर्फ़ की ख़ामोश रागिनी सो गयी। घास पर, झण्डे के पोल पर, देवदार की टहनियों पर। काँच-घर की खिड़की के कोटर पर।

शिमला में दिसम्बर से बर्फ़ शुरू हो जाती है। इतनी देर कभी नहीं हुई। लेकिन शायद जीवन में कुछ ख़त हमेशा देर से ही पहुँचते हैं। बरसने के

कगार पर टिके यह ख़त दरख़्तों पर आ ठहर जाते हैं। उनके अक्षर नींद में गिरते रहते हैं। सुबह उठ उनकी इबारत दर्पण पर टँगी नज़र आती है। कल दिन भर की बर्फ़ आज सुबह से देवदार की पत्तियों से इस आख़िरी ख़त की मानिन्द झर रही है। हफ़्ता भर से चलते आते बुख़ार के दरमियां झरते हुए अक्षरों के इस बवण्डर में भीगते हुए लगा कि ज़िन्दा रहने की वजहें कितनी बेशुमार बची हुई हैं। कितनी कथाओं को इस बीमार देह से अभी गुज़रना बाक़ी है।

मृत्यु और आकांक्षा की बर्फ़। प्रायश्चित और पुनर्जन्म की बर्फ़।

बोर्हेस अपने एक साक्षात्कार में कहते हैं कि हरेक देश अपनी एक प्रिय किताब चुनता है, उसे अपना प्रतिनिधि बनाता है जबकि वह किताब उस देश के स्वभाव के अक्सर विपरीत होती है। मसलन, शेक्सपियर को एक निपट अँग्रेज़ी लेखक माना जाता है, लेकिन अँग्रेज़ों का कोई भी गुण शेक्सपियर में नहीं दिखता। अँग्रेज़ कम बोलने वाले, रिजर्व्ड लोग हैं जबकि शेक्सपियर एक उफनती नदी की तरह बहते हैं, उनके यहाँ रूपक और अतिशयोक्तियाँ भरी पड़ी हैं—वह अँग्रेज़ियत का धुर विलोम हैं। गेटे के साथ भी यही है। जर्मन बड़ी आसानी से उन्मादे हो जाते हैं, लेकिन गेटे और उनका लेखन एकदम विपरीत हैं। गेटे बहुत सहिष्णु हैं जो जर्मनी पर हमला करते नेपोलियन का स्वागत करते हैं।

यह प्रवृत्ति क्लासिक कृतियों और उनके लेखकों में अक्सर दिखती है। सर्वान्तिस का स्पेन धर्मान्धता का स्पेन है, लेकिन उनका लेखन ज़िन्दादिली और मस्ती का रूपक है।

शायद हरेक देश अपने प्रिय लेखक में उस औषधि को खोजता है जो उसके समाज का ज़हर उतारती है।

इन मानदण्डों पर भारत की प्रिय किताब कौन सी होगी? और लेखक?

भारत की कोई एक किताब या लेखक नहीं है। अनेक भाषाओं के लेखकों ने इस सभ्यता को सींचा है। लेकिन फिर भी कहा जा सकता है कि भारतीय दर्शनों में अद्वैत का बड़ा ऊँचा स्थान है। यह विचार कि तात्कालिक स्तर पर दिखायी देती भिन्नताएँ अनन्त के साक्षात्कार के बाद मिट जाती हैं

अनेक ग्रन्थों और विचार पद्धतियों में बसा हुआ है। तमाम वर्णों, जातियों, श्रेणियों, भाषाओं में बँटा हुआ राष्ट्रअद्वैत यानि *तत् त्वम असि* को महत्त्व देता है। अगर बोर्हेस की प्रस्तावना को मानें तो यह कहना सही होगा कि अन्तर्विरोधों और मतभेदों के बीच का तनाव शायद अद्वैत के महासागर में ही घुल सकता था।

गेटे कहते थे कि फ्रेंच कवियों की बहुत तारीफ़ नहीं करनी चाहिए क्योंकि 'भाषा उनके लिए कविता लिखती है'। फ्रेंच भाषा में कुछ ऐसा नैसर्गिक है कि कविता ख़ुद ही हो जाती है।

गेटे एक और दिलचस्प बात कहते थे—'गद्य लिखते वक़्त आपके पास कहने के लिए कुछ होना चाहिए; लेकिन जिसके पास कहने को कुछ भी नहीं है वह भी कविता और तुकबन्दियाँ लिख सकता है जहाँ एक शब्द दूसरे का संकेत देता है, और कुछ न कुछ आख़िर में निकल ही आता है जो दरअसल है तो कुछ भी नहीं लेकिन लगता है कि बहुत कुछ है।'

मुक्तिबोध की भी एक पंक्ति है—'समझ में न आ सकता हो/ कि जैसे बात का आधार/ लेकिन बात गहरी हो।'

मुझे एक किताब लेखकों की डायरियों पर लिखनी चाहिये। रचनाकार की डायरी पाठक को बड़े आत्मीय तरीक़े से सम्बोधित करती है, उससे अपनापा जोड़ लेती है। डायरी को लेखक की नोटबुक कहा जाता है, जिसमें वह अपने लेखन का कच्चा माल सँजोता है। डायरी लेकिन एक मंच भी है। एक विराट रंगमंच जहाँ लेखक ख़ुद से संवाद करता है। हेमलेट-सा मोनोलॉग, आत्मालाप, जिसे पाठक जब अरसे बाद पढ़ता है, उस लेखक की रूह को मथते तत्त्वों से गुज़रता है। आत्ममन्थन के यही क्षण किसी डायरी को ऊपर उठाते हैं। कितनी बेबाकी, क्रूरता से लेखक ख़ुद को, अपनी वासना, हसरत, अन्तर्द्वन्द्वों को उकेरता है, उनसे जूझता है।

तेजू कोले ने वर्जीनिया वूल्फ़ की डायरी पढ़ने के अपने अनुभव पर एक लेख लिखा है। वह देर रात तलक डायरी पढ़ते रहे, सुबह सोकर उठे तो आँखों के सामने धुँधला महसूस किया। डायरी पढ़ने के बाद 'मैं उनके

शब्दों के आलोक में सोने चला गया। तक़रीबन तीन का वक़्त था। मैं बिना सपनों के सोया। उठा तो मेरी बायीं आँख पर स्लेटी पर्दा छाया था। पूरी तरह दृष्टि नहीं खोयी थी, मैं उस पर्दे के धुँधले किनारे देख सकता था। कोई दर्द भी नहीं था। बाथरूम की सिंक में आँखों पर ठण्डा पानी छिड़कते वक़्त मुझे लगा कि क्या यह मेरे अवचेतन की क्रिया थी? क्या मैं उन निरीह लोगों में से हूँ जो लिखे हुए शब्द के प्रति करुणा के वशीभूत हो अँधेरे में डूबते जाते हैं?'

वर्जिनिया वूल्फ़ की डायरी जो तेजू पढ़ रहे थे, १९४०–४१ में लिखी गयी थी, वूल्फ़ ने उसमें विश्व युद्ध में नष्ट हुए अपने लन्दन के घर, हवाई हमलों की भीषणता, अपने प्रेमी के प्रति उमड़ती आकांक्षा, जेम्स जॉयस की असामयिक मृत्यु के बाद का अवसाद दर्ज किया था। वर्जिनिया और जॉयस का जन्म एक ही वर्ष १८८२ में हुआ था। वर्जिनिया पच्चीस जनवरी, वह एक हफ़्ते बाद दो फ़रवरी को। दोनों की मृत्यु १९४१ में हुई, दोनों ही असामयिक मौत। जॉयस जनवरी, वर्जिनिया मार्च। उनकी डायरी के आख़िरी पन्ने में जॉयस की मौत को बड़ी पीड़ा से दर्ज करती हैं।

हिन्दी में सबसे बेबाक डायरियाँ शायद कृष्ण बलदेव वैद की हैं। यह उनके जीवन, रचना-कर्म और दोस्तों के साथ सम्बन्ध के तिलिस्म को खोलने की चाभी हैं। मुल्कराज आनन्द पर शोध करने के लिए वह उनके घर खण्डाला रहे थे, लेकिन उनकी भाषा और उपन्यासों का नक़लीपन जान उनसे मोहभंग हुआ। अशोक वाजपेयी की नफ़ासत, सलीके और अफ़सरियत का ज़िक्र और यह कथन—'अगर रमेशचन्द्र शाह सहज हो जायें तो उनकी बात दिलचस्प और खरी हो जाती है, लेकिन वे सहज कम ही हो पाते हैं।'

पचास के दशक में अज्ञेय कई लेखकों के महानायक बन उभरे थे, वैद ने लेकिन १९५५ में ही शेखर में नक़लीपन चिह्नित कर लिया था—'शेखर में खोखलाहट और बनावट ज़्यादा है। शेखर बतौर किरदार और इनसान अरोचक है, अज्ञेय उसे रोचक मानते हैं, इस पर हैरानी होती है।'

कुँवर नारायण की डायरी वैद की डायरियों की विलोम हैं। वैद ख़ुद को अपनी डायरी में उघाड़ते हैं, कुँवरजी ख़ुद को छुपा ले जाते हैं। वे अपनी रचना का अन्वेषण नहीं करते। हमें नहीं पता चलता उन्होंने किस क्षण

कौन–सी कविता लिखो, अपनी कविता को कैसे परखा, उनकी दोस्तियाँ, तल्ख़ियाँ, झगड़े, फसाद और फ़साने—यह सब अनुपस्थित है।

इसकी एक वजह शायद यह कि कुँवर नारायण दूर से अपने को देखते हैं, या शायद देखते तो क़रीब से से हैं लेकिन ख़ुद को दूर से देखता हमें दिखलाते हैं। और यह दूर की निगाह भी बड़ी तटस्थ है। वैद प्रेम, उन्माद, कोफ़्त, झल्लाहट से ख़ुद को बरतते हैं तो कुँवरजी अपने लिए रत्ती भर संवेदना नहीं दिखलाते।

कुँवर नारायण अनुपस्थिति के रचनाकार हैं। उनका रचनाकार हमेशा अपने को नेपथ्य में रखता है, अपनी डायरी में भी। परदे के पीछे डोलती छाया ही उसका परिचय है। अज्ञेय भी अपनी डायरी में ख़ुद को पाठक के समक्ष रत्ती भर नहीं उघाड़ते।

कुँवर नारायण की डायरी में प्रेम और स्त्री लगभग अनुपस्थित है। एक दुर्लभ क्षण, शायद चूक या किसी असावधानी से, वह कहते हैं...प्रेम तो जीवन में कम ही मिला। मैंने ही उसे कुछ ज़्यादा जिया, जीवन से भी ज़्यादा। सम्भव की हदों से बाहर, कभी उसे कविता बनाकर तो कभी उसे पूरी दुनिया बनाकर। जो नहीं पाया उसका अफ़सोस नहीं, जो दे नहीं सका उसका कचोट है।

यह वही कवि लिख सकता है जो हमेशा मनुष्यतर और वृहत्तर होकर लौटना चाहे।

लेकिन डायरी अगर बहुत आत्मीय विधा है तो यह बड़ी धोखादेय भी हो सकती है। एक डायरी लेखक यह मानना चाहता है, यह भी चाहता है कि उसके पाठक भी मान लें कि यह ईमानदार आत्मचिन्तन से जन्मे शब्द हैं, लेकिन यह शब्द अक्सर नक़ली, दिखावेदार और उपदेशात्मक हो जाते हैं। डायरी में जो उघड़ता है वह लेखक द्वारा छुपायी गयी तमाम परतों से गुज़र कर आता है जिससे पाठक अनभिज्ञ होता है। पाँच अक्टूबर १९८० की ए.के. रामानुजन की डायरी उनकी पत्नी मौली डेनियल्स के साथ ऐसे एक विलक्षण क्षण को थामती है : 'मौली कहती है कि उसने मेरी डायरियाँ पढ़ ली हैं (पता नहीं कब) और यह पाया है कि मैं झूठा हूँ। यह विचित्र परिस्थिति है : क्या हमें अपनी डायरी किसी सम्भावित गुप्तचर के लिए लिखनी चाहिये, एक पाठक जो आपके कन्धों पर मण्डराता रहता है?

कहते हैं कि टॉलस्टॉय और सोफ़िया दो डायरियाँ रखते थे, एक डायरी एक-दूसरे की जासूस निगाह के लिए (और दूसरे को आक्रोशित करने के लिए ,अगर वह ऐसा करता है तो), और दूसरी डायरी एकदम निजी।'

पता नहीं वैद ने दो डायरियाँ लिखी या नहीं, लेकिन उनके शब्दों में प्रेम उन्माद, स्वीकार और खुमार के साथ उतरता और उमड़ता है। मसलन, रानीखेत के जंगल में अपना पहला उपन्यास एकान्त में लिखने के दौरान अपनी पत्नी चम्पा को याद करता यह डायरी अंश : 'चम्पा साथ होती तो जंगल के हर कोने में मंगल होता लेकिन उपन्यास शायद ही पूरा होता।'

या फिर स्त्री के प्रति यह बेबाक हसरत : 'कुछ औरतों के जिस्म से यह दावत भाप की तरह उठती रहती है : आओ, मेरे अन्दर आराम करो, ऐश करो, कोई तुम्हें कुछ नहीं कहेगा, मेरे अन्दर एक हरा-भरा बग़ीचा है, तुम उसमें खेलो-कूदो, उधम मचाओ, जब थक जाओ तो सो जाओ, तुम्हें कोई तकलीफ़ नहीं होगी, मुझे कोई तकलीफ़ नहीं होगी, मैं अपना काम करती रहूँगी, तुम मेरे बाग़ीचे को सींचते रहो, कभी-कभी मैं देख लिया करूँगी कि तुम अपना काम बख़ूबी कर रहे हो या नहीं।'

या फिर दुनिया घूमे इस लेखक का हिन्दुस्तानी स्त्री के प्रति यह मोह : 'कभी-कभी हर सेहतमन्द औरत मुझे सुन्दर नज़र आती है लेकिन हर सुन्दर औरत का सेहतमन्द होना ज़रूरी नहीं। सुन्दरता के लिए कुछ नमकीन होना भी ज़रूरी है, नमकीन होने के लिए साँवला होना। हिन्दुस्तानी औरत की सी अदा किसी और औरत में कम ही नज़र आती है।'

कई लेखक अपनी कविताओं और कहानियों में इतनी बारीक़ी से गहरे नहीं उतर पाते जितना वैद की डायरी हासिल कर लेती है। उनके यहाँ ह्यूमर भी बहुत है। शब्दों का निस्संकोच तपाक। अपनी दिनचर्या का ज़िक्र करते वह बड़ी मासूमियत से लिखते हैं : 'लिख रहा होता हूँ तो पेशाब बहुत आता है। किसी डाक्टर से इसके बारे में बात करना चाहता हूँ।'

कोई लेखक अपनी प्रेरणा लगभग असम्भव-सी दिखती चीज़ों से हासिल कर लेता है। बेनेडिक्ट एण्डरसन अपनी क्लासिक किताब *इमेजिंड कम्युनिटीज* पर जिन चिन्तकों का प्रभाव बताते हैं उनमें से किसी ने भी राष्ट्र और राष्ट्रीयता पर कुछ ख़ास नहीं लिखा था। कार्ल मार्क्स, तीन फ्रेंच

इतिहासकार, एक अँग्रेज़ नृतत्त्वशास्त्री, अमरीकी उपन्यासकार एच बी स्टोव। लेकिन इन सभी में एण्डरसन को अपने जटिल काम की चाभी मिल गयी।

अमरीका के श्रेष्ठ विश्वविद्यालयों में पढ़ा कर रिटायर होने के बाद एण्डरसन उपन्यास और सिनेमा में अपना घर तलाशने लगे, ख़ासतौर से अपीचातपोंग वीरासेथाकुल की फ़िल्में और एका कुर्निवान के उपन्यास। *मैन टाइगर* की उन्होंने भूमिका भी लिखी।

अपनी आत्मकथा *अ लाइफ विदआउट बाउंड्रीज* में वे लिखते हैं—'तब मुझे लगा कि शोध सामग्री को लिखने का सबसे अच्छा तरीक़ा है कि उन्नीसवीं सदी के उपन्यासकारों की अगर योग्यता नहीं तो तकनीक को इस्तेमाल किया जाये— जल्दी से बदलते दृश्य, षड्यन्त्र, संयोग, चिट्ठियाँ और भाषा का विविध स्वरूप में प्रयोग।'

दिलचस्प यह कि जिन दो युवा कलाकारों को वे पसन्द करते हैं, उनका काम यानि कुर्निवान का गल्प और वीरासेथाकुल का सिनेमा, आख्यान के लगभग विपरीत ध्रुव पर ठहरे हैं। कुर्निवान की भागती दौड़ती कथाएँ मार्केज़ सरीखी, वीरासेथाकुल की बेइन्तहा उनीदीं भटकन। मसलन, *सिनड्रोम्स एण्ड अ सेंचुरी*। इसके चमकीले फ्रेम, प्रांजल किरदार, उजली रोशनी में धुली हुई चीज़ें दृश्य को सपने जैसी तरलता देती हैं। इस फ़िल्म में कथा और घटनाओं को खोजना, उन्हें किसी सूत्र में बाँधने में कोशिश करना एकदम ग़ैर-ज़रूरी है। यह आलाप में आहिस्ते से थिरकती है, चलती जाती है। किरदारों से दूरी पर ठहरा निस्संग क़ैमरा उन फ़िल्मों से कहीं अधिक आकांक्षा जगाता है जो क्लोज़ अप को ही एकमात्र ज़रिया मानती है संवेदना उकेरने का। बारीक़, लेकिन उँगलियों पर उतरती आकांक्षा।

एक नृतत्वशास्त्री इतनी विविध अनुभूतियों से अपने शोध की प्रेरणा हासिल कर लेता है, लेकिन उसके काम में इनके चिह्न किस तरह दर्ज हुए होंगे? क्या एण्डरसन के लिखे को कोई छूकर कह सकता है—यह रही कुर्निवान की उन्मादी हँसी, यह वाल्टर बेंजामिन के शब्दों की चमक, यह वीरासेथाकुल का संकोच।

जब गाँधी उपवास पर रहते थे तमाम लोग उनके स्वास्थ्य की कामना करते

हुए उन्हें सन्देश भेजते थे। एक बार जब वे उपवास पर थे, तस्मानिया से किसी लेरी पेज ने उन्हें तार भेजा— 'बीथोवेन का मूनलाइट सोनाटा रोज़ सुनें, भारतीय वाद्य यन्त्रों के साथ।'

१९ मार्च, २०१५

आज राहुल सिंहजी से उनके दफ़्तर में मिला। बड़े कमज़ोर से लगे। उनके चेहरे की चमक और आवाज़ में चहक ग़ायब थी। उनसे पूछा तो वे बोले— 'जब मैं किसी मन्त्री से मिलने जाता हूँ, हारा और पिटा हुआ दिखने की कोशिश करता हूँ, दासता के बोझ से दबा। गुलामी का भाव। मन्त्रियों को हँसते, चहकते अफ़सर पसन्द नहीं आते।'

क़रीब चार बरस बाद जब उनकी किताब आयी तो उन्होंने अपने परिचय में लिखा— 'सरकारी मुलाज़िम, नौकरी के चौथे दशक में मानते हैं कि इससे स्वयं में दासबोध जागृत करने में मदद मिली है।'

९ जुलाई २००७, रात दस, उटी बस अड्डा

काफ़ी देर से सामने देख रहा हूँ। पहाड़। बारिश में भीगता रेसकोर्स। जलती बत्तियाँ। सोचता रहा कभी इस दृश्य को कहानी में कायान्तरित करना हुआ तो कैसे करूँगा, तभी एक परिवार छाते के नीचे चलता दृश्य को बींधता गुज़र गया।

मेरे लेखन की सबसे बड़ी अक्षमता क्या यही है? दृश्य जैसा नज़र आना चाहता है, मैं वैसा ही देख पाता हूँ और परिणामस्वरूप वही दर्ज कर पाता हूँ। इसके अलावा कुछ और होने ही नहीं पाता। ज़रा भी सन्देह नहीं मुझे दृश्य पर कि प्रत्यक्ष के सिवाय और भी कुछ होगा कहीं। इसकी अन्य सम्भावनाओं को मैं टटोल ही नहीं पाता। निरा मूढ़ दर्शक। आँचल ही नहीं, सब कुछ ही पसारे बैठा। जब तक मेरी निगाह, नहीं महज़ निगाह भी नहीं, दृश्य से गुज़रने व उसे ग्रहण करने की समूची प्रणाली नहीं बदलती मुझे ख़ुद से कोई उम्मीद नहीं करनी चाहिये। मुझे आरम्भ ही अपनी निगाह के दारिद्र्य पर घनघोर विश्वास से करना चाहिये कि सामने है कुछ और जिसे मैं रत्ती भर भी नज़र नहीं कर पा रहा हूँ। ये पहाड़ शायद पहाड़ नहीं,

रेसकोर्स का मैदान भी कुछ और है। बरसात दृष्टि–भ्रम है।

बम्बई मैरिन ड्राइव हॉस्टल की रात

कमरे की अलमारी खोलता हूँ, देर तक खड़ा रहूँगा...अलमारी के पल्ले खुले रहेंगे। याद नहीं रहता क्या चीज़ निकालने के लिये अलमारी खोली थी। यह याद करने लगूँगा आख़िर मुझे चाहिये क्या।

कमरे में ताला लगा बाहर निकलता हूँ लेकिन लगातार लगा रहता है ताला खुला रह गया है। कई बार रास्ते से लौटा हूँ, ताला बन्द मिला है। लोकल में खड़ा अपनी जेब, बैग टटोलूँगा कि चाभी कहीं गिर तो नहीं गयी।

मैरिन ड्राइव पर बैठते में हमेशा डर लगा रहेगा कि कोई केकड़ा रेंगता मेरे पास आ रहा है। देर तक बैठने के बाद उठूँगा तो लगेगा कुछ छूट गया है, चारों ओर अँधेरे में टटोलूँगा, जबकि शायद हॉस्टल से ख़ाली हाथ ही आया था।

कालेज में कोई किताब इश्यू करवाने के लिए लाइब्रेरियन के पास जाऊँगा, भूल जाऊँगा कौन सी किताब थी। वह कहेगा काग़ज़ पर एक्सैशन नम्बर लिख कर लाओ किताब का। इस बार इसे बतौर चुनौती लूँगा...वापस किताबों की रैक पर जाकर याद कर लूँगा उस नम्बर और किताब को भी। दोहराऊँगा मन में कई–कई बार। लेकिन जब तक लौटता हूँ बैंच पर बैठे ढेर सारे विद्यार्थियों के बीच से हो लाइब्रेरियन तक फिर से भूल जाऊँगा।

२–३ जुलाई २००७, दिल्ली–बैंगलोर राजधानी

एक तीसेक की लड़की ऊपरी बर्थ पर है, मेरी निचली बर्थ बदलने का आग्रह करती है। बहुत सम्भल कर चलती, डुलती, हिलती है। पूरा स्पेस देता हूँ उसे। खाना बड़े धीमे खाती है। देर तक बैठ भी नहीं पाती। पेट को सहेजे जल्दी ही पसर जाती है। मैं तुरन्त ऊपर चला जाता हूँ। वह थैंक्स बोलती है। छत्तीस घण्टे की यात्रा है। दिन में हम अख़बार की क्रॉसवर्ड पहेली सुलझाते हैं। मुझे कुछ शब्द ज़्यादा पता हैं तो वह हँसती है। पता नहीं दिल्ली में कौन है इसका, या बैंगलोर में।

दिन भर सोती सी रहती है। शायद नींद ज़्यादा आती होगी इन दिनों।

ऊपर की बर्थ पर लेटा मैं बार-बार नीचे देखता रहता हूँ लुढ़क न जाये वह। रास्ते का अन्त नज़दीक आता है तो रेल कर्मचारी फीडबैक फॉर्म दे जाते हैं। मैं चुपके से नीचे झाँक लेता हूँ—सत्ताईस साल, विजय नगर। महज़ तीन क़िलोमीटर दूर मेरे घर से।

हैरी बैली ने अपनी गर्भावस्था के दौरान कहा था : मेरे हॉर्मोन मुझे पहले से कहीं अधिक दीप्त किये रहते हैं। इन दिनों मैं कहीं कम मेकअप इस्तेमाल करती हूँ। मैं हमेशा गर्भ-धारण किये रहना चाहती हूँ।

१ अगस्त २००२, रात तीन पचास

पढ़ते में दूध पीने का मन हुआ। गर्म किया, गिलास में डाला, फूँक मारी—भाप से चश्मे का शीशा लिहर गया। ऊँगली से साफ़ किया जा सकता था, चश्मा उतारना भी था सम्भव। दृश्य को लेकिन बाधित नहीं किया। देर तक दुनिया भापमय रही।

१८ फ़रवरी २००६, दिल्ली

कहानी अजानी धड़कनों से ही बढ़ती होगी। मैं देखता रहूँगा, मसलन तुम्हें। झनझनाता बजता रहेगा तेज़ संगीत कहीं परकोटे से गूँजती आयेगी चिचियाती बिल्लियों की लड़ाई, पढ़ोगे इन पंक्तियों को तुम पता भी नहीं चलेगा तुम्हें झाँकता हूँ मैं इनके मध्य रिसते आकाश से। न मालूम कौन सी कहानी का किरदार तुम्हारी ही तरह पैर समेट बैठा करेगा। तुम्हारे माथे की चोट के निशान पर कोई बचपन में गिरा होगा।

१४ मार्च २००३, दिल्ली

हरेक चेहरे के अपने होंठ होते हैं, किन्हीं होंठों के लेकिन अपने चेहरे भी होते हैं। उनकी नमी में आप उस चेहरे के होने को जान सकते हो जो अपने होंठों की तलाश में है।

२० जुलाई २००५, रात बारह

वह रूसी पिता बंगाली माँ की बेटी है। चौदह वर्ष का सुखद विवाह, उससे पहले बारह वर्ष का लम्बा प्रेम। मुड़ती सड़क ने उसके जीवन को मोड़ा है। वह पिछले प्रेम में थी, बचपन के प्रेमी के साथ बड़ी हुई—मामूली सा झगड़ा हुआ एक बार, जैसा अनेक मर्तबा हुआ था दोनों के बीच। इस दरमियां किसी से मिली वह दिल्ली की एक सड़क पर जिसकी बरसों की प्रेमिका परिवार के पास दूसरे शहर छुट्टियों में गयी थी।

महज़ तीन महीनों में उससे शादी।

छह साल बाद वह फिर दिल्ली की किसी सड़क पर पूर्व प्रेमी से मिली—देर तक उससे लिपटी रही। घर ले आयी, पति से मिलवाया, कहा—मैं कुछ समय इसके साथ बिताना चाहती हूँ।

मुझे उसके पिता का रूसी होना नहीं पता था लेकिन। मैं उसे सर्बियन समझा था देर तक। मैंने कहा तो उसने कहा : तुम्हारी निगाह बड़ी तेज़ है, है तो मेरा स्लाव ओरिजिन ही।

१४ अक्टूबर २०१४

अगर कहानी स्मृति को आख्यान में ढालने का गल्प है, तो संस्मरण बिखरी स्मृतियों को आख्यान न दे पाने का गल्प है।

लुई वॉल्फ़सन अमरीकी हैं, अँग्रेज़ी उनकी मातृभाषा है। वे बचपन से ही एक विचित्र स्कीजोफ्रेनिया की गिरफ़्त में थे। बचपन बहुत ही त्रासद बीता। वे माँ के साथ रहते थे जो उनके पिता से अलग हो चुकीं थीं। माँ अँग्रेज़ी बोलती थीं। बचपन में चले लम्बे इलाज और माँ के प्रति नफ़रत की वजह से लुई के भीतर अँग्रेज़ी बोलने वाले लोगों के प्रति एक अलबेला डर बैठ गया। अँग्रेज़ी सुनते या पढ़ते वक़्त उन्हें बेइन्तहा घबराहट और छटपटाहट होने लगती। अँग्रेज़ी का कोई भी शब्द सुनते या पढ़ते ही वे चीख़ने लगते।

अपनी माँ के प्रति उनकी नफ़रत इतनी बढ़ती गयी कि वे अँग्रेज़ी शब्द की

तुलना एक तीर से करने लगे जो उनके 'कान के परदे फाड़ देता है, अन्दर की बारीक़ हड्डियाँ थरथराने लगती हैं'।

१४-१५ साल का यह लड़का अब क्या करेगा?

उन्होंने भाषा के साथ एक विलक्षण प्रयोग शुरू किया। अपने भीतर से अपनी मातृभाषा के सभी चिह्न और स्मृतियाँ मिटा विदेशी भाषाएँ सीखना शुरू किया। किसी परायी भाषा को सीखने के लिए मातृभाषा नींव, एक द्विभाषी माध्यम की तरह काम करती है। लेकिन लुई को ये भाषाएँ बग़ैर अँग्रेज़ी के सहारे के सीखनी थीं। उन्होंने ख़ुद को कमरे में बन्द कर लिया, विदेशी भाषाओं के साथ खेलना शुरू किया और एक अद्‌भुत तकनीक ईजाद की जिसके सहारे ख़ुद ही फ्रेंच, हिब्रू और जर्मन सीख लीं। उम्र के तीसरे दशक में उन्होंने फ्रेंच में अपने हस्तलिखित नोट्स पेरिस के एक प्रकाशक को भेजे। १९७० में जीवन और भाषा के साथ प्रयोग पर उनकी एक विलक्षण किताब फ्रेंच में प्रकाशित हुई—द *स्कीजोफ्रेनिक एण्ड लैंग्वेज*। कुछ साल बाद उन्होंने दूसरी किताब अपनी माँ पर लिखी।

उनकी पहली किताब पर पॉल ऑस्टर ने लिखा कि 'यह एक असम्भाव्य किताब है...यह कहना पर्याप्त नहीं होगा कि यह साहित्य के हाशिये पर रची गयी है— दरअसल, इसका निवास भाषा के हाशिये पर है...यह किताब अनुवाद की सभी सम्भावनाओं को नकार देती है। यह दो भाषाओं के बीच कहीं अधर में लटकी डोलती है। एक नाजुक बारीक़ डोर पर डगमगाता अस्तित्व ही इसकी नियति है। क्योंकि यह महज़ वह लेखक नहीं है जिसने एक विदेशी भाषा का चुनाव किया। इस किताब के लेखक ने फ्रेंच में लिखा क्योंकि उसके पास कोई विकल्प नहीं था। एक क्रूर आवश्यकता ने इस किताब को जन्म दिया है।'

लुई को जीवित रहने के लिए यह किताब लिखनी ही थी। उनके वाग्दोष को शुरू में एक बीमारी घोषित कर दिया गया था जो दरअसल एक गहरा मनोवैज्ञानिक घाव था। उन्होंने इस पर फ़तह अपनी कथा सुनाकर हासिल की, एक ऐसी भाषा में जो उनके लिए परायी थी।

अप्रैल २०१९

पिछले बरसों में निर्मल से शिकायतें बढ़ती गयीं हैं। झगड़े भी। पहले-सी

बात अब नहीं रही, लेकिन पहले-सी बातें कब और कहाँ रह पाती हैं।

परसों तीन अप्रैल की शाम मैं उस घर गया जहाँ नब्बे बरस पहले शिमले, प्राग, लन्दन और दिल्ली के इस लेखक का जन्म हुआ था। उस ढहते घर के पिछवाड़े एक कोठरी के पास उनके नाम का बोर्ड लगा था जो न जाने कब का टेड़ा पड़ गया था।

मैंने उसकी नींव में तीन ईंट लगाकर उसे सीधा कर दिया।

अँधेरा होने पर मैंने वहाँ दस मोमबत्तियाँ जला दीं। डायरी के पन्ने पर कुछ लिखा, पन्ना फाड़ वहीं ज़मीन में गाड़ दिया। सुलगती मोमबत्तियों को, पिघल कर गिरते मोम को देर तक देखता रहा। वापस घर लौट लिया।

कुछ देर बाद पलटा, उस पन्ने को ज़मीन से निकाल मोमबत्ती की लपट में जला दिया। निर्मल के शब्द याद आये—Write what you see, but what you see may not be right। अँधेरे में पन्ने को गाड़ते, निकालते वक़्त काँटे चुभ गये थे। उँगलियों में खरोंच आ गयीं थीं।

रात घर आकर वाल्टर बेंजामिन का *द इमेज ऑफ़ प्रूस्त* पढ़ा, जिसके एक अंश को निर्मल ने *अन्तिम अरण्य* का एपिग्राफ़ बनाया है।

देर रात अपनी डायरी में लिखा—

सिर्फ़ वही किताब पढ़ी जाये, वही किताब लिखी जाये, जो कोई बीता ज़ख़्म भर दे या नया ज़ख़्म दे जाये।

वही किताब जो घायल कर लहू-लुहान छोड़ जाये।